中華古籍保護計劃

ZHONG HUA GU JI BAO HU JI HUA CHENG GUO

·成果·

浙江省博物館古籍普查登記目録

全國古籍普查登記目録·浙江

國家圖書館出版社
National Library of China Publishing House

圖書在版編目(CIP)數據

浙江省博物館古籍普查登記目録/浙江省博物館編. --北京:國家圖書館出版社,2018.11
(全國古籍普查登記目録)
ISBN 978-7-5013-6586-9

Ⅰ.①浙…　Ⅱ.①浙…　Ⅲ.①博物館—古籍—圖書目録—浙江　Ⅳ.①Z838

中國版本圖書館 CIP 數據核字(2018)第 223912 號

書　　名　浙江省博物館古籍普查登記目録
著　　者　浙江省博物館　編
責任編輯　趙　嫄

出　　版　國家圖書館出版社(100034　北京市西城區文津街 7 號)
　　　　　(原書目文獻出版社　北京圖書館出版社)
發　　行　010-66114536　66126153　66151313　66175620
　　　　　66121706(傳真)　66126156(門市部)
E-mail　　nlcpress@nlc.cn(郵購)
Website　www.nlcpress.com→投稿中心
經　　銷　新華書店
印　　裝　河北三河弘翰印務有限公司
版　　次　2018 年 11 月第 1 版　2018 年 11 月第 1 次印刷

開　　本　787×1092(毫米)　1/16
印　　張　17.25
字　　數　340千字

書　　號　ISBN 978-7-5013-6586-9
定　　價　180.00 圓

《全國古籍普查登記目録》

工作委員會

《全國古籍普查登記目録》

序　言

全國古籍普查登記工作是“中華古籍保護計劃”的首要任務，是全面開展古籍搶救、保護和利用工作的基礎，也是有史以來第一次由政府組織、參加收藏單位最多的全國性古籍普查登記工作。

2007 年國務院辦公廳發布《關於進一步加强古籍保護工作的意見》(國辦發[2007]6 號)，明確了古籍保護工作的首要任務是對全國公共圖書館、博物館和教育、宗教、民族、文物等系統的古籍收藏和保護狀况進行全面普查，建立中華古籍聯合目録和古籍數字資源庫。2011 年 12 月，文化部下發《文化部辦公廳關於加快推進全國古籍普查登記工作的通知》(文辦發[2011]518 號)，進一步落實了全國古籍普查登記工作。根據文化部 2011 年 518 號文件精神，國家古籍保護中心擬訂了《全國古籍普查登記工作方案》，進一步規範了古籍普查登記工作的範圍、内容、原則、步驟、辦法、成果和經費。目前進行的全國古籍普查登記工作的中心任務是通過每部古籍的身份證——“古籍普查登記編號”和相關信息，建立古籍總臺賬，全面瞭解全國古籍存藏情况，開展全國古籍保護的基礎性工作，加强各級政府對古籍的管理、保護和利用。

《全國古籍普查登記工作方案》規定了全國古籍普查登記工作的三個主要步驟：一、開展古籍普查登記工作；二、在古籍普查登記基礎上，編纂出版館藏古籍普查登記目録，形成《全國古籍普查登記目録》；三、在古籍普查登記工作基本完成的前提下，由省級古籍保護中心負責編纂出版本省古籍分類聯合目録《中華古籍總目》分省卷，由國家古籍保護中心負責編纂出版《中華古籍總目》統編卷。

在黨和政府領導下，在各地區、各有關部門和全社會共同努力下，古籍普查登記工作得以扎實推進。古籍普查已在除臺、港、澳之外的全國各省級行政區域開展，普查内容除漢文古籍外，還包括各少數民族文字古籍，特别是於 2010 年分别啓動了新疆古籍保護和西藏古籍保護專項，因地制宜，開展古籍普查登記工作；國家古籍保護中心研製的“全國古籍普查登記平臺”已覆蓋到全國各省級古籍保護中心，并進一步研發了“中華古籍索引庫”，爲及時展現古籍普查成果提供有力支持；截至目前，已有 11375 部古籍進入《國家珍貴古籍名録》，浙江、江蘇、山東、河北等省公布了省級《珍貴古籍名録》,古籍分級保護機制初步形成。

《全國古籍普查登記目録》是古籍普查工作的階段性成果,旨在摸清家底,揭示館藏,反映古籍的基本信息。原則上每申報單位獨立成冊,館藏量少不能獨立成冊者,則在本省範圍内幾個館目合并成冊。無論獨立成冊還是合并成冊,均編製獨立的書名筆畫索引附於書後。著録的必填基本項目有:古籍普查登記編號、索書號、題名卷數、著者(含著作方式)、版本、冊數及存缺卷數。其他擴展項目有:分類、批校題跋、版式、裝幀形式、叢書子目、書影、破損狀况等。有條件的收藏單位多著録的一些擴展項目,也反映在《全國古籍普查登記目録》上。目録編排按古籍普查登記編號排序,内在順序給予各古籍收藏單位較大自由度,可按分類排列古籍普查登記編號,也可按排架號、按同書名等排列古籍普查登記編號,以反映各館特色。

此次全國古籍普查登記工作,克服了古籍數量多、普查人員少、普查難度大等各種困難,也得到了全國古籍保護工作者的極大支持。在古籍普查登記過程中,國家古籍保護中心、各省古籍保護中心爲此舉辦了多期古籍普查、古籍鑒定、古籍普查目録審校等培訓班,全國共1600餘家單位參加了培訓,爲古籍普查登記工作培養了大量人才。同時在古籍普查登記工作中,也鍛煉了普查員的實踐能力,爲將來古籍保護事業發展奠定了良好的基礎。

《全國古籍普查登記目録》的出版,將摸清我國古籍家底,爲古籍保護和利用工作提供依據,也將是古籍保護長期工作的一個里程碑。

國家古籍保護中心
2013年10月

《全國古籍普查登記目録》

編纂凡例

一、收録範圍爲我國境内各收藏機構或個人所藏，産生於1912年以前，具有文物價值、學術價值和藝術價值的文獻典籍，包括漢文古籍和少數民族文字古籍以及甲骨、簡帛、敦煌遺書、碑帖拓本、古地圖等文獻。其中，部分文獻的收録年限適當延伸。

二、以各收藏機構爲分册依據，篇幅較小者，適當合并出版。

三、一部古籍一條款目，複本亦單獨著録。

四、著録基本要求爲客觀登記、規範描述。

五、著録款目包括古籍普查登記編號、索書號、題名卷數、著者、版本、册數、存缺卷等。古籍普查登記編號的組成方式是：省級行政區劃代碼—單位代碼—古籍普查登記順序號。

六、以古籍普查登記編號順序排序。

《浙江省古籍普查登記目録》

工作委員會

主　任： 金興盛

副主任： 葉　菁

委　員： 倪　巍　徐曉軍　賈曉東　雷祥雄　劉曉清
徐　潔　李儉英　孫雍容　張愛琴　張純芳
樓　婷　金琴龍　陳泉標　鍾世杰　應　雄
陸深海　吕振興　徐兼明

《浙江省古籍普查登記目録》

編纂委員會

主　編： 徐曉軍

副主編： 童聖江　曹海花　褚樹青　莊立臻　徐益波

胡海榮　劉　偉　沈紅梅　王以儉　孫旭霞

占　劍　孫國茂　毛　旭　季彤曦

統校和編纂工作小組組長： 曹海花（浙江圖書館）

統校和編纂工作小組成員： 秦華英（浙江圖書館）

吕　芳（浙江圖書館）

干亦鈴（寧波市圖書館）

劉　雲（寧波市天一閣博物館）

周慧惠（寧波市天一閣博物館）

馬曉紅（餘姚市文物保護管理所）

陳瑾淵（温州市圖書館）

王　昉（温州市圖書館）

沈秋燕（嘉興市圖書館）

丁嫻明（嘉興市圖書館）

唐　微（紹興圖書館）

丁　瑛（紹興圖書館）

毛　慧（衢州市博物館）

《浙江省古籍普查登記目録》

序　言

浙江文化底蘊深厚，書籍刻印歷史悠久，前賢留下的著述浩如烟海，藏書雅閣及私人藏書爲數衆多，古籍資源十分豐富，幾乎縣縣有古籍，是全國古籍藏量較多的省份之一，是中華文化中具有獨特地域特色的重要一脉。保護好這些珍貴的古籍，對促進文化傳承、弘揚民族精神、維護國家統一及社會穩定具有重要作用。同時，加强古籍保護工作，也是加快建設文化大省、文化强省，努力推動文化浙江建設和社會主義文化大發展大繁榮的必然要求。

（一）

爲搶救、保護我國的珍貴古籍，繼承和弘揚優秀傳統文化，國務院辦公廳印發了《關於進一步加强古籍保護工作的意見》（國辦發[2007]6號），全國古籍普查登記工作是瞭解全國古籍存藏情况、建立古籍總臺賬、開展全國古籍保護的基礎性工作。爲認真貫徹落實"國辦發[2007]6號"文件精神，切實加强全省古籍的搶救、保護，浙江省人民政府辦公廳印發《關於進一步加强古籍保護工作的意見》（浙政辦發[2009]54號），提出2009年起要在全省範圍内開展古籍普查登記工作。2012年，浙江省古籍保護工作聯席會議下發《關於印發〈浙江省"中華古籍保護計劃"實施方案〉的通知》（浙文社[2012]30號），提出在"十二五"末基本完成全省古籍普查工作的目標。

試點先行、摸底調查、制定方案，建立制度、統籌指揮，引進人員、有效培訓、壯大隊伍，配置設備、補助經費、保障到位，編製手册、明確款目、統一規則，著録完整、審核到位、保證質量，設立項目、表揚先進，在省委省政府的高度重視及其各部門的大力支持下，在國家古籍保護中心的積極指導和省文化廳的正確領導下，通過以上種種措施，"秉持浙江精神，幹在實處、走在前列、勇立潮頭"，全省公共圖書館、文物、教育、檔案、衛生五大系統共計95家公藏單位通力合作，到2017年4月底基本完成了全省的古籍普查登記工作。

通過普查，摸清了全省古籍文化遺産家底，揭示了全省各地區文化脉絡，形成了統一的古籍信息數據庫，建立了一支遍布全省的古籍保護隊伍，爲下一步有針對性地開展古籍保護工作奠定堅實的基礎。鑒於全省在古籍普查和其他古籍保護工作中的突出表現，2014年，浙江圖書館、嘉興市圖書館、雲和縣圖書館獲得"全國古籍保護工作先進單位"稱號，浙江圖書館徐曉軍和曹海花、温州市圖書館王妍、紹興圖書館唐微、平湖市圖書館馬慧、衢州市博物館程勤等6人獲得“全國古籍保護工作先進個人”稱號。

（二）

全國古籍普查登記範圍爲1912年以前産生的文獻典籍。由於近代以來浙江私人藏書相當發達，民國期間也刻印了大量典籍，民國文獻在各藏書單位（尤其是基層單位）所藏歷史文獻中占據了相當大的比重。這些文獻形成了浙江文獻典藏的重要特色，是浙江傳統文化的重要組成部分。爲更加全面地掌握本省歷史文獻文化遺産現狀，浙江省將民國時期傳統裝幀書籍也納入普查範圍。

按照《全國古籍普查登記手册》要求，登記每部古籍的基本項目，必登項目有索書號、題名卷數、著者、版本、册數、存缺卷數，選登項目有分類、批校題跋、版式、裝幀形式、叢書子目、書影、破損狀況等内容。浙江省的古籍普查工作一直高標準、嚴要求，自始至終堅持全國古籍普查登記平臺（以下簡稱“古籍普查平臺”）項目全著録，堅持文字信息和書影信息雙著録，登記每部書的索書號、分類、題名卷數、著者、卷數統計、版本、版式、裝幀、裝具、序跋、刻工、批校題跋、鈐印、叢書子目、定級及書影、定損及書影等16大項74小項的信息。

普查統計顯示，截至2017年4月30日，全省95家單位共藏有傳統裝幀書籍337405部2506633册，其中不分卷者計31737部96822册，分卷者計305668部2409811册11433371卷（實存8223803卷）：古籍（含域外本）219862部1754943册，不分卷者15777部54901册，分卷者204085部1700042册7934703卷；民國時期傳統裝幀書籍117543部751690册，不分卷者15960部41921册，分卷者101583部709769册3498668卷。

從版本定級來看，全省四級文獻最多，部數、册數數量占比分别爲84.75%、78.69%。三級次之，部數、册數數量占比13.12%、15.96%。一級、二級文獻共計5689部111722册，量雖不多，極爲珍貴，其破損程度較輕，基本都配置了裝具且裝具狀况良好，這是古籍分級保護體系的有力體現。

從文獻類型來看，古籍普查平臺采用六部分類，在傳統的經、史、子、集四部外加上類叢部、新學。從册數來看，全省文獻類叢部數量最多，占比29.40%，這其中很大一部分原因在於民國時期刊印了不少大型叢書。史部、集部、子部、經部分居第二至五位，數量占比分别爲28.98%、18.00%、13.49%、9.24%。新學數量最少，還不到1%。

從版本類型來看，全省古籍版本類型豐富，數量最多的是刻本，部數占比51.01%、册數占比55.03%。部數排在第二至四位的是鉛印本、石印本、抄本，分别占比17.71%、16.58%、5.19%。册數排在第二至四位的是鉛印本、石印本、影印本，分别占比14.27%、12.40%、11.38%，這與將民國時期傳統裝幀書籍納入古籍普查範圍有極大關係。稿、抄本部數占比6.9%、册數占比4.04%，總體占比不是很高，但在一、二級文獻中稿、抄本的比例比較高，一級中部數占比20.49%、册數占比

70.25%,二級中部數占比13.16%、册數占比6.57%。

從版本年代來看,全省藏書從南北朝以迄民國,并有部分日本、朝鮮、越南本。其中,元及元以前共計244部3357册。明、清、民國共計2486788册,數量占比99.21%:明代占比5.95%、清代占比63.27%、民國占比29.99%。日本、朝鮮、越南三國本共計1877部14522册,部數、册數占比分别爲0.56%、0.58%。

從批校題跋來看,337405部文獻中有姓名可考的批校題跋共計15374部,其中集部批校題跋最多,占全部批校題跋的38.73%、占集部文獻的6.16%。稿本的批校題跋在相對應的版本類型中比例最高,爲16.18%。且稿本中有多人批校題跋的量最多,多者一部稿本中的批校題跋者達25人,如浙江圖書館藏沈蕉青稿本《燈青茶嫩草》三卷中有孫麟趾等25人的批校題跋。從各館藏書的批校題跋者來看,有鮮明的館域特色,從一個側面體現了各館的文獻來源。

從鈐印來看,337405部文獻中有51509部有收藏鈐印,各級文獻鈐印比例隨級别的增高而加大,一至四級文獻的鈐印占比分别爲50.67%、49.38%、26.00%、12.90%。收藏鈐印從一個方面體現了某書的遞藏源流,鈐印多於1方者有24840部,鈐印多者達54方,如寧波市天一閣博物館藏清初毛氏汲古閣影宋抄本《集韻》十卷上鈐毛晋、毛扆、段玉裁、朱鼎煦四人共計54方印。

在普查的過程中,我們還利用普查成果積極申報《國家珍貴古籍名録》、評選《浙江省珍貴古籍名録》,建立珍貴古籍分級保護體系。截至目前,全省共有871部珍貴古籍入選第一至五批《國家珍貴古籍名録》,有609部古籍入選第一至三批《浙江省珍貴古籍名録》。

(三)

普查登記著録工作結束後,省古籍保護中心於2016年6月成立由浙江圖書館、寧波市圖書館、寧波市天一閣博物館、餘姚市文物保護管理所、温州市圖書館、嘉興市圖書館、紹興圖書館、衢州市博物館8家單位的14名普查業務骨幹組成的浙江省古籍普查登記目録統校和編纂工作小組,開始全省普查數據的統校和古籍普查登記目録的編纂工作。

浙江省的普查登記目録是將古籍和民國書籍分開的,全省統一規劃,分别出版《浙江省古籍普查登記目録》和《浙江省民國時期傳統裝幀書籍普查登記目録》。根據《全國古籍普查登記目録審校要求》《古籍普查登記表格整理規範》的要求,省古籍保護中心制定《浙江省古籍普查登記目録編纂工作方案》《浙江省古籍普查數據統校細則》,用於指導全省的數據統校和登記目録的編纂。統校和編纂工作程序如下:導出古籍普查平臺上的數據,切分爲古籍、民國兩張表,按照設定的普查編號、索書號、分類、題名卷數、著者、版本、批校題跋、册數、存缺卷這幾項登記目録的出版款目對表格進行整理,整理後按照題名進行排列分給各統校員進行統校,統校結束後的數據按行政區域進行彙總交由分區負責人進行覆核，覆核結束後由省古籍保護中心一一寄給各館進行修改確認，經各館確認後由分區負責人進行最後審定。

在統校的過程中，爲了保證全省數據著録的一致，我們積極利用我國古籍整理研究的重大成果《中國古籍總目》（以下簡稱《總目》），每條書目一一對核《總目》，《總目》收者即標注《總目》頁碼，《總目》未收某版本者標注“無此版本”，《總目》未收者標注“無”，《總目》所收即浙江某館所藏者特殊標注，《總目》著録與普查信息有差异或一時無法判斷者標注“存疑”。拿浙江圖書館的近 7 萬條古籍數據來看，據不完全統計，除去複本，《總目》所收即浙江圖書館所藏者有 1100 多種，《總目》未收某一明確版本者有 3200 多種，《總目》未收者有 8300 多種。

全省 95 家單位中有 93 家單位有古籍數據，總條數計 22 萬條左右。根據分區域出版和達到一定條數可以單獨成書的原則，全省的古籍普查登記目録大致分爲以下 26 種：浙江圖書館，浙江大學圖書館，浙江省博物館，浙江省中醫藥研究院等四家收藏單位，杭州圖書館，西泠印社社務委員會等十家收藏單位、浙江省瑞安中學等八家收藏單位，寧波市圖書館，寧波市天一閣博物館，寧波市奉化區文物保護管理所等六家收藏單位、舟山市圖書館等二家收藏單位，温州市圖書館，瑞安市博物館（玉海樓），嘉興市圖書館，平湖市圖書館，嘉善縣圖書館，海寧市圖書館等六家收藏單位，湖州市圖書館等七家收藏單位、常山縣圖書館等二家收藏單位，紹興圖書館，嵊州市圖書館，紹興市上虞區圖書館等八家收藏單位，東陽市博物館，金華市博物館等九家收藏單位，衢州市博物館，台州市黄岩區圖書館，臨海市圖書館，臨海市博物館等六家收藏單位，麗水市圖書館等八家收藏單位。目前全省的古籍普查登記目録有多種已進入出版流程（爲保障普查編號的唯一性、終身有效性，各館數據以原普查編號從低到高的順序進行排列，由於浙江省古籍普查範圍包括古籍、民國時期傳統裝幀書籍、域外漢文古籍，著録時幾種文獻交替進行，而出版時是分開的，加之古籍普查平臺系統出現的跳號情況，所以會出現普查編號不連貫的情況，特此説明），民國時期傳統裝幀書籍普查登記目録的編纂亦接近尾聲。普查登記工作和普查登記目録的編纂爲接下來《中華古籍總目・浙江卷》的編纂打下了良好的基礎。

浙江省古籍普查工作得到了各方的關心和支持。感謝各兄弟省份古籍同行的熱情幫助，感謝李致忠、張志清、吴格、陳先行、陳紅彦、陳荔京、羅琳、王清原、唱春蓮、李德生、石洪運、賈秀麗、范邦瑾等專家學者的悉心指導，藉力於此，普查工作纔得以順利完成。

條數多，分布廣，又出於衆手，儘管工作中我們一直争取做到最好，但無論是已經著録的古籍普查平臺數據還是即將付梓的登記目録，都難免存在紕漏，希望業界同仁不吝賜教，俾臻完善。

浙江省古籍保護中心
2018 年 4 月

《浙江省博物館古籍普查登記目録》

編委會

《浙江省博物館古籍普查登記目録》

前　言

清乾隆時編纂《四庫全書》,繕寫後分藏於七閣。"江南三閣"中,現唯文瀾閣及所藏《四庫全書》存世。文瀾閣幾經焚毁,現存建築係清光緒六年(1880)重建,坐落在美麗的西子湖畔、孤山脚下。浙江省博物館與文瀾閣淵源頗深。民國十八年(1929),中國近代史上最早的博物館之一——浙江省西湖博物館在杭州成立,草創之初,即以文瀾閣和聖因寺爲館舍。中華人民共和國成立後,西湖博物館更名爲浙江省博物館,文瀾閣成爲館屬的一部分。從初建時的西湖博物館到如今的浙江省博物館,一直秉承浙江優秀的藏書傳統,廣徵博采,藏而能守,藏書逐漸增多。

浙江省博物館館藏古籍的來源主要有:一是從坊間舊書店購回,包括經史子集各類古籍。特别是在著名史地學者陳訓慈先生(曾任浙江省立圖書館館長,抗日戰争中組織搶運《四庫全書》及古籍善本避難,後任浙江省博物館圖書資料室主任)主持古籍工作期間,購回不少稿抄本、地方文獻、文物工作相關古籍資料等,庋藏浙江省博物館;二是沈曾植、黄賓虹、朱家濟、沙孟海等名家以及一些文物工作者、收藏家捐贈的舊藏書籍;三是瑞安慧光塔、杭州雷峰塔等地出土的多種珍貴宋刻及寫本經卷。這些珍善本入藏浙江省博物館,極大地提升了館藏水準。除了這主要的三部分之外,還有一些種類複雜的傳統舊藏。

早年間,浙江省博物館所藏古籍除了珍善本保管在文物庫房外,其餘收藏在文瀾閣,没有進行系統整理。20 世紀 80 年代中期,浙江省博物館組織力量組成古籍著録小組,完成了館藏一萬多册古籍的整理、建卡工作。90 年代初,原杭州大學中文系師生分前後兩批到文瀾閣實習,整理古籍,校對書卡,粘貼書號。其後整理人員不時有所調動,館藏古籍也陸續集中和增加。1998 年後纔有編目人員專司其職,在 2005 年底基本完成了全部藏書的著録工作。纍計著録書籍共 9547 部 37792 册,其中包括黄賓虹捐贈古籍 2085 部 6709 册,沙孟海捐贈古籍 244 部 797 册(沙孟海捐贈平裝書 1134 部 1312 册除外)。

在完成了基礎著録之後,2006 年,編輯出版館藏古籍書目被列入浙江省博物館年度重點工作計劃。2006 年 12 月,《浙江省博物館藏古籍書目》由上海辭書出版社出版。該書目針對館藏書籍的特點,做了一些特殊的處理。比如,按照庫房的實際收藏情况，目録中除古籍外，還包括民國書籍、少量館藏的平裝書以及油印本。書目儘量將沈曾植、黄賓虹、朱家濟、沙孟海等人的舊藏進行集中著録，不致分散，并且在著録項下進行標示。

2007 年，國務院辦公廳發布《關於進一步加强古籍保護工作的意見》（國辦發［2007］6 號）。2008 年底，"浙江省古籍保護中心"成立，全省古籍保護工作日漸發展，浙江省博物館積極申報"全國古籍重點保護單位"，并於 2010 年正式進入第三批"全國古籍重點保護單位"之列。同時，浙江省博物館配合建立珍貴古籍分級保護體系，完善館藏珍本資料，先後有 20 種珍本進入《國家珍貴古籍名録》或《浙江省珍貴古籍名録》。

2014 年 4 月，根據浙江省古籍保護工作聯席會議下發的《關於印發〈浙江省"中華古籍保護計劃"實施方案〉的通知》（浙文社［2012］30 號）等文件精神，浙江省博物館申報了"浙江省博物館古籍普查"項目并立項。此後，"浙江省博物館古籍普查"項目受到了館方的高度重視，由陳翌偉帶領，經過袁圓、占翀、馮澤洲、金菊園等多位同志幾易寒暑的不懈努力，終於在 2017 年初全面、完整地完成了館藏古籍普查任務。

此次普查在參考傳統著録的基礎上，對比全國古籍普查登記平臺（以下簡稱"古籍普查平臺"）以及《中國古籍總目》，對每一部書籍都進行了重新考察，按照古籍普查平臺要求完成各項目的著録，并拍攝相關書影。相比原來整理人員的孤身奮鬥，此次普查有浙江省古籍保護中心的指導、有古籍普查平臺及《中國古籍總目》作爲參考，著録的準確性和效率均得到了提高，專業性也向前邁進了一大步。例如，叢書子目不再著録爲單獨的書籍，而是在叢書名下著録零種，更加符合書籍的實際情况；傳統的手寫著録規範與標準尚不完善，一般衹著録基礎項目，此次普查按照國家標準進行多項目著録，合定級、定損、書影、題跋、印章等諸多標準與要求爲一體，完善了每一部古籍的信息，爲以後的保存和修復提供了基礎。諸如此類進步，不一而足。

經普查（以古籍普查平臺"古籍統計"中的全單位統計和"數據檢索"中的古籍信息檢索爲依據），浙江省博物館現存古籍（含民國時期傳統裝幀書籍）共 6516 部 35812 冊。《浙江省博物館古籍普查登記目録》收録館藏 1912 年以前古籍 3146 部 17270 冊。

必須説明的是，此次古籍普查平臺著録的珍善本藏量與浙江省博物館實際的收藏量有差别，因爲部分收藏於文物庫房的善本，特别是館藏經卷、碑帖等，均已在文物普查平臺著録，爲了避免造成數據重複，故在古籍普查平臺不予再次著録。此外，此次普查與傳統著録的數據亦有差别，因爲原編入古籍書目的民國平裝書、中華人民共和國成立後印行的新版古籍等，均不在此次普查範圍内，故未統計在内。

此次普查所著録數據中，肯定還存在着各種問題與不足。例如，館藏古籍排架，早期按經史子集排列，後期按入館先後進行流水號排列，而善本收藏於文物庫房，編號不連續，部分善本另有文物系列的編號，所以普查順序主要參考已出版的《浙江省博物館藏古籍書目》以及排架順序。此外，此次普查人員少、時間緊、任務重，由於著録人員的變動、前後銜接及著録標準變化等影響，可能有數據處理方式不統一等情況。無論是古籍普查平臺數據，還是即將付梓的《浙江省博物館古籍普查登記目録》，都難免存在紕漏，希望業界同仁不吝賜教。

編者

2018 年 10 月

目　　録

330000－1781－0000004　0002　經部/詩類/傳說之屬

毛詩草木鳥獸蟲魚疏二卷　(三國吳)陸璣撰　羅振玉校勘　清光緒十二年(1886)上海聚珍仿宋印書局影印本　一冊

330000－1781－0000008　0007　經部/易類/傳說之屬

周易考四卷首一卷末一卷　(清)陳孚編　清乾隆六十年(1795)刻本　十二冊

330000－1781－0000009　0006　經部/詩類/傳說之屬

毛詩故訓傳三十卷　(漢)毛亨傳　(漢)毛萇撰　(漢)鄭玄箋　清同治十一年(1872)山陽丁氏五雲堂刻本　朱家濟批　四冊

330000－1781－0000010　0012　經部/三禮總義類/圖說之屬

新定三禮圖二十卷　(宋)聶崇義集註　清光緒上海同文書局據康熙刻通志堂經解本石印本　二冊

330000－1781－0000011　0011　經部/禮記類/傳說之屬

禮記集說三十卷　(元)陳澔撰　清刻本　十七冊　存十六卷(一至十六)

330000－1781－0000012　0015　經部/周禮類/傳說之屬

周禮政要二卷　(清)孫詒讓撰　清光緒二十八年(1902)鉛印本　二冊

330000－1781－0000013　0013　類叢部/叢書類/彙編之屬

經策通纂二種　(清)吳熲炎輯　清光緒十四年(1888)上海點石齋石印本　十三冊　存一種

330000－1781－0000014　0016　經部/三禮總義類/通論之屬

禮書通故五十篇一百卷　(清)黄以周撰　清光緒十九年(1893)黄氏試館刻本　八冊　存五卷(四十六至五十)

330000－1781－0000017　0018　經部/三禮總義類/通禮雜禮之屬

禮書一百五十卷　(宋)陳祥道撰　清嘉慶九年(1804)福清郜溪郭龍光校經堂刻本　十六冊

330000－1781－0000018　0020　經部/春秋總義類/傳說之屬

春秋會要四卷　(清)姚彥渠撰　清光緒姚丙吉、姚彝典刻本　一冊

330000－1781－0000019　0021　經部/春秋總義類/專著之屬

春秋世族譜一卷　(清)陳厚耀撰　清雍正三年(1725)陳厚耀刻本　一冊

330000－1781－0000020　0409　史部/金石類/總志之屬

金石存十五卷　(清)吳玉搢撰　清嘉慶二十四年(1819)李氏聞妙香室刻本　四冊

330000－1781－0000021　0022　經部/春秋左傳類/傳說之屬

春秋大事表五十卷讀春秋偶筆一卷輿圖一卷附錄一卷　(清)顧棟高輯　清乾隆十三年(1748)錫山顧氏萬卷樓刻本　二十冊　缺一卷(讀春秋偶筆)

330000－1781－0000022　0024　經部/叢編

通志堂經解一百三十九種　(清)納蘭成德輯　清康熙十九年(1680)納蘭成德刻本　十四冊　存一種

330000－1781－0000023　0025　經部/群經總義類/文字音義之屬

經典釋文攷證三十卷　(清)盧文弨撰　清同治十三年(1874)成都尊經書院刻本　一冊　存二卷(一至二)

330000－1781－0000024　0026　經部/群經總義類/圖說之屬

六經圖十二卷　(清)鄭之僑編　清乾隆八年(1743)潮陽鄭之僑述堂刻本　六冊

330000－1781－0000025　0035　經部/叢編

重刊宋本十三經注疏四百十六卷　附十三經注疏校勘記四百十六卷　(清)阮元撰　(清)

盧宣旬摘錄　**校勘記識語四卷**　（清）汪文臺撰　清光緒十三年（1887）上海脈望仙館石印本　朱家濟題記　三十二册

330000－1781－0000026　0027　子部/儒家類/儒學之屬
鼎刻楊先生註釋孔聖家語五卷首一卷　（明）楊守勤撰　明萬曆二十五年（1597）建陽書林存德堂陳德宗刻本　一册

330000－1781－0000028　0031－0032　類叢部/叢書類/自著之屬
西河合集一百十九種　（清）毛奇齡撰　清康熙刻嘉慶元年（1796）印本　二册　存三種

330000－1781－0000029　0034　類叢部/叢書類/彙編之屬
玉海堂景宋叢書二十種別行二種　劉世珩編　清光緒至民國貴池劉氏玉海堂影刻本　二册　存一種

330000－1781－0000030　0038　經部/小學類/訓詁之屬/爾雅
爾雅蒙求二卷　（清）李拔式撰　清同治八年（1869）刻本　二册

330000－1781－0000032　0036　經部/小學類/訓詁之屬/爾雅
爾雅音圖三卷　（晉）郭璞註　（清）姚之麟摹圖　清光緒十二年（1886）上海點石齋石印本　二册

330000－1781－0000033　0040　經部/小學類/訓詁之屬/爾雅
爾雅三卷　（晉）郭璞注　（唐）陸德明音義　清光緒二十一年（1895）金陵書局刻本　三册

330000－1781－0000035　0039　經部/小學類/訓詁之屬/群雅
廣雅疏證十卷　（清）王念孫學　**博雅音十卷**　（隋）曹憲撰　（清）王念孫校　清光緒五年（1879）淮南書局刻本　八册

330000－1781－0000036　0043、0044－1　類叢部/叢書類/彙編之屬
邵武徐氏叢書二十三種　（清）徐榦編　清光緒邵武徐氏刻本　三册　存二種

330000－1781－0000038　0041　經部/小學類/訓詁之屬/爾雅
爾雅音圖三卷　（晉）郭璞註　（清）姚之麟摹圖　清道光二十九年（1849）影宋刻本　三册

330000－1781－0000040　0049　類叢部/叢書類/自著之屬
四錄堂類集九種　（清）嚴可均撰　清嘉慶至道光刻本　三册

330000－1781－0000041　0050　經部/群經總義類/石經之屬/通考
石經考一卷九經誤字一卷　（清）顧炎武輯　清刻本　一册

330000－1781－0000042　0052　經部/群經總義類/文字音義之屬
經籍籑詁一百六卷首一卷　（清）阮元撰　**新輯經籍籑詁檢韻一卷**　□□輯　清光緒二十年（1894）上海點石齋石印本　十二册

330000－1781－0000047　0048　類叢部/叢書類/彙編之屬
賜硯堂叢書新編四十種　（清）顧沅編　清道光十年（1830）長洲顧氏刻本　一册　存一種

330000－1781－0000049　0057　史部/金石類/石之屬/文字
隸釋二十七卷隸續二十一卷　（宋）洪适撰　清乾隆四十二年至四十三年（1777－1778）汪日秀樓松書屋刻本　十二册

330000－1781－0000050　0058　史部/金石類/石之屬/文字
隸釋二十七卷　（宋）洪适撰　清乾隆四十二年至四十三年（1777－1778）汪日秀樓松書屋刻本　四册

330000－1781－0000051　0060　史部/目録類
葉氏存古叢書四種　葉銘編　清宣統二年（1910）西泠印社鉛印本　一册　存一種

330000－1781－0000055　0066　經部/小學

類/文字之屬/說文
說文解字韻譜十卷 (五代)徐鍇撰 (清)馮桂芬校訂 清同治六年(1867)吳縣馮桂芬縮摹篆文刻本 二册

330000－1781－0000057 0067 經部/小學類/文字之屬/說文/傳說
說文解字繫傳四十卷 (五代)徐鍇撰 (五代)朱翱反切 清光緒九年(1883)江蘇書局刻本 八册

330000－1781－0000059 0070 經部/小學類/文字之屬/說文
說文通訓定聲十八卷分部檢韻一卷說雅一卷古今韻準一卷 (清)朱駿聲撰 清光緒十三年(1887)上海積山書局石印本 八册

330000－1781－0000063 0074 類叢部/類書類/專類之屬
佩文韻府一百六卷 (清)張玉書 (清)蔡升元等輯 **韻府拾遺一百六卷** (清)汪灝 (清)何焯等輯 清光緒八年(1882)上海點石齋石印本 十册

330000－1781－0000065 0075 經部/小學類/音韻之屬/韻書
詩韻合璧五卷 (清)湯祥瑟撰 **虛字韻藪一卷** (清)潘維城輯 清末鉛印本 五册

330000－1781－0000066 0076 史部/目録類
葉氏存古叢書四種 葉銘編 清宣統二年(1910)西泠印社鉛印本 一册 存二種

330000－1781－0000068 0079 經部/小學類/訓詁之屬/方言
越言釋二卷 (清)茹敦和撰 清道光二十九年(1849)仁和葛氏嘯園刻本 二册

330000－1781－0000070 0080 經部/小學類/音韻之屬/等韻
切韻指掌圖一卷 (宋)司馬光撰 清光緒九年(1883)上海同文書局石印本 一册

330000－1781－0000071 0081 經部/小學類
澤存堂五種 (清)張士俊輯 清光緒十四年(1888)上海蜚英館石印本 七册 存四種

330000－1781－0000072 0082 史部/史抄類
韻史二卷 (清)許遯翁撰 **韻史補一卷** (清)朱玉岑撰 清同治十一年(1872)貴州臬署刻本 一册

330000－1781－0000073 0081－8 經部/小學類
澤存堂五種 (清)張士俊輯 清光緒十四年(1888)上海蜚英館石印本 一册 存一種

330000－1781－0000075 0084 經部/小學類/音韻之屬/韻書
唐寫本唐韻殘卷二卷 (唐)孫愐撰 清光緒三十四年(1908)上海國粹學報館影印本 一册

330000－1781－0000078 0087 經部/小學類/音韻之屬
音學五書五種三十八卷 (清)顧炎武撰 清光緒十一年(1885)四明觀稼樓刻本 朱家濟批 十二册

330000－1781－0000080 0089 類叢部/叢書類/彙編之屬
會稽徐氏鑄學齋叢書十三種 徐維則編 清咸豐至光緒會稽徐氏刻光緒二十六年(1900)彙印本 一册 存一種

330000－1781－0000087 0094 經部/小學類/文字之屬/字書/古文
古籀餘論三卷 (清)孫詒讓撰 清光緒二十九年(1903)籀經樓刻本 二册

330000－1781－0000091 0097 類叢部/叢書類/彙編之屬
咫進齋叢書三十七種 (清)姚覲元編 清光緒九年(1883)歸安姚氏刻本 四册 存一種

330000－1781－0000092 0098 類叢部/叢書類/自著之屬
經微室著書 (清)孫詒讓撰 清光緒瑞安孫氏刻本 一册 存一種

330000－1781－0000093　0099　史部/金石類/金之屬/文字

古文審八卷首一卷　(清)劉心源撰　清光緒十七年(1891)嘉魚劉氏龍江樓刻本　八册

330000－1781－0000096　0103　經部/小學類/文字之屬/字書/字典

字林考逸八卷附錄一卷　(晉)呂忱撰　(清)任大椿輯　**字林考逸補本一卷**　(清)陶方琦撰　**補附錄一卷**　(清)諸可寶撰　清光緒十六年(1890)江蘇書局刻本　二册　存六卷(一至六)

330000－1781－0000098　0106　經部/小學類/文字之屬/說文/傳說

說文解字敘一卷　(漢)許慎撰　(清)段玉裁注　清異撰齋抄本　一册

330000－1781－0000103　0111　史部/目録類/專録之屬

小學考五十卷　(清)謝啟昆録　清光緒十四年(1888)浙江書局刻本　二十册

330000－1781－0000104　0112　經部/小學類/文字之屬/字書/字體

隸辨八卷　(清)顧藹吉撰　清乾隆八年(1743)黄晟刻本　八册

330000－1781－0000106　0114　經部/小學類/文字之屬/字書/字典

康熙字典十二集三十六卷總目一卷檢字一卷辨似一卷等韻一卷補遺一卷備考一卷　(清)張玉書等纂修　清光緒二十年(1894)上海鴻寶書局石印本　六册

330000－1781－0000111　0120　經部/小學類/音韻之屬/注音

重訂合聲簡字譜一卷　勞乃宣撰　清光緒三十二年(1906)江寧刻本　一册

330000－1781－0000112　0122　經部/小學類/文字之屬/字書

偏旁舉略一卷　(清)姚文田輯　清末杭州朱氏抱經堂刻本　一册

330000－1781－0000118　0126　經部/小學類/文字之屬/字書/字體

集漢隸分韻七卷　(清)萬經臨　清乾隆三十七年(1772)萬氏辨志堂刻本　二册

330000－1781－0000119　0128　經部/小學類/文字之屬/字書/字典

康熙字典十二集三十六卷總目一卷檢字一卷辨似一卷等韻一卷補遺一卷備考一卷　(清)張玉書等纂修　清康熙刻本　七册　存七卷(子集下、卯集中、午集下、申集上下、戌集中下)

330000－1781－0000123　0133　子部/儒家類/儒學之屬/蒙學

蒙學讀本全書七卷　(清)無錫三等公學堂編輯　清光緒三十年(1904)上海文明書局石印本　一册　存一卷(七)

330000－1781－0000125　0132　子部/儒家類/儒學之屬/蒙學

增補七字蒙求一卷末二卷　清光緒十八年(1892)寧郡普通學社書局刻本　一册

330000－1781－0000126　0135　新學/學校

日本遊學指南一卷　章宗祥撰　清光緒二十七年(1901)鉛印本　一册

330000－1781－0000128　0137　子部/宗教類/道教之屬/戒律

梓潼帝君陰騭文註證新編四卷　(清)馮勸撰　(清)陳元駿編輯　清康熙三十一年(1692)馮沅、陳元駿刻本　二册　存二卷(一、三)

330000－1781－0000131　0140　類叢部/叢書類/郡邑之屬

畿輔叢書一百二十六種　(清)王灝編　清光緒五年至十八年(1879－1892)定州王氏謙德堂刻本　一册　存一種

330000－1781－0000132　0141　類叢部/叢書類/彙編之屬

月河精舍叢鈔五種　(清)丁寶書編　清光緒苕溪丁氏刻本　一册　存一種

330000－1781－0000135　0144　子部/儒家類/儒學之屬/性理

延平李先生師弟子答問一卷後錄一卷　（宋）朱熹編　**補錄一卷**　（明）周木輯　清光緒五年（1879）張國正刻本　二册

330000－1781－0000137　0147　集部/總集類/選集之屬/斷代
南宋文錄錄二十四卷　（清）董兆熊輯　清光緒十七年（1891）蘇州書局刻本　六册

330000－1781－0000138　0148　子部/道家類
莊子集解八卷　王先謙撰　清宣統元年（1909）上海埽葉山房石印本　一册

330000－1781－0000139　0150　史部/傳記類/别傳之屬/年譜
雷塘庵主[阮元]弟子記八卷　（清）張鑑撰（清）阮常生等續編　清道光二十一年（1841）甘泉羅士琳刻咸豐儀徵阮氏琅嬛仙館補刻本　二册

330000－1781－0000140　0146　史部/傳記類/别傳之屬/年譜
蘇溪漁隱[耿文光]讀書譜四卷　（清）耿文光撰　清光緒十五年（1889）刻本　一册　存二卷（三至四）

330000－1781－0000141　0151　史部/傳記類/總傳之屬/通代
船山師友記十七卷首一卷　（清）羅正鈞纂　清光緒三十三年（1907）刻本　四册

330000－1781－0000142　0152　子部/儒家類/儒學之屬/勸學
勸學篇二卷　（清）張之洞撰　清光緒二十四年（1898）兩湖書院刻本　一册

330000－1781－0000144　0154　子部/叢編
二十二子　（清）浙江書局輯　清光緒元年至三年（1875－1877）浙江書局刻本　六册　存一種

330000－1781－0000145　0155　子部/叢編
二十二子　（清）浙江書局輯　清光緒元年至三年（1875－1877）浙江書局刻本　四册　存一種

330000－1781－0000148　0160　子部/叢編
子書百家　（清）崇文書局輯　清光緒元年（1875）湖北崇文書局刻本　六册　存一種

330000－1781－0000149　0167　史部/傳記類/總傳之屬/釋道
高僧傳初集十五卷首一卷　（南朝梁）釋慧皎撰　清光緒十年（1884）金陵刻經處刻本　四册

330000－1781－0000150　0168　史部/傳記類/總傳之屬/釋道
高僧傳初集十五卷首一卷　（南朝梁）釋慧皎撰　清光緒十年（1884）金陵刻經處刻本　二册

330000－1781－0000153　0170　子部/宗教類/佛教之屬/經
佛說大報父母恩重經一卷　（後秦）釋鳩摩羅什譯　清光緒十年（1884）都門承誼壇刻本　一册

330000－1781－0000156　0159　子部/雜著類/雜說之屬
論衡三十卷　（漢）王充撰　清刻本　十六册

330000－1781－0000162　0184　類叢部/叢書類/自著之屬
黃梨洲遺書七種附一種　（清）黃宗羲撰　清光緒三十一年（1905）杭州羣學社石印本　一册　存二種

330000－1781－0000163　0187　類叢部/叢書類/彙編之屬
張氏適園叢書七種　張鈞衡編　清宣統三年（1911）上海國學扶輪社鉛印本　一册　存一種

330000－1781－0000164　0188　子部/儒家類/儒學之屬/勸學
輶軒語七卷　（清）張之洞撰　清光緒二年（1876）永康胡氏退補齋刻本　一册

330000－1781－0000168　0186　史部/地理類/遊記之屬/紀行
法顯傳一卷　（晉）釋法顯撰　清刻本　一册

330000－1781－0000169　0192　子部/宗教類/佛教之屬/總録

釋迦譜十卷　(南朝梁)釋僧祐撰　清光緒三十四年(1908)武昌刻本　四冊

330000－1781－0000171　0194　子部/宗教類/佛教之屬

明州定應大師布袋和尚傳一卷　(明)釋曇噩撰　清同治十三年(1874)釋開慧刻本　一冊

330000－1781－0000172　0209　經部/易類/傳説之屬

易學劄記不分卷　清抄本　二冊

330000－1781－0000173　0210　史部/傳記類/總傳之屬/通代

船山師友記十七卷首一卷　(清)羅正鈞纂　清末新華齋抄本　二冊　存七卷(首,一至五、七)

330000－1781－0000184　0213　集部/別集類

詠梅詩稿一卷　清抄本　一冊

330000－1781－0000185　0212　子部/小説家類/異聞之屬

福泉八一編不分卷　(清)秋星予撰　清抄本　二冊

330000－1781－0000187　0214　史部/目録類/總録之屬/官修

欽定四庫全書總目二百卷首一卷　(清)紀昀等撰　**四庫未收書目提要五卷**　(清)阮元撰　清光緒十四年(1888)上海漱六山莊石印本　二十冊

330000－1781－0000190　0216　子部/兵家類/兵法之屬

補齋錄本不分卷　(清)秋星予撰　清抄本　二冊

330000－1781－0000194　0226　史部/政書類/邦計之屬/錢幣

度支部銀行註冊章程一卷銀行通行則例一卷　(清)度支部編　清末浙江官書局刻本　一冊

330000－1781－0000195　0225　史部/詔令奏議類/奏議之屬

度支部幣制奏案輯要一卷原奏清單一卷　(清)度支部輯　清宣統鉛印本　二冊

330000－1781－0000197　0228　新學/商務/商學

商標註冊試辦章程一卷商標註冊試辦章程細目一卷　(清)商部撰　清光緒十三年(1887)刻本　一冊

330000－1781－0000198　0230　史部/政書類/律令之屬/律例

欽定大清商律一卷　載振等制訂　清光緒三十年(1904)刻本　一冊

330000－1781－0000200　0231　史部/政書類/邦計之屬/賦稅

整頓契稅牙行辦法不分卷　清宣統三年(1911)鉛印本　一冊

330000－1781－0000201　0232　史部/政書類/律令之屬/律例

欽定大清商律破產律一卷　(清)商部制訂　清光緒三十二年(1906)杭州拱宸橋商務分會鉛印本　一冊

330000－1781－0000202　0236　史部/傳記類/職官録之屬/總録

浙省江右同官錄一卷　清光緒二十一年(1895)刻朱墨套印本　一冊

330000－1781－0000204　0234　史部/傳記類/別傳之屬/事狀

皇清誥授資政大夫振威將軍兵部侍郎督察院右副都御史安徽巡撫兼提督銜顯考蔚亭府君[蔣文慶]行狀一卷附神道碑一卷　(清)蔣常紱　(清)蔣常綬　(清)蔣常繼撰　清同治五年(1866)刻本　一冊

330000－1781－0000205　0235　史部/傳記類/別傳之屬/事狀

陽穀殉難事實一卷　(清)趙文龍撰　清光緒三十四年(1908)趙氏祠堂刻本　一冊

330000－1781－0000213　0244　史部/史

抄類
宋季三朝政要六卷 （元）□□撰 清雍正元年(1723)齊召南崇雅堂抄本 一册 存一卷(三)

330000－1781－0000215 0630－2 史部/紀事本末類/斷代之屬
平定粵寇紀畧十八卷附記四卷 （清）杜文瀾撰 清光緒元年(1875)詒穀堂刻曼陀羅華閣叢書本 五册 存十八卷(紀畧一至十八)

330000－1781－0000217 0246 史部/政書類/公牘檔册之屬
捆單存根不分卷(壹仟伍佰壹號至壹仟柒佰號) （清）永順號 （清）玉慶號具 清光緒二十五年至二十六年(1899－1900)刻本 二册

330000－1781－0000219 0250 史部/傳記類/科舉録之屬/歷科鄉試録
[光緒癸卯恩科]江西鄉試錄一卷 清光緒刻本 一册

330000－1781－0000220 0249 史部/傳記類/科舉録之屬
經濟特科同徵錄四卷 清光緒三十年(1904)北洋官報局鉛印本 一册

330000－1781－0000222 0251 史部/傳記類/科舉録之屬/歷科鄉試録
江西部卷不分卷 （清）楊際時撰 清刻本 一册

330000－1781－0000223 0252 史部/傳記類/科舉録之屬/歷科鄉試録
江西鄉試墨卷不分卷 （清）顔希魯撰 清刻本 一册

330000－1781－0000225 0255 史部/雜史類/斷代之屬
南遷錄不分卷 （金）張師顔撰 清抄本 一册

330000－1781－0000226 0258 子部/天文曆算類/天文之屬
天文歌略一卷 葉瀾著 **地學歌略一卷** 葉瀚 葉瀾著 清光緒二十七年(1901)自怡軒刻本 一册

330000－1781－0000228 0259 新學/幼學
普通學歌訣一卷 張一鵬撰 清光緒二十六年(1900)蘇州中西小學堂刻本 一册

330000－1781－0000229 0260 子部/儒家類/儒學之屬/俗訓
童歌養正一卷 （清）歸壽彭撰 清光緒九年(1883)武昌書局刻本 一册

330000－1781－0000232 0263 史部/政書類/邦計之屬/貿易
貿易須知一卷 （清）王秉元撰 清光緒五年(1879)三緘室主刻本 一册

330000－1781－0000233 0264 經部/小學類/文字之屬/字書
臨文便覽七卷附摘誤一卷 （清）毛昶熙輯 清光緒二年(1876)京都松竹齋刻本 二册

330000－1781－0000234 0265 經部/小學類/音韻之屬
聲韻攷四卷 （清）戴震撰 清刻本 一册

330000－1781－0000235 0266 經部/小學類/文字之屬/字書/字體
繆篆分韻五卷補一卷 （清）桂馥撰 清嘉慶元年(1796)歸安姚氏咫進齋刻本 二册

330000－1781－0000236 0267 集部/別集類/清別集
西園詩鈔遺編四卷文集遺編一卷 （清）張擴庭著 清光緒刻本 一册

330000－1781－0000237 0268 集部/別集類/清別集
西園詩鈔四卷文集一卷 （清）張擴庭撰 清光緒刻本 一册

330000－1781－0000238 0271 史部/政書類/儀制之屬/專志/科舉校規
欽定科場條例六十卷首一卷 （清）杜受田等修 （清）英匯等纂 清咸豐刻本 十九册

330000－1781－0000239 0269 經部/小學類/訓詁之屬/爾雅

爾雅三卷 (晋)郭璞注 清嘉慶十一年(1806)吳門顧廣圻思適齋刻本 一册

330000－1781－0000241 0272 史部/傳記類/總傳之屬/仕宦
鶴徵録八卷首一卷 (清)李集輯 (清)李富孫 (清)李遇孫續輯 **鶴徵後録十二卷首一卷** (清)李富孫輯 清嘉慶漾葭老屋刻本 四册

330000－1781－0000242 0273 集部/别集類/清别集
墨花軒詩詞刪存不分卷 (清)張葆謙撰 清同治四年(1865)張氏墨花軒刻本 二册

330000－1781－0000243 0275 史部/目録類/總録之屬/史志
元史藝文志四卷 (清)錢大昕撰 清嘉慶五年(1800)刻本 一册

330000－1781－0000244 0274 子部/兵家類
兵機實用全書不分卷 清正氣堂抄本 一册

330000－1781－0000245 0277 子部/小説家類/雜事之屬
李卓吾批點世説新語補二十卷 (南朝宋)劉義慶撰 (南朝梁)劉孝標注 (宋)劉辰翁批 (明)何良俊增 (明)王世貞刪定 (明)王世懋批釋 (明)李贄批點 (明)張文柱校注 **附釋名一卷** 明萬曆刻本 一册 存三卷(一至三)

330000－1781－0000247 0278 子部/道家類
三子合刊 明閔齊伋刻朱墨套印本 一册 存一種

330000－1781－0000248 0280 類叢部/類書類/通類之屬
群書備考六卷 (明)袁黄撰 **續二三場群書備考三卷** (明)袁儼撰 明刻本 一册 存三卷(續一至三)

330000－1781－0000251 0283 史部/傳記類/别傳之屬/事狀
沈文節公事實一卷 (清)沈守廉撰 清光緒八年(1882)京師刻本 一册

330000－1781－0000255 0294 史部/政書類/公牘檔册之屬
蘇五屬及江陰巡費存根不分卷(壹號至叁佰號) 清光緒刻本 九册

330000－1781－0000256 0295 集部/别集類/宋别集
白石道人歌曲六卷歌詞别集一卷 (宋)姜夔撰 清宣統二年(1910)沈曾植石印本 一册

330000－1781－0000257 0296 史部/傳記類/别傳之屬/事狀
秋瑾傳略遺著及哀輓等有關資料不分卷 吳芝瑛等編 清光緒三十四年(1908)上海石印本 一册

330000－1781－0000259 0298 史部/傳記類/别傳之屬/事狀
新出繪圖皖案徐錫麟不分卷 清光緒三十三年(1907)上海裕記書莊石印本 一册

330000－1781－0000260 0297 史部/傳記類/别傳之屬/事狀
徐錫麟一卷 清末石印本 一册

330000－1781－0000261 0299 史部/傳記類/總傳之屬/人表
疑年録四卷 (清)錢大昕編 **續疑年録四卷** (清)吳修編 清嘉慶十八年(1813)海鹽吳修刻二十三年(1818)增補本 一册

330000－1781－0000262 0301 新學/議論/論政
飲冰室自由書二卷 梁啓超著 清光緒二十七年(1901)日本橫濱清議報館鉛印本 一册

330000－1781－0000264 0302 子部/儒家類/儒學之屬/性理
答問一卷 (清)孫奇逢著 (清)孫奏雅 (清)孫望雅 (清)孫博雅編 清刻本 一册

330000－1781－0000265 0304 子部/儒家類/儒學之屬/禮教

養蒙圖說一卷 （明）塗時相輯 （明）塗大輅 （明）塗大軸編 清乾隆十三年（1748）夢杏書屋刻本 二冊

330000－1781－0000266 0303 史部/傳記類/日記之屬
遊譜一卷（清康熙五十三年二月至五月） （清）孫奇逢撰 （清）孫望雅 （清）馬爾楹編 **譜餘錄一卷** （清）張鳳翔撰 （清）孫望雅輯 清刻本 一冊

330000－1781－0000268 0307 子部/雜著類/雜說之屬
定香亭筆談四卷 （清）阮元撰 清光緒二十五年（1899）浙江書局刻本 四冊

330000－1781－0000269 0306 集部/別集類/清別集
南江文鈔四卷南江札記四卷 （清）邵晉涵撰 清嘉慶刻本 五冊

330000－1781－0000272 0309 子部/雜著類/雜纂之屬
寄園寄所寄十二卷 （清）趙吉士輯 清刻本 八冊 存八卷（一至三、五至八、十）

330000－1781－0000275 0313 子部/儒家類/儒學之屬/禮教
勸善歌一卷 （清）端方撰 清光緒二十四年（1898）浙江藩署刻本 一冊

330000－1781－0000276 0314 新學/醫學
蒙學生理教科書不分卷 丁福保編譯 清光緒三十二年（1906）上海文明書局鉛印本 一冊

330000－1781－0000277 0315 史部/政書類/律令之屬
政法淺義不分卷 （清）浙江警務公所編 清宣統二年（1910）浙江警務公所鉛印本 一冊

330000－1781－0000283 0321 類叢部/叢書類/自著之屬
安吳四種三十六卷 （清）包世臣撰 清同治十一年（1872）湖北包誠注經閣刻光緒十四年（1888）重印本 十六冊

330000－1781－0000285 0323 史部/傳記類
歸顧朱三先生年譜合刻 （清）金吳瀾輯 清光緒六年（1880）嘉興金氏刻本 一冊 存一種

330000－1781－0000286 0325 子部/雜著類/雜說之屬
梁氏筆記三種二十七卷 （清）梁章鉅撰 清宣統三年（1911）上海掃葉山房石印本 八冊

330000－1781－0000288 0326 史部/傳記類/日記之屬
求闕齋日記類鈔二卷 （清）曾國藩撰 清光緒十四年（1888）上海鴻文書局鉛印本 一冊

330000－1781－0000289 0327 類叢部/叢書類/自著之屬
陶樓雜著四種 （清）黄彭年撰 清光緒十五年（1889）貴筑黄氏刻本 一冊 存一種

330000－1781－0000291 0329 集部/別集類/清別集
木鴈齋雜著一卷 （清）胡長庚撰 清道光刻本 一冊

330000－1781－0000294 0333 集部/別集類/清別集
弢園尺牘八卷 （清）王韜箸 清光緒二年（1876）鉛印本 四冊

330000－1781－0000296 0335 集部/別集類/清別集
衎石齋記事稾十卷續稾十卷刻楮集四卷旅逸小稾二卷 （清）錢儀吉撰 清光緒六年（1880）錢彝甫廣州刻本 十二冊

330000－1781－0000297 0334 史部/傳記類/科舉録之屬/歷科鄉試録
［光緒庚子辛丑恩正併科］浙江鄉試卷一卷 （清）葛遵禮撰 清光緒刻本 一冊

330000－1781－0000298 0337 子部/雜著類/雜說之屬
恩福堂筆記二卷 （清）英和撰 清道光十七年（1837）刻本 一冊

330000－1781－0000299　0336　新學/議論/通論

羣學一卷　(英國)斯賓塞爾撰　嚴復譯　清光緒二十八年(1902)杭州史學齋刻本　一册

330000－1781－0000300　0339　子部/雜著類/雜説之屬

履園叢話二十四卷　(清)錢泳輯　清道光十八年(1838)述德堂刻同治九年(1870)重修本　十一册　缺二卷(雜記上、下)

330000－1781－0000301　0338　子部/雜著類/雜考之屬

日知録集釋三十二卷首一卷刊誤二卷續刊誤二卷　(清)黄汝成撰　清光緒石印本　四册

330000－1781－0000303　0341　新學/理學/理學

穆勒名學不分卷　(英國)穆勒約翰撰　嚴復譯　清光緒二十八年(1902)金粟齋鉛印本　二册

330000－1781－0000305　0344　子部/雜著類/雜説之屬

訄書不分卷補佚一卷　章炳麟撰　清光緒二十五年(1899)刻本　一册

330000－1781－0000307　0345　子部/雜著類/雜説之屬

訄書不分卷　章炳麟撰　清光緒二十五年(1899)刻本　一册

330000－1781－0000309　0348　集部/總集類/尺牘之屬

賴古堂全集三種　(清)周亮工輯　清宣統三年(1911)上海國學扶輪社石印本　十一册　存二種

330000－1781－0000317　0359　史部/目録類/總録之屬/私撰

華延年室題跋二卷殘明大統歷一卷殘明宰輔年表一卷　(清)傅以禮撰　**藹廬題跋一卷**　(清)傅栻撰　清宣統元年(1909)餘杭俞人蔚鉛印本　二册　存二卷(華延年室題跋一至二)

330000－1781－0000319　0367　子部/雜著類/雜考之屬

日知録之餘四卷　(清)顧炎武撰　清宣統二年(1910)吴中刻本　二册

330000－1781－0000320　0638　集部/别集類/清别集

吉光片羽集一卷　(清)趙景賢撰　**附溫次言詩一卷**　(清)溫汝超撰　清同治三年(1864)古董梓香齋刻本　一册

330000－1781－0000322　0637　集部/别集類/清别集

劫火紀焚一卷　(清)何鏞撰　清光緒周天麟抄本　一册

330000－1781－0000323　0395　史部/編年類/通代之屬

中國歷史歌一卷　(清)袁桐輯　清光緒二十九年(1903)上海鏡今書局鉛印本　一册

330000－1781－0000326　0397　新學/政治法律/政治

國會請願同志會意見書一卷　清宣統二年(1910)鉛印本　一册

330000－1781－0000327　0398　新學/政治法律/政治

社會黨二卷　(日本)西川光次郎著　周子高譯　清光緒二十九年(1903)上海廣智書局鉛印本　一册

330000－1781－0000331　0400　子部/術數類/陰陽五行之屬

奇門遁甲元靈經二十四卷　(清)隱溪居士輯　清光緒九年(1883)甬上朱氏刻本　四册

330000－1781－0000336　0408　經部/四書類/總義之屬/傳説

四書古註十種一百二十三卷　清光緒三十一年(1905)上海慎記石印本　二十册

330000－1781－0000337　0414　史部/傳記類/科舉録之屬/歷科鄉試録

光緒壬寅補行庚子辛丑恩正併科順天鄉試同年全録不分卷　清光緒二十七年(1901)刻本

二冊

330000－1781－0000338　0415　史部/傳記類/科舉録之屬/歷科登科録

［光緒二十九年］辛丑壬寅恩正併科會試同年全録不分卷　清光緒二十九年（1903）刻本　一冊

330000－1781－0000339　0416　史部/傳記類/科舉録之屬/歷科登科録

［光緒三十年］甲辰恩科會試同年全録不分卷　清光緒三十年（1904）刻本　一冊

330000－1781－0000340　0417　史部/傳記類/科舉録之屬/歷科鄉試録

［光緒癸巳］恩科鄉試十八省同年全録不分卷　清光緒刻本　一冊

330000－1781－0000341　0418　史部/傳記類/科舉録之屬/諸貢録

［宣統己酉科］各行省優貢全録一卷　清宣統二年（1910）京師刻本　一冊

330000－1781－0000343　0419　史部/傳記類/科舉録之屬/諸貢録

明貢舉考畧二卷　（清）黄崇蘭輯　清刻本　一冊

330000－1781－0000344　0422　史部/傳記類/科舉録之屬/歷科登科録

光緒三十年甲辰恩科會試同年齒録不分卷　清光緒三十年（1904）刻本　四冊

330000－1781－0000345　0420　史部/傳記類/科舉録之屬/諸貢録

國朝貢舉考畧三卷　（清）黄崇蘭輯　清道光二十年（1840）刻本　一冊

330000－1781－0000346　0423　史部/傳記類/科舉録之屬/諸貢録

［光緒丁酉科］明經通譜不分卷　清光緒二十三年（1897）京都皈子廟會文齋刻字鋪刻本　四冊

330000－1781－0000347　0424　史部/傳記類/科舉録之屬/歷科鄉試録

道光己酉科各省鄉試同年録不分卷　清刻本　三冊

330000－1781－0000348　0412　史部/傳記類/科舉録之屬/諸貢録

［光緒丁酉年］丁酉科十八省選拔貢同年全録不分卷　清光緒二十三年（1897）刻本　二冊

330000－1781－0000349　0425　史部/傳記類/科舉録之屬/諸貢録

道光己酉科八旗拔貢同年録一卷　清道光二十九年（1849）刻本　一冊

330000－1781－0000350　0413　史部/傳記類/科舉録之屬/歷科鄉試録

［光緒壬寅補行］庚子辛丑恩正併科各省鄉試同年全録不分卷　清光緒二十八年（1902）刻本　二冊

330000－1781－0000351　0426　史部/傳記類/科舉録之屬/諸貢録

道光己酉科河南山西山東陝甘拔貢優貢同年録不分卷　清道光二十九年（1849）刻本　一冊

330000－1781－0000352　0427　史部/傳記類/科舉録之屬/歷科鄉試録

道光二十年恩科庚子鄉試同年齒録一卷　清同治四年（1865）文錦齋刻本　三冊

330000－1781－0000353　0428　史部/傳記類/科舉録之屬/歷科鄉試録

［光緒壬午科］浙江鄉試同年齒録不分卷　清光緒刻本　一冊

330000－1781－0000354　0411　類叢部/叢書類/彙編之屬

玉雨堂叢書第一集十種　（清）韓泰華輯　清咸豐仁和韓氏刻本　八冊

330000－1781－0000355　0429　史部/傳記類/科舉録之屬/歷科鄉試録

［光緒丙子科］浙江鄉試同年齒録不分卷　清光緒刻本　二冊

330000－1781－0000356　0429（2）　史部/傳

記類/科舉録之屬/歷科鄉試録

[同治六年]丁卯科併補甲子科同年齒錄不分卷 清同治六年(1867)刻本 三冊

330000－1781－0000357 0430 史部/詔令奏議類/奏議之屬

清兩廣總督奏稿合訂本不分卷 (清)張之洞等撰 清光緒稿本 一冊

330000－1781－0000358 0431 史部/詔令奏議類/奏議之屬

上攝政王時事條陳一卷 (清)周益光撰 清宣統元年(1909)刻本 一冊

330000－1781－0000361 0438 新學/議論

敬告奉天學界書不分卷 清末鉛印本 一冊

330000－1781－0000362 0434 史部/政書類/律令之屬/律例

民政部禁煙稽核章程摺并單不分卷 (清)民政部編 清光緒三十四年(1908)浙江官書局刻本 一冊

330000－1781－0000363 0439 史部/傳記類/總傳之屬

滇粹不分卷 吕志伊 李根源輯 清宣統元年(1909)鉛印本 二冊

330000－1781－0000365 0440 史部/政書類/律令之屬/律例

憲法大綱暨議院法選舉法要領講義案不分卷 (清)憲政編查館編 清末鉛印本 一冊

330000－1781－0000368 0443 新學/學校

學校管理法一卷 (日本)小谷重等編校 清光緒三十一年(1905)上海商務印書館鉛印本 一冊

330000－1781－0000369 0444 史部/政書類/公牘檔冊之屬

清代衙門案錄不分卷 (清)□□撰 清抄本 一冊

330000－1781－0000370 0445 史部/政書類

時務通考三十一卷 (清)杞廬主人撰 清光緒二十三年(1897)上海點石齋石印本 一冊 存一卷(二十五)

330000－1781－0000372 0448 子部/雜著類/雜考之屬

日知錄三十二卷日知錄之餘四卷 (清)顧炎武撰 清刻本 四冊 存十三卷(三至五、十八至二十、二十八至三十,日知錄之餘一至四)

330000－1781－0000373 0447(1)－1 類叢部/叢書類/彙編之屬

申報館叢書正集五十七種附錄三種續集一百四十二種 (清)尊聞閣主編 蔡爾康編續集 清同治至光緒上海申報館鉛印本 六冊 存一種

330000－1781－0000374 0450 史部/傳記類/總傳之屬/斷代

昭代名人尺牘小傳二十四卷 (清)吳修撰 清光緒十六年(1890)新會劉氏藏修書屋刻藏修堂叢書本 二冊

330000－1781－0000375 0447(2) 類叢部/叢書類/彙編之屬

申報館叢書正集五十七種附錄三種續集一百四十二種 (清)尊聞閣主編 蔡爾康編續集 清同治至光緒上海申報館鉛印本 一冊 存一種

330000－1781－0000377 0449 類叢部/叢書類/彙編之屬

申報館叢書正集五十七種附錄三種續集一百四十二種 (清)尊聞閣主編 蔡爾康編續集 清同治至光緒上海申報館鉛印本 一冊 存一種

330000－1781－0000378 0451 類叢部/叢書類/彙編之屬

朱文端公藏書十三種 (清)朱軾撰輯 清光緒刻本 一冊 存一種

330000－1781－0000379 0455 史部/雜史類/通代之屬

華陽國志十二卷 (晉)常璩撰 清嘉慶十九

年(1814)廖寅題襟館刻本　清廉仲跋　一冊　存八卷(一至八)

330000－1781－0000380　0453　史部/紀事本末類/斷代之屬

平定粵寇紀畧十八卷附記四卷　(清)杜文瀾撰　清光緒元年(1875)詒穀堂刻曼陀羅華閣叢書本　一冊　存二卷(十七至十八)

330000－1781－0000381　0447(3)－1　子部/雜著類/雜說之屬

矦鯖新錄十二卷　(清)沈飽山輯　清光緒二年(1876)上海機器印書局鉛印本　二冊　存二卷(二、四)

330000－1781－0000382　0457　史部/傳記類/科舉録之屬/歷科鄉試録

[同治庚午科]浙江鄉試硃卷一卷　(清)包紹芳撰　清光緒刻本　一冊

330000－1781－0000383　0458　史部/傳記類/科舉録之屬/歷科鄉試録

光緒乙亥制科同年齒錄一卷　清光緒二十五年(1899)永盛齋刻本　一冊

330000－1781－0000384　0456　史部/傳記類/科舉録之屬/歷科鄉試録

清浙江鄉試硃卷彙訂不分卷　清光緒刻本　一冊

330000－1781－0000385　0460　史部/傳記類/别傳之屬/事狀

浙江提督張奎垣軍門行狀一卷　張焯奎撰　清光緒二十三年(1897)刻本　一冊

330000－1781－0000386　0459　史部/傳記類/科舉録之屬/總録

[光緒丁酉科]浙江選拔同年齒錄一卷　清光緒刻本　一冊

330000－1781－0000387　0462　史部/傳記類/科舉録之屬/總録

[光緒元年]恩賜廕生同官齒錄不分卷　清光緒元年(1875)文德齋刻本　四冊

330000－1781－0000388　0461　史部/職官類/官箴之屬

治梟善後芻議二卷　(清)蕭文昭撰　清光緒三十四年(1908)杭州文彙書局石印本　一冊

330000－1781－0000394　0465　史部/傳記類/科舉録之屬/歷科鄉試録

[光緒二十三年]浙江闈墨不分卷　清聚奎堂刻本　一冊

330000－1781－0000395　0466　史部/傳記類/科舉録之屬/歷科鄉試録

[光緒戊子科]浙江闈墨一卷　清聚奎堂刻本　一冊

330000－1781－0000396　0468　史部/雜史類/斷代之屬

三河創業記五卷　(清)范壽金撰　清光緒三十三年(1907)石印本　一冊　存一卷(一)

330000－1781－0000398　0471　史部/政書類/公牘檔冊之屬

清江浙鹽務檔案一卷　(清)督辦浙省牙釐總局　(清)江蘇布政使司　(清)兩浙江南鹽運使司編　清末影印本　一冊

330000－1781－0000399　0470　史部/傳記類/職官録之屬/總録

浙江同官錄不分卷　清薇照堂劉集刻朱墨套印本　一冊

330000－1781－0000400　0472－1　史部/傳記類/科舉録之屬/歷科鄉試録

光緒十一年舉行乙酉正科浙江鄉試錄一卷　清光緒刻本　一冊

330000－1781－0000401　0473　史部/傳記類/科舉録之屬/歷科鄉試録

光緒拾玖年舉行癸巳恩科浙江鄉試題名錄一卷　清光緒刻本　一冊

330000－1781－0000402　0472－2　史部/傳記類/科舉録之屬/歷科鄉試録

光緒二十九年舉行癸卯恩科浙江鄉試錄一卷　清光緒刻本　一冊

330000－1781－0000403　0474　史部/傳記

類/日記之屬

簡園日記存鈔不分卷(清光緒十三年至十九年) (清)劉頤撰 清光緒二十年(1894)石印本 一冊

330000－1781－0000405 0479 史部/政書類/律令之屬/律例

憲政編查館奏考核違警律摺附單一件不分卷 (清)憲政編查館編 清光緒浙江官書局刻本 一冊

330000－1781－0000406 0481 史部/金石類/金之屬/文字

積古齋鐘鼎彝器款識十卷 (清)阮元 (清)朱為弼撰 清嘉慶九年(1804)阮元刻文選樓叢書本 二冊 存五卷(六至十)

330000－1781－0000407 0482 史部/政書類/律令之屬/刑制

浙江辦理匪犯就地正法歷次章程不分卷 清光緒刻本 一冊

330000－1781－0000408 0480 史部/傳記類/總傳之屬/儒林

道學淵源錄一百卷首一卷 (清)黄嗣東輯 清光緒鉛印本 一冊 存八卷(姚江淵源錄一至八)

330000－1781－0000409 0483 史部/政書類

江山縣試辦巡警規則不分卷 清末木活字印本 一冊

330000－1781－0000411 0490 史部/傳記類/科舉録之屬/歷科鄉試録

[同治丁卯科並補行甲子科]浙江鄉試同年齒錄一卷 清同治刻本 一冊

330000－1781－0000412 0485 史部/政書類/邦計之屬

浙江海運章程不分卷 清同治四年(1865)抄本 一冊

330000－1781－0000413 0491 史部/傳記類/科舉録之屬/諸貢録

[同治十二年]己酉科浙江湖北福建湖南拔貢優貢同年錄不分卷 清同治十二年(1873)刻本 一冊

330000－1781－0000415 0487 新學/學校

仁錢勸學所暫定章程一卷 清末鉛印本 一冊

330000－1781－0000416 0492 史部/傳記類/科舉録之屬/歷科鄉試録

[道光二十九年]順天鄉試同年錄不分卷 清同治十二年(1873)都門刻本 一冊

330000－1781－0000417 0488 史部/政書類/邦計之屬/賦稅

浙江減浮章程不分卷 清同治五年(1866)抄本 一冊

330000－1781－0000418 0493 史部/傳記類/科舉録之屬/諸貢録

道光己酉科四川廣西廣東雲南貴州拔貢優貢同年錄一卷 清同治十二年(1873)刻本 一冊

330000－1781－0000419 0489 史部/傳記類/科舉録之屬/歷科鄉試録

[光緒十九年癸巳恩科]浙江鄉試硃卷不分卷 清光緒刻本 一冊

330000－1781－0000420 0496 史部/地理類/山川之屬/山志

金蓋山志略一卷 (清)閔苕敷輯 清光緒二十二年(1896)烏程潘錫春古書隱樓刻本 一冊

330000－1781－0000421 0494 新學/商務

中國財政紀畧一卷 (日本)東邦協會纂 吴銘譯 清光緒二十八年(1902)上海廣智書局鉛印本 一冊

330000－1781－0000422 0525－0539、0544 史部/紀傳類/正史之屬

二十四史附考證 清光緒竹簡齋石印本 一百三十一冊 存十六種

330000－1781－0000424 0498 史部/雜史類/斷代之屬

龍邱戢匪紀畧一卷 （清）楊葆光撰　清光緒二十六年（1900）刻本　一冊

330000－1781－0000426　0563　史部/編年類/通代之屬
尺木堂綱鑑易知録二十卷 （清）吳乘權（清）周之炯　（清）周之燦輯　**御撰資治通鑑綱目三編四卷** （清）張廷玉等編　清光緒十三年（1887）上海點石齋石印本　十二冊

330000－1781－0000427　0564　史部/編年類/斷代之屬
御撰資治通鑑綱目三編二十卷 （清）張廷玉等編　清刻本　四冊

330000－1781－0000428　0565　史部/編年類/通代之屬
續資治通鑑綱目二十七卷 （明）商輅等纂修　清光緒八年（1882）刻本　二十四冊

330000－1781－0000429　0567　史部/編年類/通代之屬
御批歷代通鑑輯覽一百二十卷 （清）傅恒等撰　清光緒二十五年（1899）上海順成書局石印本　二十八冊

330000－1781－0000430　0568　史部/編年類
御批資治通鑑綱目全書四種　清康熙刻本　三十冊　存一種

330000－1781－0000431　0569　史部/編年類/通代之屬
御批歷代通鑑輯覽一百二十卷 （清）傅恒等撰　清同治十年（1871）浙江書局刻朱墨套印本　四十八冊

330000－1781－0000432　0570　史部/編年類/通代之屬
新刊趙田了凡袁先生編纂古本歷史大方綱鑑補三十九卷首一卷 （宋）司馬光通鑑　（宋）朱熹綱目　（明）袁黃編纂　清光緒二十一年（1895）文昌書局刻本　三十六冊

330000－1781－0000433　0566　史部/編年類/通代之屬

綱鑑望知録十七卷附一卷 （清）倪呈露撰　清光緒上海申報館刻本　四冊

330000－1781－0000436　0573　集部/總集類/選集之屬/斷代
唐中興閒氣集二卷 （唐）高仲武輯　清光緒十九年（1893）武進費氏影宋刻本　一冊

330000－1781－0000437　0575　史部/紀傳類/别史之屬
西魏書二十四卷敘録一卷 （清）謝啟昆撰　清光緒九年（1883）謝維曾刻本　六冊

330000－1781－0000438　0574　類叢部/叢書類/彙編之屬
檵盦叢刻十二種　劉世珩編　清光緒貴池劉氏刻本　十冊　存一種

330000－1781－0000439　0577　史部/史抄類
新舊唐書合鈔二百六十卷首一卷 （清）沈炳震輯　**唐書宰相世系表訂譌十二卷** （清）沈炳震撰　**唐書合鈔補正六卷** （清）丁子復撰　清嘉慶海昌查氏刻同治十年（1871）武林吳氏清來堂補刻本　八十冊

330000－1781－0000441　0580　史部/載記類
十六國春秋一百卷 （北魏）崔鴻撰　清光緒元年（1875）湖北崇文書局刻本　十二冊

330000－1781－0000443　0583　子部/雜著類/雜纂之屬
宋稗類鈔三十六卷 （清）潘永因編　清宣統三年（1911）上海藜光社石印本　十二冊

330000－1781－0000448　0585　史部/紀事本末類/斷代之屬
金史紀事本末五十二卷 （清）李有棠撰　清光緒石印本　四冊

330000－1781－0000450　0588　史部/雜史類/斷代之屬
三河創業記五卷 （清）范壽金撰　清光緒三十三年（1907）石印本　四冊

330000－1781－0000452　0590　史部/紀傳類

明史稿三百十卷目錄三卷史例議二卷　(清)王鴻緒撰　清雍正敬慎堂刻光緒席氏掃葉山房補修本　一百二冊

330000－1781－0000455　0597　史部/政書類/儀制之屬/典禮

明宮史八卷　(明)劉若愚編述　清宣統二年(1910)上海國學扶輪社鉛印本　二冊

330000－1781－0000456　0596　史部/雜史類/斷代之屬

明季南略十八卷　(清)計六奇編輯　清末都城琉璃廠半松居士木活字印本　十二冊

330000－1781－0000457　0599　類叢部/叢書類/彙編之屬

金峨山館叢書(望三益齋叢書)十一種　(清)郭傳璞編　清光緒八年至十六年(1882－1890)鄞縣郭氏刻二十年(1894)鎮海邵氏彙印本　一冊　存一種

330000－1781－0000458　0598　類叢部/叢書類/郡邑之屬

金華叢書六十八種　(清)胡鳳丹編　清同治七年至光緒八年(1868－1882)永康胡氏退補齋刻民國補刻本　一冊　存一種

330000－1781－0000459　0600　史部/政書類/通制之屬

欽定大清會典一百卷首一卷　(清)崑岡等撰　清宣統三年(1911)上海商務印書館石印本　十冊

330000－1781－0000460　0601　史部/雜史類/斷代之屬

經略洪承疇奏對筆記二卷　(清)洪承疇撰　清光緒十三年(1887)上海廣百宋齋鉛印本　一冊

330000－1781－0000461　0602　史部/雜史類

陸沈叢書四種四卷　清光緒二十九年(1903)石印本　一冊

330000－1781－0000464　0604　類叢部/叢書類/彙編之屬

國粹叢書四十九種　(清)國學保存會編　清光緒至宣統國學保存會鉛印本　一冊　存一種

330000－1781－0000465　0606　史部/雜史類/斷代之屬

明季續聞一卷　(清)汪光復撰　清宣統三年(1911)上海商務印書館鉛印本　一冊

330000－1781－0000466　0607　類叢部/叢書類/彙編之屬

張氏適園叢書初集七種　張鈞衡編　清宣統三年(1911)上海國學扶輪社鉛印本　一冊　存一種

330000－1781－0000467　0608　史部/叢編

明季稗史彙編十六種　(清)留雲居士輯　清都城琉璃廠刻本　清節庵學人跋　七冊

330000－1781－0000468　0609　史部/政書類/通制之屬

欽定大清會典一百卷　(清)張廷玉等纂修　清光緒二十五年(1899)上海書局石印本　六冊

330000－1781－0000469　0610　史部/編年類/斷代之屬

東華錄順治朝三十六卷康熙朝一百十卷雍正朝二十六卷東華續錄乾隆朝一百二十卷　王先謙編　清光緒鉛印本　二十一冊　存四十二卷(順治朝一至七、康熙朝一至二十一、雍正朝一至十三,乾隆朝一)

330000－1781－0000473　0610(2)－1—0610(2)－7、0610(2)－11—0610(2)－25　史部/編年類/斷代之屬

東華續錄四十八卷(乾隆朝)　王先謙編　清光緒五年(1879)鉛印本　二十二冊

330000－1781－0000475　0610(2)－26—0610(2)－32　史部/編年類/斷代之屬

東華續錄十四卷(嘉慶朝)　王先謙編　清光緒鉛印本　七冊

330000－1781－0000476　0610（2）－33—0610(2)－38　史部/編年類/斷代之屬

東華續録六十卷(道光朝)　王先謙編　清宣統三年(1911)存古齋鉛印本　六冊　存十三卷(一至十三)

330000－1781－0000477　0615　史部/雜史類/斷代之屬

平浙紀略十六卷　(清)秦緗業　(清)陳鍾英撰　清同治十三年(1874)浙江書局刻本　四冊

330000－1781－0000478　0617　史部/政書類/通制之屬

熙朝紀政六卷　(清)王慶雲述　清光緒二十四年(1898)石印本　六冊

330000－1781－0000479　0616　史部/政書類/邦交之屬

各國通商始末記二十卷　(清)王之春編　清光緒二十一年(1895)寶善書局石印本　六冊

330000－1781－0000483　0624　史部/雜史類/斷代之屬

豫軍紀略十二卷　(清)尹耕雲等纂　清同治十一年(1872)刻本　六冊

330000－1781－0000484　0625　史部/雜史類/斷代之屬

東江疏揭塘報節抄八卷　(明)毛文龍　(明)毛承斗輯　**東江客問一卷**　(明)吳惟英著　清抄本　二冊

330000－1781－0000485　0626　史部/雜史類/斷代之屬

庚子傳信錄一卷(清光緒二十六年五月至七月)　(清)李希聖撰　清末抄本　一冊

330000－1781－0000487　0628　史部/傳記類/職官録之屬/總録

清秘述聞十六卷　(清)法式善編　清嘉慶四年(1799)刻本　六冊

330000－1781－0000488　0629　史部/雜史類/斷代之屬

平苗紀略一卷　(清)方顯撰　清同治十二年(1873)武昌郡廨刻本　一冊

330000－1781－0000489　0630　史部/紀事本末類/斷代之屬

平定粵寇紀畧十八卷附記四卷　(清)杜文瀾撰　清光緒元年(1875)詒穀堂刻曼陀羅華閣叢書本　八冊

330000－1781－0000490　0631　史部/雜史類/斷代之屬

咸豐象山粵氛紀實一卷　(清)王蒔蕙撰　清抄本　一冊

330000－1781－0000493　0640　史部/傳記類/別傳之屬

病榻述舊錄一卷　(清)陳湜撰　清光緒十一年(1885)願聞吾過之軒刻本　一冊

330000－1781－0000496　0644　類叢部/叢書類/彙編之屬

振綺堂叢書初集十種二集十二種　(清)□□輯　清光緒二十年(1894)、宣統二年(1910)泉唐汪氏刻本暨鉛印本　一冊　存一種

330000－1781－0000497　0645　子部/宗教類/其他宗教之屬/基督教

教務紀略四卷首一卷　李剛己編　清光緒三十年(1904)山東印書局鉛印本　五冊

330000－1781－0000498　0646　史部/雜史類/斷代之屬

逆黨禍蜀記二卷　(清)汪堃編著　清同治五年(1866)抄本　二冊

330000－1781－0000500　0648　史部/政書類/通制之屬

石渠餘紀六卷　(清)王慶雲撰　清光緒刻本　六冊

330000－1781－0000502　0649　史部/雜史類/斷代之屬

湘軍志十六卷　王闓運撰　清刻本　四冊

330000－1781－0000503　0650　史部/傳記類/別傳之屬/事狀

辛酉記一卷　(清)張光烈撰　清光緒十六年

(1890)吳中旅邸刻本　一冊

330000－1781－0000508　0658　類叢部/叢書類/自著之屬

鹿洲全集八種　(清)藍鼎元撰　清雍正十年(1732)刻光緒五年(1879)藍謙修補刻本　一冊　存一種

330000－1781－0000509　0657　集部/總集類/選集之屬/斷代

普天忠憤集十四卷　(清)孔廣德編定　清光緒二十一年(1895)石印本　十二冊

330000－1781－0000510　0661　史部/雜史類/斷代之屬

公車上書記一卷　康有為撰　清光緒二十一年(1895)上海石印書局石印本　一冊

330000－1781－0000511　0659　史部/雜史類/斷代之屬

霆軍紀略十六卷　(清)陳昌編輯　清光緒上海申報館鉛印申報館叢書本　六冊

330000－1781－0000513　0660　類叢部/叢書類/彙編之屬

申報館叢書正集五十七種附錄三種續集一百四十二種　(清)尊聞閣主編　蔡爾康編續集　清同治至光緒上海申報館鉛印本　十冊　存一種

330000－1781－0000514　0663　史部/雜史類/斷代之屬

湘軍記二十卷　(清)王定安撰　清末上海書局石印本　二冊

330000－1781－0000521　0669　史部/政書類/邦交之屬

辛丑各國和約一卷　清光緒二十八年(1902)刻本　一冊

330000－1781－0000522　0679　新學/政治法律/政治

帝國叢書五種　(清)出洋學生編輯所編　清光緒二十八年(1902)上海商務印書館鉛印本　一冊　存一種

330000－1781－0000523　0671　史部/政書類/公牘檔冊之屬

浙江諮議局第一次常年會議事錄不分卷附補議事錄一卷　(清)浙江諮議局編　清宣統鉛印本　二冊

330000－1781－0000528　0680　新學/議論/論政

公民必讀初編一卷　(清)預備立憲公會編　清光緒三十四年(1908)預備立憲公會鉛印本　一冊

330000－1781－0000530　0682　史部/政書類/邦計之屬

試辦宣統三年預算地方行政歲出經費一卷　(清)浙江清理財政局編呈　清宣統二年(1910)鉛印本　一冊

330000－1781－0000531　0683　史部/政書類/邦計之屬

浙江省試辦宣統四年國家歲出預算報告冊一卷比較表一卷　(清)浙江清理財政局編　清宣統三年(1911)石印本　一冊

330000－1781－0000532　0684　史部/政書類/邦計之屬

核定浙江省宣統三年歲入預算總表一卷　(清)浙江清理財政局編　清宣統二年(1910)鉛印本　一冊

330000－1781－0000533　0685　史部/政書類/公牘檔冊之屬

大清礦務章程一卷附章一卷　清光緒三十四年(1908)鉛印本　二冊

330000－1781－0000534　0688　史部/詔令奏議類/奏議之屬

度支部幣制奏案輯要一卷　(清)度支部輯　清宣統二年(1910)北京益森公司鉛印本　一冊

330000－1781－0000536　0689　史部/詔令奏議類/奏議之屬

奏定農會簡明章程二十三條不分卷　(清)農工商部編　清光緒三十三年(1907)鉛印本

一冊

330000－1781－0000538　0690　史部/政書類/邦交之屬

乙巳年交涉要覽上篇二卷下篇三卷　（清）北洋洋務局纂輯　清光緒三十一年（1905）鉛印本　五冊

330000－1781－0000539　0691　史部/政書類/邦計之屬

浙江清理財政局説明書不分卷　（清）浙江清理財政局編　清宣統二年（1910）鉛印本　五冊

330000－1781－0000540　0695　史部/政書類/公牘檔冊之屬

浙江諮議局第二屆第一次臨時會議決案不分卷　（清）浙江諮議局編　清宣統二年（1910）鉛印本　一冊

330000－1781－0000541　0693　史部/政書類/軍政之屬/兵制

浙江陸軍水師各種調查表一卷　清末鉛印本　一冊

330000－1781－0000543　0698　史部/政書類/邦計之屬

新定比較短絀着賠章程一卷　（清）浙江布政使司　（清）浙江釐捐總局編　清光緒二十五年（1899）鉛印本　一冊

330000－1781－0000545　0697　史部/政書類/公牘檔冊之屬

浙省各釐卡月報冊式一卷　（清）浙江清理財政局編　清宣統二年（1910）石印本　一冊

330000－1781－0000546　0700　史部/政書類/公牘檔冊之屬

錄存各案備查一卷抄摺一卷　（清）倴餉科錄　清宣統三年（1911）稿本　一冊

330000－1781－0000547　0702　史部/政書類/公牘檔冊之屬

浙省釐務各詳案併冊一卷　（清）浙江布政使司　（清）浙省釐捐總局編　清光緒二十四年（1898）鉛印本　一冊

330000－1781－0000548　0701　史部/政書類/公牘檔冊之屬

茶餉章程一卷　（清）浙江通省絲茶牙釐總局編　清光緒二十四年（1898）刻本　一冊

330000－1781－0000549　0703　史部/政書類/邦計之屬/賦税

湖屬交代事宜田賦科不分卷　清宣統三年（1911）稿本　一冊

330000－1781－0000550　0705　史部/政書類/軍政之屬/兵制

浙江外海水師章制表一卷　（清）浙江調查陸軍財政局編　清宣統二年（1910）鉛印本　一冊

330000－1781－0000551　0704　史部/政書類/邦計之屬/賦税

浙江省海關税分類説明一卷浙江省常關税分類説明一卷浙江省雜税分類説明一卷浙江省釐金分類説明一卷浙江省雜捐分類説明一卷溫郡海防捐一卷浙江省捐輸分類説明一卷　清宣統二年（1910）抄本　陳訓慈批　一冊

330000－1781－0000552　0706　史部/政書類/邦計之屬

試辦預算宣統三年軍政費報告冊不分卷　（清）浙江督練公所撰　清宣統三年（1911）稿本　三冊

330000－1781－0000559　0725　史部/紀傳類/別史之屬

尚史七十卷　（清）李鍇撰　清乾隆三十八年（1773）刻本　十二冊

330000－1781－0000560　0719　史部/雜史類/斷代之屬

小腆紀年坿攷二十卷　（清）徐鼒撰　清咸豐十一年（1861）刻本　十二冊

330000－1781－0000561　0726　史部/雜史類/斷代之屬

戰國策三十三卷附札記三卷　（漢）高誘注
重刻剡川姚氏本戰國策札記三卷　（清）黄丕烈撰　清同治八年（1869）湖北崇文書局刻本

五册

330000－1781－0000562　0721　史部/紀傳類/正史之屬

東觀漢記二十四卷　(漢)劉珍等撰　清乾隆六十年(1795)掃葉山房刻本　二册

330000－1781－0000563　0722　經部/春秋左傳類/傳説之屬

左傳易讀六卷　(清)司徒修輯　清咸豐四年(1854)安康來鹿堂刻本　六册

330000－1781－0000565　0724　史部/紀事本末類/通代之屬

繹史一百六十卷世系圖一卷年表一卷　(清)馬驌撰　清光緒二十三年(1897)武林尚友齋石印本　二十四册

330000－1781－0000566　0727　史部/雜史類/斷代之屬

國語二十一卷　(三國吳)韋昭注　**校刊明道本韋氏解國語札記一卷**　(清)黄丕烈撰　**國語明道本攷異四卷**　(清)汪遠孫撰　清同治八年(1869)湖北崇文書局刻本　五册

330000－1781－0000567　0728　史部/史抄類

南北史捃華八卷　(清)周嘉猷輯　清光緒二年(1876)永康胡氏退補齋刻本　四册

330000－1781－0000570　0732　史部/史評類/考訂之屬

十七史商榷一百卷　(清)王鳴盛撰　清乾隆五十二年(1787)王鳴盛洞涇艸堂刻本　二十四册

330000－1781－0000573　0735　史部/編年類/斷代之屬

東華續錄一百二十卷(乾隆朝)　王先謙編　清光緒十三年(1887)廣百宋齋鉛印本　二十七册

330000－1781－0000574　0734　史部/編年類/斷代之屬

明紀六十卷　(清)陳鶴輯　(清)陳克家補　清光緒十六年(1890)上海積山書局石印本　六册

330000－1781－0000575　0738　史部/編年類/斷代之屬

東華續錄五十卷(嘉慶朝)　王先謙編　清光緒十三年(1887)廣百宋齋鉛印本　八册

330000－1781－0000576　0739　史部/編年類/斷代之屬

東華續錄六十卷(道光朝)　王先謙編　清光緒十三年(1887)廣百宋齋石印本　八册

330000－1781－0000578　0737　史部/編年類/斷代之屬

東華續錄一百卷(咸豐朝)　王先謙編　清光緒十九年(1893)會稽籀三倉室石印本　二十四册

330000－1781－0000579　0741　史部/雜史類/斷代之屬

臺戰實紀續集一卷　清光緒二十一年(1895)鉛印本　一册

330000－1781－0000580　0742　史部/政書類/通制之屬

九通提要十二卷　(清)柴紹炳纂　清光緒二十八年(1902)鉛印本　六册

330000－1781－0000581　0740　史部/史抄類

二十四史文鈔二十二卷　(清)納蘭常安選評　清光緒二十九年(1903)上海文來書局石印本　十六册

330000－1781－0000582　0743　史部/政書類/通制之屬

九通序九卷　清光緒二十八年(1902)景幡山房鉛印本　三册

330000－1781－0000584　0746　史部/政書類/軍政之屬/邊政

浙東籌防錄四卷　(清)薛福成撰　清光緒十三年(1887)刻本　一册

330000－1781－0000586　0747　史部/雜史類/斷代之屬

海東逸史十八卷 （清）翁洲老民撰　清光緒十年（1884）慈谿楊泰亨經畬塾刻民國二十一年（1932）慈谿張英望雲草堂重印本　一册

330000－1781－0000590　0752　史部/政書類/公牘檔册之屬

浙江省城手藝傳習所報告書不分卷 （清）浙江省城手藝傳習所編　清宣統二年（1910）浙江官報兼印刷局鉛印本　一册

330000－1781－0000591　0753　史部/政書類/律令之屬

治浙成規八卷　清道光刻本　一册

330000－1781－0000593　0759　子部/儒家類/儒學之屬/經濟

皇朝經世文新編二十一卷　麥仲華輯　清光緒二十四年（1898）上海譯書局石印本　二十四册

330000－1781－0000594　0760　子部/儒家類/儒學之屬/經濟

皇朝經世文續編一百二十卷姓名總目二卷 （清）盛康輯　盛宣懷編　繆荃孫　汪洵校勘　清光緒二十三年（1897）武進盛氏思補樓刻本　八十册

330000－1781－0000595　0761　史部/政書類/通制之屬

欽定續文獻通考二百五十卷 （清）嵇璜（清）曹仁虎等纂修　清石印本　二十四册

330000－1781－0000596　0762　子部/儒家類/儒學之屬/經濟

皇朝經世文編一百二十卷姓名總目二卷 （清）賀長齡輯　清光緒二十四年（1898）上海宏文閣鉛印本　二十四册

330000－1781－0000598　0765　史部/職官類/官制之屬/通志

歷代職官表六卷 （清）黄本驥纂　清光緒八年（1882）上海王氏刻本　三册

330000－1781－0000599　0763　史部/政書類/通制之屬

三通考詳節七十六卷 （清）嚴虞惇撰　清光緒二十八年（1902）天津開文書局石印本　十七册　存四十五卷（皇朝文獻通考詳節一至二、十至二十六，續文獻通考詳節一至二十六）

330000－1781－0000600　0766　史部/史表類/斷代之屬

三國紀年表一卷　清光緒六年（1880）鉛印本　一册

330000－1781－0000601　0767　史部/史表類/通代之屬

歷代帝王年表三卷 （清）齊召南編　（清）阮福續編　清光緒十二年（1886）蘇州掃葉山房刻本　三册

330000－1781－0000602　0763（2）　史部/政書類/通制之屬

三通考詳節七十六卷 （清）嚴虞惇撰　清光緒二十八年（1902）天津開文書局石印本　四册　存十五卷（文獻通考詳節一至八、十二至十八）

330000－1781－0000604　0769　子部/儒家類/儒學之屬/經濟

皇朝經世文三編八十卷 （清）陳忠倚輯　清光緒二十八年（1902）上海書局石印本　十六册

330000－1781－0000606　0771　史部/傳記類/職官録之屬/總録

［宣統元年秋季］爵秩全覽不分卷　清宣統元年（1909）刻本　六册

330000－1781－0000607　0772　類叢部/叢書類/彙編之屬

張氏適園叢書七種　張鈞衡編　清宣統三年（1911）上海國學扶輪社鉛印本　一册　存一種

330000－1781－0000611　0776　史部/政書類/儀制之屬/專志/謚法

皇朝謚法考五卷續編一卷補編一卷 （清）鮑康輯　**皇朝謚法考續補編一卷** （清）徐士鑾輯　清同治三年（1864）刻本　二册

330000－1781－0000612　0777　史部/傳記類/别傳之屬/年譜

紀年草一卷　(清)萬廷蘭自撰　(清)萬承紹等補編　清嘉慶十二年(1807)南昌萬氏刻本　一册

330000－1781－0000613　0779　史部/傳記類/總傳之屬/姓名

史姓韻編六十四卷　(清)汪輝祖撰　清光緒十年(1884)慈溪耕餘樓書局鉛印本　十六册

330000－1781－0000614　0778　史部/政書類/儀制之屬/專志/謚法

漢晉迄明謚彙攷十卷首一卷　(清)劉長華撰　清光緒八年(1882)刻本　四册

330000－1781－0000615　0780　史部/史表類/通代之屬

甲子紀元一卷　(清)王維翰輯　(清)陳霖校　清光緒三年(1877)刻本　一册

330000－1781－0000616　0781C1　史部/史表類/通代之屬

歷代帝王世系圖不分卷　清宣統二年(1910)陸軍部印刷處石印本　一册

330000－1781－0000617　0782　史部/地理類/總志之屬/通代

李氏五種合刊　(清)李兆洛撰　清同治九年至十一年(1870－1872)李鴻章刻本　一册　存一種

330000－1781－0000618　0781C2　史部/史表類/通代之屬

歷代帝王世系圖不分卷　清宣統二年(1910)陸軍部印刷處石印本　一册

330000－1781－0000620　0785　史部/史表類/通代之屬

歷代甲子紀元表一卷　(清)董醇撰　清咸豐五年(1855)東皐書堂刻本　一册

330000－1781－0000622　0787　類叢部/叢書類/郡邑之屬

貴池先哲遺書二十種附刻一種續刊一種附一種　劉世珩輯　清光緒二十四年至民國九年(1898－1920)貴池劉氏唐石簃刻民國十五年(1926)續刻彙印本　一册　存一種

330000－1781－0000624　0790　子部/天文曆算類/天文之屬

天文須知一卷　(清)格致匯編館編　清光緒七年(1881)格致匯編館鉛印本　一册

330000－1781－0000627　0793　史部/傳記類/總傳之屬/通代

補疑年録四卷　(清)錢椒撰　清光緒六年(1880)吴興陸氏刻潛園總集本　一册

330000－1781－0000628　0794　類叢部/叢書類/自著之屬

潛園總集十七種　(清)陸心源撰　清同治至光緒刻本　三册　存一種

330000－1781－0000629　0795　史部/雜史類/斷代之屬

錢塘遺事十卷　(元)劉一清編　清武林汪氏刻本　二册

330000－1781－0000630　0797　史部/史表類/通代之屬

歷代治權分合系統表一卷　(□)吴寶忠編　清光緒三十四年(1908)商務印書館鉛印本　陳訓慈批注　一册

330000－1781－0000632　0802　新學/報章

湘報類纂六卷　(清)覺睡齋主人編　清光緒二十八年(1902)上海編譯印書館鉛印本　八册

330000－1781－0000633　0803　子部/叢編

新民叢書六十二種　(清)新民叢報編　清光緒二十九年(1903)味新學社校刻本　一册　存一種

330000－1781－0000637　0812　史部/詔令奏議類/奏議之屬

左文襄公奏稿初編三十八卷續編七十六卷三編六卷　(清)左宗棠撰　清光緒二十八年(1902)上海古香閣石印本　十二册

330000－1781－0000638　0813　史部/詔令

奏議類/奏議之屬

林文忠公政書三集三十七卷　(清)林則徐撰　清刻本　十二冊

330000－1781－0000639　0814　史部/政書類/通制之屬

二十四史九通政典類要合編三百二十卷　(清)黃書霖輯　清光緒二十八年(1902)約雅堂石印本　六十冊　缺七卷(六十七至七十三)

330000－1781－0000640　0818　史部/傳記類/總傳之屬

紹興府中學堂同學錄一卷　(清)紹興府中學堂編　清宣統元年(1909)刻本　一冊

330000－1781－0000642　0822　史部/政書類/通制之屬

城鎮鄉地方自治宣講書一卷　(清)孟昭常撰　清宣統元年(1909)上海預備立憲公會事務所鉛印本　一冊

330000－1781－0000645　0826　史部/政書類/儀制之屬/專志/科舉校規

擬定地方學務章程施行細則一摺一卷　(清)江蘇學務公所輯　清末江蘇學務公所鉛印本　一冊

330000－1781－0000648　0829　史部/傳記類/總傳之屬

歷代名將圖一卷　(清)任薰撰　清光緒十三年(1887)上海大同書局石印本　一冊

330000－1781－0000649　0830　史部/雜史類/斷代之屬

十三日備嘗記一卷事略附記一卷　(清)曹晟撰　清光緒二年(1876)鉛印本　一冊

330000－1781－0000652　0833　史部/雜史類/斷代之屬

十國春秋一百十四卷　(清)吳任臣撰　**拾遺一卷備考一卷拾遺備考補一卷**　(清)周昂輯　清乾隆五十三年(1788)昭文周氏刻本　二十冊

330000－1781－0000654　0835　史部/傳記類/總傳之屬/郡邑

甌海軼聞五十八卷　(清)孫衣言撰　清光緒刻本　十七冊　缺二卷(五至六)

330000－1781－0000656　0838　史部/地理類/外紀之屬

琉球國志略十六卷首一卷　(清)周煌輯　清道光福建刻本　五冊　缺二卷(十五至十六)

330000－1781－0000657　0839　史部/地理類/山川之屬/水志

水道提綱二十八卷　(清)齊召南撰　清光緒五年(1879)宏達堂刻本　六冊

330000－1781－0000662　0850　類叢部/叢書類/彙編之屬

新陽趙氏叢刊十四種　(清)趙受益輯　清光緒十一年至二十八年(1885－1902)新陽趙氏刻本　一冊　存一種

330000－1781－0000664　0851　史部/地理類/山川之屬/水志

水經注釋四十卷首一卷附錄二卷水經注箋刊誤十二卷　(清)趙一清撰　清光緒六年(1880)蛟川張氏華雨樓刻本　十二冊

330000－1781－0000665　0852　類叢部/叢書類/彙編之屬

漸西村舍彙刊(漸西村舍叢刻)四十四種　(清)袁昶編　清光緒十六年至二十四年(1890－1898)桐廬袁氏刻本　八冊　存一種

330000－1781－0000670　0857　史部/傳記類/日記之屬

遊歷日本考察商務日記一卷(清光緒二十五年六月初一至八月初二)　(清)劉學詢撰　清光緒二十五年(1899)劉氏鉛印本　二冊

330000－1781－0000671　0860　史部/傳記類/日記之屬

道西齋日記不分卷(清光緒十三年三月初四至五月二十四日)　王詠霓撰　清光緒十三年(1887)安徽休屯鎮同文堂刻本　一冊

330000－1781－0000672　0861　類叢部/叢書類/自著之屬

留書種閣集九種　（清）黄炳垕撰　清同治六年至光緒二十年（1867－1894）餘姚黄氏留書種閣刻本　一册　存一種

330000－1781－0000673　0862　史部/政書類/儀制之屬/典禮
文廟通考六卷首一卷　（清）牛樹梅撰　清同治十一年（1872）浙江書局刻本　二册

330000－1781－0000674　0863　史部/地理類/專志之屬/書院
東林書院志二十二卷　（清）高廷珍等撰　清光緒七年（1881）刻本　八册

330000－1781－0000681　0873　史部/地理類/總志之屬/通代
歷代地理志韻編今釋二十卷皇朝輿地韻編二卷　（清）李兆洛輯　清光緒上海蜚英館石印本　四册

330000－1781－0000682　0875　史部/地理類/總志之屬/通代
歷代地理志韻編今釋二十卷　（清）李兆洛輯　清道光十七年（1837）刻本　朱家濟題記　七册

330000－1781－0000683　0876　史部/地理類/總志之屬/通代
廣輿記二十四卷　（明）陸應陽輯　（清）蔡方炳增輯　清道光四年（1824）刻本　十二册

330000－1781－0000684　0878　史部/地理類/外紀之屬
日本國志四十卷首一卷　（清）黄遵憲纂　清光緒二十七年（1901）上海書局石印本　十册

330000－1781－0000685　0886　類叢部/叢書類/彙編之屬
廣雅書局叢書一百五十九種　徐紹棨編　清光緒廣雅書局刻民國九年（1920）番禺徐紹棨彙編重印本　一册　存一種

330000－1781－0000686　0884　類叢部/叢書類/自著之屬
甌北全集八種　（清）趙翼撰　清乾隆至嘉慶湛貽堂刻本　十二册

330000－1781－0000687　0882　史部/地理類/輿圖之屬/全國
歷代輿地沿革險要圖說一卷　楊守敬　饒敦秩撰　海陵周氏繪　清光緒三十年（1904）石印本　一册

330000－1781－0000688　0883　史部/地理類/輿圖之屬/全國
歷代輿地沿革險要圖註一卷　楊守敬　饒敦秩撰　王尚德繪　清光緒二十二年（1896）石印本　一册

330000－1781－0000689　0885　類叢部/叢書類/彙編之屬
連筠簃叢書十四種　（清）楊尚文編　清道光二十七年至二十九年（1847－1849）靈石楊氏刻本　二册　存一種

330000－1781－0000690　0887　史部/地理類/水利之屬
今水經一卷表一卷　（清）黄宗羲撰　清光緒六年（1880）會稽章氏刻本　一册

330000－1781－0000691　0888　史部/地理類/山川之屬/水志
水經釋地八卷　（清）孔繼涵撰　清光緒六年（1880）會稽章氏刻本　二册

330000－1781－0000692　0891　史部/地理類/專志之屬/古跡
名蹟錄六卷　（明）朱珪撰　清抄本　二册

330000－1781－0000693　0889　史部/地理類/山川之屬/水志
水經注圖一卷坿錄一卷　（清）汪士鐸學　清咸豐十一年（1861）刻本　一册

330000－1781－0000697　0895　史部/地理類/總志之屬/斷代
元豐九域志十卷　（宋）王存等撰　清光緒八年（1882）金陵書局刻本　四册

330000－1781－0000698　0898　史部/紀傳類/別史之屬
東都事略一百三十卷　（宋）王稱撰　清光緒九年（1883）淮南書局刻本　八册

330000－1781－0000701　0897　史部/雜史類/斷代之屬
勘定川黔記事不分卷　清刻本　一册

330000－1781－0000703　0900　史部/政書類/儀制之屬/典禮
文廟祀典輯要一卷　(清)岑毓英撰　清光緒十年(1884)尊經閣刻本　一册

330000－1781－0000706　0905　史部/地理類/輿圖之屬/坤輿
歷代地理沿革圖一卷　(清)六嚴繪　(清)馬徵麟增輯　清同治十年(1871)金陵刻本　一册

330000－1781－0000707　0908　史部/地理類/山川之屬
黄山領要圖一卷　(清)汪西廬繪　清刻本　一册

330000－1781－0000709　0907　史部/地理類/雜志之屬
桂林山水一卷　(清)羅辰編　清道光十一年(1831)刻本　一册

330000－1781－0000710　0909　類叢部/叢書類/自著之屬
航海瑣記四種　(清)余思詒撰　清光緒三十年(1904)商務印書館鉛印本　二册　存一種

330000－1781－0000713　0915　史部/地理類/山川之屬/山志
泰山小史一卷　(清)蕭協中著　清乾隆五十四年(1789)刻本　一册

330000－1781－0000714　0920　史部/地理類/雜志之屬
六朝事迹編類十四卷　(宋)張敦頤撰　清光緒十三年(1887)李濱寶章閣刻本　四册

330000－1781－0000717　0923C　子部/藝術類/書畫之屬/畫譜
泛槎圖六卷續一卷三集一卷四集一卷五集一卷六集一卷　(清)張寶繪　清嘉慶二十四年至道光六年(1819－1826)羊城尚古齋張氏刻本　四册　缺二卷(五集、六集)

330000－1781－0000718　0923C1　子部/藝術類/書畫之屬/畫譜
泛槎圖六卷續一卷三集一卷四集一卷五集一卷六集一卷　(清)張寶繪　清嘉慶二十四年至道光六年(1819－1826)羊城尚古齋張氏刻本　四册　缺二卷(五集、六集)

330000－1781－0000719　0918　類叢部/叢書類/彙編之屬
豹隱山房叢集　清光緒二十四年(1898)刻本　一册　存一種

330000－1781－0000720　0923C2　子部/藝術類/書畫之屬/畫譜
泛槎圖六卷續一卷三集一卷四集一卷五集一卷六集一卷　(清)張寶繪　清嘉慶二十四年至道光六年(1819－1826)羊城尚古齋張氏刻本　一册　存一卷(續)

330000－1781－0000721　0929　史部/地理類/專志之屬/古跡
申江勝景圖二卷　(清)吴友如繪　清光緒十年(1884)上海點石齋石印本　二册

330000－1781－0000722　0924　史部/地理類
蓬萊軒所著地理學叢書十一種十一卷　(清)丁謙撰　清光緒二十八年(1902)石印本　三册

330000－1781－0000723　0929C1　史部/地理類/專志之屬/古跡
申江勝景圖二卷　(清)吴友如繪　清光緒十年(1884)上海點石齋石印本　二册

330000－1781－0000724　0926　史部/地理類/輿圖之屬/全國
皇朝輿地圖一卷　清同治石印本　一册

330000－1781－0000725　0933　子部/天文曆算類/天文之屬
天地球圖説不分卷　(清)楊文會撰　清金陵月山房刻本　一册

330000－1781－0000728　0936　史部/詔令奏議類/奏議之屬

孝肅包公奏議十卷 （宋）包拯撰 （清）張純修輯 清同治九年（1870）四明包芳國天禄閣刻本 四册

330000－1781－0000729 0939 史部/地理類/雜志之屬
日下尊聞録五卷 （清）□□撰 清光緒十七年（1891）同文書局石印本 一册

330000－1781－0000730 0937 史部/地理類/總志之屬/斷代
太平寰宇記二百卷目録二卷 （宋）樂史撰 清光緒八年（1882）金陵書局刻本（卷四、一百十三至一百十九原缺） 三十六册

330000－1781－0000731 1001 史部/傳記類/别傳之屬/年譜
孟子年譜二卷 （清）曹之升撰 （清）張鵬翂補 清嘉慶十年（1805）刻本 二册

330000－1781－0000732 1002（1） 史部/傳記類/别傳之屬/年譜
孔子編年四卷 （宋）狄子奇撰 清光緒十三年（1887）浙江書局刻本 二册

330000－1781－0000733 1003 史部/傳記類/别傳之屬/年譜
孔子年譜輯注一卷 （清）江永撰 清道光二十七年（1847）刻本 一册

330000－1781－0000734 1002（2） 史部/傳記類/别傳之屬/年譜
孟子編年四卷 （宋）狄子奇撰 清光緒十三年（1887）浙江書局刻本 二册

330000－1781－0000735 1004 史部/傳記類/别傳之屬/年譜
孔子年譜綱目一卷 （明）夏洪基編 明崇禎刻本 二册

330000－1781－0000736 1006 史部/傳記類/别傳之屬/年譜
孔子編年五卷 （宋）胡仔撰 清同治九年（1870）胡湛刻本 二册

330000－1781－0000738 1007 史部/傳記類/别傳之屬/年譜
黄忠端公［尊素］年譜二卷忠端公年譜舊本一卷 （清）黄炳垕編輯 清光緒二十五年（1899）留書種閣刻本 一册

330000－1781－0000739 1008 史部/傳記類/别傳之屬/年譜
黄忠端公［尊素］年譜二卷忠端公年譜舊本一卷 （清）黄炳垕編輯 清光緒二十五年（1899）留書種閣刻本 一册

330000－1781－0000740 1010 史部/傳記類/别傳之屬/年譜
黄梨洲先生［宗羲］年譜三卷 （清）黄炳垕編 清同治十二年（1873）刻本 一册

330000－1781－0000741 1011 史部/傳記類/别傳之屬/年譜
黄梨洲先生［宗羲］年譜三卷 （清）黄炳垕編 清同治十二年（1873）刻本 一册

330000－1781－0000742 1009 史部/傳記類/别傳之屬/年譜
黄梨洲先生［宗羲］年譜三卷 （清）黄炳垕編 清同治十二年（1873）刻本 一册

330000－1781－0000743 1012 史部/傳記類/别傳之屬/年譜
朱子［熹］年譜四卷考異四卷 （清）王懋竑撰 清乾隆十七年（1752）寶應王氏白田草堂刻清末浙江書局補刻本 一册

330000－1781－0000745 1015 史部/傳記類/别傳之屬/年譜
顧亭林先生［炎武］年譜一卷 （清）張穆編 清道光二十四年（1844）刻本 三册

330000－1781－0000746 1013－1 史部/傳記類/别傳之屬/年譜
悔菴［尤侗］年譜二卷 （清）尤侗撰 清康熙三十三年（1694）刻本 一册

330000－1781－0000747 1013－2 史部/傳記類/别傳之屬/年譜
尤悔菴太史［侗］年譜圖詩一卷小影圖贊一卷 （清）尤侗撰 清康熙三十三年（1694）刻本

一册

330000－1781－0000748　1016　史部/傳記類/别傳之屬/年譜

朱子[熹]年譜四卷考異四卷朱子論學切要語二卷校勘記二卷　(清)王懋竑撰　清光緒九年(1883)武昌書局刻本　四册

330000－1781－0000749　1017　史部/傳記類/别傳之屬/年譜

黄忠端公[道周]年譜四卷補遺一卷　(明)莊起儔編　(清)蔡世遠校　清道光九年(1829)刻本　一册　存二卷(一至二)

330000－1781－0000750　1018　史部/傳記類/别傳之屬/年譜

顧亭林先生[炎武]年譜一卷亭林先生軼詩一卷　(清)吴映奎輯　清光緒四年(1878)刻本　一册

330000－1781－0000756　1026　史部/傳記類/别傳之屬/年譜

錢辛楣先生[大昕]年譜一卷　(清)錢大昕撰　(清)錢慶曾校注　**竹汀居士年譜續編一卷**　(清)錢慶曾輯　清咸豐十年(1860)刻本　一册

330000－1781－0000757　1027　類叢部/叢書類/自著之屬

曾文正公全集十五種　(清)曾國藩撰　清光緒二年(1876)傳忠書局刻本　四册　存一種

330000－1781－0000759　1029　史部/傳記類/别傳之屬/年譜

王船山先生[夫之]年譜二卷　(清)劉毓崧編　清光緒二十年(1894)江南書局刻本　二册

330000－1781－0000761　1032　史部/傳記類/别傳之屬/年譜

成山老人自撰年譜六卷　(清)唐烱撰　清宣統二年(1910)鉛印本　二册

330000－1781－0000762　1030　史部/傳記類/别傳之屬/年譜

王船山公[夫之]年譜前編一卷後編一卷　(清)王之春輯　清光緒十九年(1893)刻本　二册

330000－1781－0000763　1033　史部/傳記類/别傳之屬/年譜

鹿忠節公[善繼]年譜二卷　(清)陳鋐編　清康熙六年(1667)尋樂堂刻本　二册

330000－1781－0000767　1038　史部/傳記類/别傳之屬/年譜

周漁潢先生[起渭]年譜一卷　陳田編　清刻本　一册

330000－1781－0000768　1039　史部/傳記類/别傳之屬/年譜

定盦先生[龔自珍]年譜一卷　吴昌綬撰　清宣統元年(1909)國學扶輪社鉛印本　一册

330000－1781－0000770　1040　類叢部/叢書類/郡邑之屬

畿輔叢書一百二十六種　(清)王灝編　清光緒五年(1879)定州王氏謙德堂刻本　一册　存一種

330000－1781－0000772　1046　史部/傳記類/别傳之屬/年譜

蘇穎濱年表一卷　(宋)孫汝聽撰　清宣統元年(1909)刻本　一册

330000－1781－0000774　1047　史部/傳記類/别傳之屬/年譜

孫淵如先生[星衍]年譜二卷　(清)張紹南撰　清光緒二十四年(1898)刻本　一册

330000－1781－0000776　1048　史部/傳記類/别傳之屬/年譜

[沈峻]年譜一卷　(清)沈峻撰　(清)沈兆澐輯注　清道光十五年(1835)刻本　一册

330000－1781－0000777　1050　史部/傳記類/别傳之屬/年譜

閻潛丘先生[若璩]年譜一卷　(清)張穆編　清道光二十七年(1847)祁氏刻本　二册

330000－1781－0000779　1053　史部/傳記類/别傳之屬/年譜

安道公[陳瑚]年譜二卷陳安道先生世系一卷

（清）陳溥編　（清）鄒以敬參校　清光緒十八年（1892）東倉書庫刻本　一册

330000－1781－0000780　1051　史部/傳記類/别傳之屬/年譜

蒙齋［倪璠］年譜一卷續年譜一卷蒙齋生志一卷補年譜一卷　（清）倪璠撰　清康熙五十二年（1713）刻本　二册

330000－1781－0000781　1059　史部/傳記類/别傳之屬/年譜

吴竹如先生［廷棟］年譜一卷　（清）方宗誠撰　清光緒十一年（1885）刻伯堂遺書本　一册

330000－1781－0000784　1064　史部/傳記類/别傳之屬/年譜

陳文肅公［大受］年譜一卷　（清）陳輝祖撰　清光緒十六年（1890）素園鉛印本　一册

330000－1781－0000785　1065　類叢部/叢書類/自著之屬

春融堂集三種　（清）王昶撰　清嘉慶青浦王氏塾南書舍刻光緒十八年（1892）重修本　一册　存一種

330000－1781－0000786　1066　史部/傳記類/别傳之屬/年譜

楊忠愍公［繼盛］年譜一卷家訓一卷　（明）楊繼盛撰　清咸豐八年（1858）精勤堂刻本　一册

330000－1781－0000788　1061　史部/傳記類/别傳之屬/年譜

仲昇自訂年譜一卷　胡韞玉撰　清光緒十八年（1892）鹿邑徐氏刻本　一册

330000－1781－0000792　1069　史部/傳記類/别傳之屬/年譜

露桐先生［李殿圖］年譜前編四卷附錄一卷　（清）錢景星編　清嘉慶八年（1803）刻本　四册

330000－1781－0000793　1071　類叢部/叢書類/彙編之屬

當歸草堂叢書八種　（清）丁丙編　清同治三年（1864）錢塘丁氏刻本　一册　存一種

330000－1781－0000794　1072　類叢部/叢書類/彙編之屬

當歸草堂叢書八種　（清）丁丙編　清同治三年（1864）錢塘丁氏刻本　一册　存一種

330000－1781－0000795　1070　史部/傳記類/别傳之屬/年譜

王先謙自定年譜三卷　王先謙撰　清光緒三十四年（1908）長沙王氏刻本　三册

330000－1781－0000798　1075　史部/傳記類/别傳之屬/年譜

顔習齋先生［元］年譜二卷　（清）李塨輯　（清）王源校　清乾隆刻本　一册

330000－1781－0000799　1078　集部/别集類/明别集

王陽明先生全集十六卷目録二卷　（明）王守仁撰　清道光六年（1826）刻本　二册　存三卷（陽明先生年譜一至二、陽明先生文集目録一）

330000－1781－0000800　1076　史部/傳記類/總傳之屬/家乘

鄭氏事實二卷部一卷　（清）鄭慶崧撰　清同治四年（1865）刻本　三册

330000－1781－0000801　1080　史部/傳記類/别傳之屬/年譜

稼軒先生［辛棄疾］年譜一卷　（清）辛啓泰編　清末江蘇存古學堂抄本　一册

330000－1781－0000803　1081　史部/傳記類/别傳之屬/年譜

戚少保［繼光］年譜耆編十二卷首一卷　（明）戚祚國彙纂　（明）戚昌國集録　（明）戚報國詳訂　清道光二十七年（1847）王氏刻光緒四年（1878）仙遊崇勲祠補刻本　十二册

330000－1781－0000804　1082　史部/傳記類/别傳之屬/年譜

陸清獻公［隴其］年譜一卷　（清）吴光酉編　（清）陸宸徵　（清）李鉉輯　清同治七年（1868）武林薇署刻本　一册

330000－1781－0000805　1079　子部/雜著

類/雜說之屬

尋樂堂日錄二十五卷 （清）竇克勤撰 （清）竇容莊 （清）竇容邃編 清光緒四年(1878)刻本 十六册

330000－1781－0000807 1083 集部/別集類/宋別集

范文正公集四十八卷 （宋）范仲淹撰 清康熙四十六年(1707)范氏歲寒堂刻本 三册 存五卷(范文正公年譜、范文正公年譜補遺、范文正公尺牘一至三)

330000－1781－0000809 1086 史部/傳記類/別傳之屬/年譜

吳太夫人年譜二卷 （清）董金鑑編 清光緒三十一年(1905)刻本 一册

330000－1781－0000815 1091 類叢部/叢書類/自著之屬

頤志齋叢書二十二種 （清）丁晏撰 清道光至同治山陽丁氏六蓺堂刻同治元年(1862)彙印本 一册 存四種

330000－1781－0000816 1094 史部/傳記類/別傳之屬/年譜

雙池先生[汪烜]年譜四卷 （清）余龍光編 清同治五年(1866)刻本 二册

330000－1781－0000817 1093 史部/傳記類/別傳之屬/年譜

雙池先生[汪烜]年譜四卷 （清）余龍光編 清同治五年(1866)刻本 一册 存二卷(一至二)

330000－1781－0000818 1095 類叢部/叢書類/自著之屬

黎文肅公遺書七種 （清）黎培敬撰 清光緒十七年(1891)湘潭黎氏刻本 一册 存一種

330000－1781－0000820 1100 史部/傳記類/別傳之屬/年譜

病榻夢痕錄二卷餘錄一卷 （清）汪輝祖撰 清光緒十二年(1886)山東書局刻本 一册

330000－1781－0000821 1096 類叢部/叢書類/自著之屬

施愚山先生全集五種附一種 （清）施閏章撰 清康熙至乾隆刻彙印本 一册 存一種

330000－1781－0000823 1098 史部/傳記類/別傳之屬/年譜

先君子蕺山先生[劉宗周]年譜二卷 （清）劉汋撰 （清）劉撫寧考訂 清乾隆四十一年(1776)山陰劉毓德證人堂刻本 二册

330000－1781－0000824 1102 史部/傳記類/別傳之屬/年譜

黃崑圃先生[叔琳]年譜三卷 （清）顧鎮編 清刻本 一册

330000－1781－0000826 1103 史部/傳記類

四朝先賢六家年譜 （清）楊希閔撰 清光緒四年(1878)福州刻本 一册

330000－1781－0000828 1111 類叢部/叢書類/彙編之屬

粵雅堂叢書一百八十四種 （清）伍崇曜編 清道光二十九年至光緒十一年(1849－1885)南海伍氏刻彙印本 二册 存一種

330000－1781－0000833 1114 類叢部/叢書類/彙編之屬

國粹叢書四十九種 （清）國學保存會編 清光緒至宣統國學保存會鉛印本 一册 存一種

330000－1781－0000834 1116 史部/傳記類

歸顧朱三先生年譜合刻 （清）金吳瀾輯 清光緒六年(1880)嘉興金氏刻本 三册

330000－1781－0000835 1117 史部/傳記類/別傳之屬/年譜

右軍[王羲之]年譜一卷 （清）魯一同編 清咸豐五年(1855)補過軒刻本 一册

330000－1781－0000836 1118 史部/傳記類

歸顧朱三先生年譜合刻 （清）金吳瀾輯 清光緒六年(1880)嘉興金氏刻本 一册

330000－1781－0000839　1119　史部/傳記類/别傳之屬/年譜
徵君孫先生[奇逢]年譜二卷　(清)湯斌等編　清乾隆元年(1736)吳維垣刻本　二册

330000－1781－0000840　1121　史部/傳記類/别傳之屬/年譜
陸清獻先生[隴其]年譜原本一卷　(清)楊開基編　清乾隆十七年(1752)刻本　一册

330000－1781－0000844　1129　史部/傳記類/别傳之屬/年譜
黃蕘圃先生[丕烈]年譜二卷　(清)江標輯　清光緒二十三年(1897)長沙使院刻靈鶼閣叢書本　二册

330000－1781－0000847　1124　史部/傳記類/别傳之屬/年譜
姚惜抱先生[鼐]年譜一卷　(清)鄭福照輯　清同治七年(1868)刻本　一册

330000－1781－0000849　1125　史部/傳記類/别傳之屬/年譜
靖節先生[陶潛]年譜考異二卷　(清)陶澍撰　清刻本　一册

330000－1781－0000853　1138　史部/傳記類/别傳之屬/年譜
林穗年譜一卷善餘堂家訓一卷　林綺撰　清光緒三十一年(1905)鉛印本　一册

330000－1781－0000856　1139　史部/傳記類/别傳之屬/年譜
駱文忠公自訂年譜二卷　(清)駱秉章編　清光緒二十一年(1895)思賢書局鉛印本　二册

330000－1781－0000858　1140　類叢部/叢書類/彙編之屬
振綺堂叢書　(清)□□輯　清汪氏振綺堂刻本　二册　存一種

330000－1781－0000860　1141　類叢部/叢書類/彙編之屬
津河廣仁堂叢書八十四種　清光緒津河廣仁堂刻本　一册　存一種

330000－1781－0000861　1144　史部/傳記類/别傳之屬/年譜
文文忠公自訂年譜二卷首一卷附蜀輶紀程一卷巴林紀程一卷　(清)文天祥撰　清光緒八年(1882)刻本　四册

330000－1781－0000863　1145　史部/傳記類/别傳之屬/年譜
唐李鄴侯[泌]年譜一卷　(清)楊希閔編　清光緒四年(1878)福州刻本　一册

330000－1781－0000864　1143　史部/傳記類/别傳之屬/年譜
方望溪先生[苞]年譜一卷附錄一卷　(清)蘇惇元輯　清咸豐元年(1851)戴鈞衡刻二年(1852)補刻本　一册

330000－1781－0000865　1146　史部/傳記類/别傳之屬/年譜
李忠定公[綱]年譜一卷　(清)楊希閔編　清光緒三年(1877)福州刻本　一册

330000－1781－0000866　1147　史部/傳記類/别傳之屬/年譜
宋韓忠獻公[琦]年譜一卷　(清)楊希閔編　清光緒四年(1878)福州刻本　一册

330000－1781－0000867　1148　史部/傳記類/别傳之屬/年譜
唐陸宣公[贄]年譜一卷　(清)楊希閔編　清光緒四年(1878)福州刻四朝先賢六家年譜本　一册

330000－1781－0000868　1149　類叢部/叢書類/家集之屬
洪氏晦木齋叢書二十一種　(清)洪汝奎編　清同治八年至宣統元年(1869－1909)刻本　四册　存一種

330000－1781－0000870　1154　史部/傳記類/别傳之屬/年譜
左文襄公[宗棠]年譜十卷　(清)羅正鈞輯　清光緒二十三年(1897)湘陰左氏刻本　十册

330000－1781－0000871　1155　史部/傳記類/别傳之屬/年譜

遂翁自訂年譜一卷 （清）趙昀撰 清光緒四年（1878）刻本 一册

330000－1781－0000872 1156 史部/傳記類/别傳之屬/年譜

王深寧先生［應麟］年譜一卷 （清）張大昌輯 清光緒十六年（1890）刻本 一册

330000－1781－0000873 1152 史部/傳記類

韓文類譜七卷柳先生年譜一卷 （清）呂大防撰 清光緒元年（1875）金陵藤溪刻本 一册

330000－1781－0000874 1157 史部/傳記類

延平四先生年譜四種四卷 （清）毛念恃編 清乾隆十年（1745）滏陽張坦刻本 二册

330000－1781－0000875 1158 類叢部/叢書類/郡邑之屬

畿輔叢書一百二十六種 （清）王灝編 清光緒五年至十八年（1879－1892）定州王氏謙德堂刻本 二册 存一種

330000－1781－0000876 1160 史部/傳記類/别傳之屬/事狀

義民包立身事略一卷附録一卷 （清）包祖清輯 清宣統三年（1911）鉛印本 一册

330000－1781－0000879 1161 類叢部/叢書類/家集之屬

篤素堂全集四種 （清）張英 （清）張廷玉撰 清光緒五年至十七年（1879－1891）刻彙印本 一册 存一種

330000－1781－0000881 1165 史部/傳記類/總傳之屬/郡邑

國朝天台耆舊傳八卷 （清）袁琴撰 （清）金文田輯 清光緒二十八年（1902）天台齊品亨堂木活字印本 二册

330000－1781－0000884 1166 史部/傳記類/總傳之屬/仕宦

兩浙令長攷三卷 （清）董沛撰 清光緒七年（1881）刻本 一册

330000－1781－0000885 1168 史部/傳記類/總傳之屬/家乘

［浙江湖州］吴興沈氏族譜一卷 清抄本 一册

330000－1781－0000892 1173 史部/傳記類/總傳之屬/家乘

［浙江景寧］汝南郡藍氏宗譜不分卷 （清）夏增榮 （清）夏長楚輯 清光緒七年（1881）刻本 一册

330000－1781－0000893 1176 史部/傳記類/科舉録之屬/諸貢録

國朝貢舉年表三卷 （清）陳國霖 （清）顧錫中編 清光緒鉛印本 二册

330000－1781－0000894 1177 類叢部/叢書類/彙編之屬

知不足齋叢書一百九十五種 （清）鮑廷博編 （清）鮑士恭續編 清乾隆三十七年至道光三年（1772－1823）長塘鮑氏刻本 一册 存一種

330000－1781－0000895 1179 史部/傳記類/别傳之屬/事狀

李鴻章一卷 梁啟超撰 清光緒二十七年（1901）刻本 一册

330000－1781－0000897 1180 子部/藝術類/書畫之屬/畫譜

任渭長先生畫傳四種 （清）任熊繪 清光緒十二年（1886）上海同文書局石印本 一册 存一種

330000－1781－0000898 1180C1 子部/藝術類/書畫之屬/畫譜

任渭長先生畫傳四種 （清）任熊繪 清光緒十二年（1886）上海同文書局石印本 一册 存一種

330000－1781－0000901 1181 史部/傳記類/别傳之屬

宋宗忠簡公遺事二卷 （清）劉質慧輯 清同治三原劉氏述荆堂刻本 一册

330000－1781－0000903 1182 史部/傳記

類/别傳之屬/事狀
李文忠公[鴻章]事略一卷 (清)吴汝綸撰 清光緒二十八年(1902)北洋官報局鉛印本 一册

330000－1781－0000904 1187 史部/傳記類/總傳之屬/列女
新刊古列女傳七卷續列女傳一卷 (漢)劉向編 (晉)顧凱之繪 清道光五年(1825)揚州阮氏影宋建安余氏刻本 四册

330000－1781－0000905 1183 類叢部/叢書類/彙編之屬
張氏適園叢書七種 張鈞衡編 清宣統三年(1911)上海國學扶輪社鉛印本 一册 存一種

330000－1781－0000906 1188－1189 史部/傳記類/總傳之屬/隱逸
高士傳三卷圖一卷 (晉)皇甫謐撰 清咸豐八年(1858)蕭山王氏刻光緒三年(1877)張氏印本 三册 缺一卷(下)

330000－1781－0000907 1190 史部/傳記類/總傳之屬/郡邑
四明人鑑不分卷 (清)劉慈孚輯 (清)虞琴繪圖 清光緒十二年(1886)石印本 二册

330000－1781－0000908 1191 史部/傳記類/别傳之屬/事狀
庸閒老人自敘一卷 (清)陳其元撰 清光緒刻本 一册

330000－1781－0000911 1195 史部/傳記類/總傳之屬/姓名
自號錄一卷 (宋)徐光溥編 清刻本 一册

330000－1781－0000913 1196 史部/傳記類/總傳之屬
京師譯學館同學錄一卷 清宣統三年(1911)京華書局鉛印本 一册

330000－1781－0000914 1197 史部/傳記類/科舉録之屬/諸貢録
國朝歷科館選錄不分卷 (清)沈廷芳輯 (清)陸費墀 (清)沈世緯重訂 清刻本 二册

330000－1781－0000916 1201 史部/傳記類/科舉録之屬/總録
國朝兩浙科名錄不分卷(清順治三年丙戌科至光緒二年丙子科) (清)黃安綬輯 清咸豐七年(1857)至光緒遞刻本 二册

330000－1781－0000917 1199 史部/傳記類/總傳之屬/姓名
内閣漢票簽中書舍人題名一卷 (清)彭蘊章 (清)鮑康等輯 清咸豐十一年(1861)直房刻本 一册

330000－1781－0000918 1200 類叢部/叢書類/彙編之屬
清風室叢刊二十種 (清)錢保塘編 清同治十年至民國二十五年(1871－1936)海寧錢氏清風室刻本 八册 存一種

330000－1781－0000919 1201C1 史部/傳記類/科舉録之屬/總録
國朝兩浙科名錄不分卷(清順治三年丙戌科至光緒二年丙子科) (清)黃安綬輯 清咸豐七年(1857)至光緒遞刻本 二册

330000－1781－0000921 1206 類叢部/叢書類/郡邑之屬
貴池先哲遺書二十種附刻一種續刊一種附一種 劉世珩輯 清光緒二十四年至民國九年(1898－1920)貴池劉氏唐石簃刻民國十五年(1926)續刻彙印本 二册 存一種

330000－1781－0000926 1210 史部/傳記類/科舉録之屬/諸貢録
國朝湖州府科第表不分卷 (清)戴璐輯 (清)沈鉉補輯 (清)錢振常續輯 清同治十一年(1872)刻光緒至宣統增修本 二册

330000－1781－0000928 1212 史部/傳記類/科舉録之屬
國朝六科漢給事中題名錄一卷 (清)戴璐撰 (清)王家相重訂 清道光四年(1824)刻光緒三年(1877)補刻本 一册

330000－1781－0000929 1211 史部/傳記

類/科舉録之屬/諸貢録

國朝歷科題名碑錄不分卷 (清)李周望等輯 清刻本 八册

330000－1781－0000930 1213 史部/傳記類/科舉録之屬

明太學題名碑錄不分卷 (清)□□撰 清刻本 七册

330000－1781－0000931 1214 史部/傳記類/總傳之屬/列女

善女人傳二卷 (清)彭際清撰 清同治十一年(1872)刻本 一册

330000－1781－0000932 1216 類叢部/叢書類/郡邑之屬

金華叢書六十八種 (清)胡鳳丹編 清同治七年至光緒八年(1868－1882)永康胡氏退補齋刻民國補刻本 一册 存一種

330000－1781－0000934 1217 集部/總集類/郡邑之屬

兩浙輶軒錄四十卷補遺十卷姓氏韻編一卷 (清)阮元訂 清光緒十六年(1890)浙江書局刻本 三十二册

330000－1781－0000935 1219 史部/傳記類/總傳之屬/文苑

國朝詩人徵略六十卷 (清)張維屏輯 清道光十年(1830)刻本 十册

330000－1781－0000936 1218 類叢部/叢書類/郡邑之屬

嶺南遺書五十九種 (清)伍元薇 (清)伍崇曜輯 清道光至同治南海伍氏粤雅堂文字歡娱室刻本 一册 存一種

330000－1781－0000938 1221 類叢部/叢書類/彙編之屬

朱文端公藏書十三種 (清)朱軾撰輯 清光緒二十三年(1897)刻本 九册 存一種

330000－1781－0000942 1224 史部/傳記類/總傳之屬/通代

於越先賢像傳贊二卷 (清)王齡撰 (清)任熊繪像 清光緒十二年(1886)上海同文書局石印本 二册

330000－1781－0000943 1225 史部/傳記類/總傳之屬/隱逸

高士傳三卷圖一卷 (晉)皇甫謐撰 清咸豐八年(1858)蕭山王氏養龢堂刻本 二册

330000－1781－0000944 1226 史部/傳記類/總傳之屬/技藝

疇人傳四十六卷 (清)阮元撰 **疇人傳續六卷** (清)羅士琳撰 清光緒八年(1882)海鹽張氏常惺齋刻本 十二册

330000－1781－0000945 1227 史部/傳記類/總傳之屬/通代

中西人物通攷一百卷 (清)葉逢時輯 清光緒二十九年(1903)杭州史學齋石印本 二十册

330000－1781－0000946 1233 史部/傳記類/總傳之屬/忠孝

欽定勝朝殉節諸臣錄十二卷首一卷 (清)高宗弘曆敕撰 清嘉慶二年(1797)謝啟昆刻本 四册

330000－1781－0000947 1229、1231 史部/傳記類

傳記小叢書□□種 (清)上海廣智書局編 清光緒二十八年至二十九年(1902－1903)上海廣智書局鉛印本 二册 存二種

330000－1781－0000948 1234 類叢部/叢書類/彙編之屬

朱文端公藏書十三種 (清)朱軾撰輯 清光緒二十三年(1897)刻本 十二册 存一種

330000－1781－0000950 1237 史部/傳記類/總傳之屬/斷代

東林列傳二十四卷末二卷 (清)陳鼎輯 清康熙五十年(1711)刻本 五册 存十卷(一至十)

330000－1781－0000951 1236 史部/傳記類/總傳之屬/忠孝

中興蘇浙表忠錄三十六卷續錄八卷 (清)王希曾輯 清光緒二十九年(1903)刻本 八册

330000－1781－0000952　1240　史部/傳記類/總傳之屬/人表
人表考九卷　(清)梁玉繩撰　清光緒十四年(1888)廣雅書局刻廣雅書局叢書本　四冊

330000－1781－0000953　1239　史部/傳記類/總傳之屬/郡邑
浙江忠義錄十卷　(清)浙江采訪忠義總局編　清同治六年(1867)浙江采訪忠義總局刻本　四冊

330000－1781－0000955　1246　史部/傳記類/總傳之屬/斷代
續碑傳集八十六卷首二卷　繆荃孫纂　清宣統二年(1910)江楚編譯書局刻本　二十四冊

330000－1781－0000956　1241　史部/傳記類/總傳之屬/斷代
國朝先正事略六十卷　(清)李元度撰　清同治八年(1869)循陔草堂刻本　三十二冊

330000－1781－0000957　1243　類叢部/叢書類/自著之屬
安靜子集五種附一種　(清)安致遠撰　清康熙刻同治二年(1863)自鉏園彙印本　一冊　存一種

330000－1781－0000958　1242　史部/傳記類/總傳之屬/斷代
碑傳集一百六十卷首二卷末二卷　(清)錢儀吉輯　(清)黃彭年編訂　清光緒十九年(1893)江蘇書局刻本　六十冊

330000－1781－0000960　1248　史部/傳記類/總傳之屬/通代
校正尚友錄二十二卷補遺一卷　(明)廖用賢輯　(清)張伯琮補輯　清光緒二十四年(1898)上海鴻寶齋石印本　六冊

330000－1781－0000961　1255　類叢部/叢書類/自著之屬
潛園總集十七種　(清)陸心源撰　清同治至光緒刻本　四冊　存一種

330000－1781－0000962　1256　史部/傳記類/總傳之屬/儒林
歷代名儒傳八卷　(清)朱軾　(清)蔡世遠訂　(清)李清植分纂　清光緒二十三年(1897)刻本　四冊

330000－1781－0000963　1249　史部/傳記類/總傳之屬/通代
尚友錄續集二十二卷　(清)張亮基輯　清光緒二十四年(1898)上海鴻寶齋石印本　六冊

330000－1781－0000964　1251　史部/傳記類/總傳之屬/仕宦
中興名臣事略八卷　朱孔彰撰　清光緒二十九年(1903)上海書局石印本　二冊

330000－1781－0000965　1250　史部/傳記類/總傳之屬/斷代
昭代名人尺牘小傳二十四卷　(清)吳修撰　清道光六年(1826)刻本　四冊

330000－1781－0000967　1252　史部/傳記類/別傳之屬/事狀
子劉子行狀二卷　(清)黃宗羲撰　清道光六年(1826)慈溪葉氏刻本　一冊

330000－1781－0000968　1263　史部/傳記類/別傳之屬/事狀
磨盾餘談二卷　(清)張炳撰　清宣統元年(1909)石印本　二冊

330000－1781－0000970　1258　類叢部/類書類/通類之屬
古今圖書集成一萬卷目錄四十卷　(清)蔣廷錫　(清)陳夢雷等輯　清鉛印本　三冊　存二十卷(七百四至七百二十三)

330000－1781－0000971　1260　史部/傳記類/總傳之屬/列女
廣列女傳二十卷附錄一卷　(清)劉開纂　清光緒十年(1884)刻本　八冊

330000－1781－0000974　1262　子部/雜著類/雜說之屬
薈蕞編二十卷　(清)俞樾撰　清光緒七年(1881)上海申報館鉛印本　二冊

330000－1781－0000976　1266　史部/傳記

類/別傳之屬/事狀

詒煒集五卷　(清)許振禕輯　清光緒十八年(1892)東河節署刻本　一冊

330000－1781－0000980　1270　史部/傳記類/總傳之屬/家乘

純德彙編七卷首一卷　(清)董華鈞輯　**續刻一卷**　(清)董景沛輯　清嘉慶二十三年(1818)春暉堂刻本　四冊

330000－1781－0000985　1276　史部/傳記類/總傳之屬/忠孝

規復兩浙節孝總祠事蹟不分卷　清末刻本　一冊

330000－1781－0000988　1275　史部/傳記類/別傳之屬

宋平子哀輓錄一卷　(清)陳黼宸等撰　清宣統二年(1910)浙甌務本書局石印本　一冊

330000－1781－0000990　1282　史部/傳記類/別傳之屬/事狀

朱靖旬行狀一卷　(清)李秉衡撰　清宣統二年(1910)掃葉山房石印本　一冊

330000－1781－0000995　1287　史部/傳記類/別傳之屬/事狀

誥授通奉大夫賞戴花翎二品銜署浙江溫處兵備道上元宗公[源瀚]行狀一卷　(清)秦賓琨撰　清光緒石印本　一冊

330000－1781－0000996　1288　子部/儒家類/儒學之屬/性理

先儒趙子言行錄二卷　(清)陳廷鈞撰　清同治九年(1870)楚北崇文書局刻本　一冊　存一卷(下)

330000－1781－0000998　1289　史部/傳記類/別傳之屬/事狀

誥授中憲大夫四品銜前掌湖廣道監察御史先考庾生府君[吳峋]行略一卷　(清)吳保鐸撰　清光緒刻本　一冊

330000－1781－0001013　1298　史部/傳記類/總傳之屬/文苑

涵芬樓古今文鈔小傳四卷首一卷附錄一卷　商務印書館編譯所輯　清宣統三年(1911)商務印書館鉛印本　一冊

330000－1781－0001014　1299　類叢部/叢書類/彙編之屬

朱文端公藏書十三種　(清)朱軾撰輯　清光緒二十三年(1897)刻本　二冊　存一種

330000－1781－0001016　1302　史部/傳記類/別傳之屬

求闕齋弟子記三十二卷　(清)王定安撰　清光緒二年(1876)蛟川張氏秋樹根齋都門刻本　二十冊

330000－1781－0001019　1306　類叢部/叢書類/自著之屬

留書種閣集九種　(清)黃炳垕撰　清同治六年至光緒二十年(1867－1894)餘姚黃氏留書種閣刻本　一冊　存一種

330000－1781－0001032　1315　史部/傳記類

四朝先賢六家年譜　(清)楊希閔撰　清光緒四年(1878)福州刻本　一冊　存一種

330000－1781－0001034　1324　史部/傳記類/別傳之屬/年譜

丹魁堂自訂年譜一卷感遇錄一卷　(清)季芝昌撰　清同治三年(1864)崇川文成堂刻本　一冊

330000－1781－0001037　1326　史部/傳記類/別傳之屬/年譜

吳文節公[文鎔]年譜一卷　(清)吳養源編　清同治刻本　一冊

330000－1781－0001038　1317　史部/傳記類/別傳之屬/年譜

望眉山人世系一卷年譜一卷　(清)顏嗣徽撰　清光緒二十三年(1897)古築顏氏刻本　一冊

330000－1781－0001041　1328　子部/藝術類/書畫之屬/總論

江邨銷夏錄三卷　(清)高士奇輯　清康熙三十二年(1693)寶芸堂刻本　六冊

330000－1781－0001042　1319　史部/傳記類/别傳之屬/年譜

廣元遺山[元好問]年譜二卷　(清)李光廷編　清光緒刻本　二册

330000－1781－0001043　1359　史部/傳記類/别傳之屬/墓誌

張勇烈公神道碑一卷　(清)張裕釗書　(清)陳澧撰　清宣統石印本　一册

330000－1781－0001044　1361　集部/詩文評類/文評之屬

墓銘舉例四卷　(明)王行撰　**金石要例一卷**　(清)黄宗羲撰　清嘉慶刻本　一册　存三卷(三至四、金石要例)

330000－1781－0001046　1363　史部/地理類/外紀之屬

四裔編年表四卷　(美國)林樂知　嚴良勳譯　(清)李鳳苞輯　清光緒江南製造總局刻本　一册

330000－1781－0001052　1370　史部/傳記類/總傳之屬/家乘

[浙江杭州]錢氏宗譜不分卷　(清)蔣宗錫輯　清道光親九堂木活字印本　一册

330000－1781－0001054　1372　史部/雜史類/斷代之屬

三河創業記五卷　(清)范壽金撰　清光緒三十三年(1907)石印本　一册　存四卷(二至五)

330000－1781－0001055　1401　子部/雜著類/雜考之屬

困學紀聞二十卷　(宋)王應麟撰　清乾隆三年(1738)馬氏藂書樓刻本　六册

330000－1781－0001057　1373　子部/宗教類/佛教之屬

法化老和尚貪瞋癡註一卷專修淨土直説一卷　(清)釋法化撰　清光緒元年(1875)刻本　一册

330000－1781－0001059　1403　史部/詔令奏議類/奏議之屬

奏疏偶錄一卷　清抄本　一册

330000－1781－0001061　1405　史部/政書類/公牘檔冊之屬

案件批示備查一卷　清同治抄本　一册

330000－1781－0001062　1375　類叢部/叢書類/彙編之屬

邵武徐氏叢書二十三種　(清)徐榦編　清光緒邵武徐氏刻本　一册　存一種

330000－1781－0001063　1376－1377　類叢部/叢書類/彙編之屬

邵武徐氏叢書二十三種　(清)徐榦編　清光緒邵武徐氏刻本　四册　存二種

330000－1781－0001066　1378　史部/雜史類/斷代之屬

瓊廣平糶記事一卷　(清)劉學詢撰　清光緒刻本　一册

330000－1781－0001067　1379　史部/雜史類/斷代之屬

辦團始末一卷　(清)劉學詢輯　清光緒刻本　一册

330000－1781－0001069　1380　子部/農家農學類

奉天農業試驗場成績專報一卷　(清)奉天農業試驗場編　清宣統二年(1910)奉天農業試驗場鉛印本　一册

330000－1781－0001073　1410　集部/别集類/清别集

止軒題跋一卷　(清)王繼香撰　清抄本　一册

330000－1781－0001074　1386　史部/政書類/律令之屬/律例

審檢二廳與刑署有關事項問答一卷　清宣統二年(1910)鉛印本　一册

330000－1781－0001075　1414　史部/地理類/方志之屬/郡縣志

吴地記一卷　(唐)陸廣微撰　**吴地記後集一卷**　(宋)□□輯　清同治十二年(1873)江蘇

書局刻本　一册

330000－1781－0001076　1383　史部/詔令奏議類/奏議之屬

奏定陸軍學堂辦法一卷　奕劻撰　清光緒三十年(1904)刻本　一册

330000－1781－0001077　1384　史部/政書類/邦交之屬

中日通商行船條約續約不分卷　清光緒刻本　一册

330000－1781－0001078　1415　史部/傳記類/日記之屬

譚復堂日記不分卷(清同治十年九月六日至十一年十二月二十七日)　(清)譚獻撰　稿本　一册

330000－1781－0001079　1385　史部/詔令奏議類/詔令之屬

清宣統三年十月諭旨一卷憲政大綱一卷　清宣統三年(1911)鉛印本　一册

330000－1781－0001080　1387　史部/政書類/律令之屬/律例

欽定著作權律一卷　清宣統二年(1910)鉛印本　一册

330000－1781－0001081　1412　史部/傳記類/日記之屬

黄體芳日記一卷(清光緒二十六年)　(清)黄體芳撰　清抄本　三册

330000－1781－0001082　1388　史部/政書類/律令之屬/律例

法部奏定通行訴訟狀紙章程一卷　清宣統元年(1909)鉛印本　一册

330000－1781－0001085　1389　史部/政書類

會奏遵議變通府廳州縣地方審判廳法摺一卷　奕劻等撰　清宣統二年(1910)鉛印本　一册

330000－1781－0001086　1393　史部/政書類/律令之屬/律例

欽定法院編制法不分卷附法官考試任用司法區域分劃及初級暨地方審判廳管轄案件各暫行章程不分卷　(清)憲政編查館編　清宣統元年(1909)鉛印本　一册

330000－1781－0001087　1390　史部/政書類

分年籌備事宜摺一卷　清宣統元年(1909)浙江官紙總局鉛印本　一册

330000－1781－0001088　1391　史部/政書類

會奏酌擬各省法官變通迴避辦法摺一卷　奕劻等撰　清宣統二年(1910)鉛印本　一册

330000－1781－0001089　1394　史部/政書類

清法部原奏審檢二廳員額一卷　清鉛印本　一册

330000－1781－0001090　1392　史部/詔令奏議類/奏議之屬

直省勸業道職掌任用章程原奏覆奏摺一卷清單一卷　清光緒浙江官書局鉛印本　一册

330000－1781－0001091　1395　史部/政書類/律令之屬/律例

違警律施行辦法不分卷　清浙江官書局刻本　一册

330000－1781－0001092　1396　史部/詔令奏議類/詔令之屬

上諭附疏議條款一卷　清咸豐刻本　一册

330000－1781－0001093　1397　史部/傳記類/科舉録之屬/歷科登科録

[光緒乙未科]會試硃卷不分卷　(清)秦達章撰　清光緒刻本　一册

330000－1781－0001096　1398　史部/雜史類/斷代之屬

三河創業記五卷　(清)范壽金撰　清光緒三十三年(1907)石印本　一册　存一卷(一)

330000－1781－0001098　1419－1420　新學/史志/諸國史

萬國史記二十卷　(日本)岡本監輔撰　清光緒石印本　二册　存四卷(三至四、七至八)

330000－1781－0001099　1421　史部/政書類/軍政之屬/邊政

籌海初集四卷　(清)關天培撰　清申報館鉛印本　四册

330000－1781－0001100　1423－1424　類叢部/叢書類/自著之屬

春融堂集三種　(清)王昶撰　清嘉慶青浦王氏塾南書舍刻光緒十八年(1892)重修本　二册　存一種

330000－1781－0001101　1422　類叢部/叢書類/彙編之屬

申報館叢書正集五十七種附録三種續集一百四十二種　(清)尊聞閣主編　蔡爾康編續集　清同治至光緒上海申報館鉛印本　八册　存一種

330000－1781－0001102　1425　史部/雜史類/斷代之屬

皇朝紀略一卷　(清)何琪輯　清光緒二十七年(1901)上海普通學書室鉛印本　一册

330000－1781－0001103　1426　集部/別集類/清別集

重訂少嵒賦草四卷　(清)夏思沺撰　清咸豐元年(1851)文富堂刻本　一册　存二卷(一、三)

330000－1781－0001105　1427　史部/雜史類/斷代之屬

李秀成供不分卷　(清)李秀成撰　清光緒石印本　一册

330000－1781－0001106　1429　子部/雜著類/雜考之屬

丹鉛總録二十七卷　(明)楊慎撰　清刻本　一册　存二卷(十一至十二)

330000－1781－0001109　1431　史部/政書類/邦計之屬/通紀

校邠廬抗議二卷　(清)馮桂芬撰　清光緒二十四年(1898)上海書局石印本　二册

330000－1781－0001114　1437　集部/詩文評類/文法之屬/雜著

小學聯字教科書□□卷　王傳鈞撰　清光緒三十二年(1906)南洋官書局石印本　一册　存一卷(下)

330000－1781－0001116　1438　新學/學校

初級師範學校教科書教育史不分卷　商務印書館編譯所編纂　清光緒三十一年(1905)上海商務印書館鉛印本　一册

330000－1781－0001117　1440　史部/政書類/通制之屬

杭州城北商會慶祝立憲儀式頌詞演説文告不分卷　(清)杭州城北商會輯　清光緒三十二年(1906)永豐甡鉛石印書館鉛印本　一册

330000－1781－0001118　1441　史部/地理類/方志之屬/郡縣志

[嘉慶]寶前兩溪志畧十二卷　(清)吳玉樹編輯　清嘉慶十一年(1806)萬蕉園刻本　二册

330000－1781－0001119　1442　類叢部/叢書類/彙編之屬

行素草堂金石叢書十八種　(清)朱記榮輯訂　清光緒吳縣朱記榮刻十四年(1888)彙印本　四十册

330000－1781－0001120　1443　史部/紀傳類/正史之屬

二十四史附考證　清光緒竹簡齋石印本　五十七册　存六種

330000－1781－0001121　1445　史部/紀傳類/正史之屬

史記一百三十卷　(漢)司馬遷撰　(南朝宋)裴駰集解　(唐)司馬貞索隱　(唐)張守節正義　**校刊史記集解索隱正義札記五卷**　清同治五年至九年(1866－1870)金陵書局刻本　十九册　缺三卷(五至七)

330000－1781－0001122　1451　史部/地理類/外紀之屬

海國圖志一百卷　(清)魏源撰　清咸豐二年(1852)古微堂刻本　二十四册

330000－1781－0001124　1454　集部/總集類/選集之屬/斷代

唐人五十家小集　(清)江標輯　清光緒二十一年(1895)元和江氏靈鶼閣刻本　十六册

330000－1781－0001126　1456　類叢部/叢書類/郡邑之屬

武林掌故叢編一百九十種　(清)丁丙編　清光緒三年至二十六年(1877－1900)錢塘丁氏嘉惠堂刻本　一册　存二種

330000－1781－0001127　1459　類叢部/叢書類/彙編之屬

邵武徐氏叢書二十三種　(清)徐榦編　清光緒邵武徐氏刻本　一册　存一種

330000－1781－0001128　1458　史部/地理類/雜志之屬

武林舊事十卷後集四卷　(宋)周密撰　清光緒三年(1877)正修堂丁氏刻武林掌故叢編本　三册

330000－1781－0001131　1464　新學/地學/地理學

中國江海險要圖誌二十二卷首一卷補編五卷圖五卷　(英國)英國海軍海圖官局撰　陳壽彭譯　清光緒二十七年(1901)經世文社石印本　十五册

330000－1781－0001133　1463　子部/宗教類/佛教之屬

唐大薦福寺故寺主翻經大德法藏和尚傳一卷　(新羅)崔致遠撰　清光緒二十三年(1897)金陵刻經處刻本　一册

330000－1781－0001134　1468　子部/雜著類/雜說之屬

學古編一卷閒居錄一卷　(元)吾邱衍撰　清光緒二十二年(1896)錢塘丁氏嘉惠堂刻武林往哲遺箸本　一册

330000－1781－0001136　1476　類叢部/叢書類/彙編之屬

邵武徐氏叢書二十三種　(清)徐榦編　清光緒邵武徐氏刻本　一册　存一種

330000－1781－0001137　1478　類叢部/叢書類/彙編之屬

邵武徐氏叢書二十三種　(清)徐榦編　清光緒邵武徐氏刻本　二册　存一種

330000－1781－0001138　1477　類叢部/叢書類/彙編之屬

邵武徐氏叢書二十三種　(清)徐榦編　清光緒邵武徐氏刻本　二册　存一種

330000－1781－0001140　1480　史部/金石類/甲骨之屬/圖像

鐵雲藏龜不分卷　(清)劉鶚輯　清光緒二十九年(1903)抱殘守缺齋石印本　六册

330000－1781－0001141　1481　史部/金石類/甲骨之屬/圖像

殷虚書契前編二卷　羅振玉集　清宣統三年(1911)石印本　一册

330000－1781－0001143　1482　史部/雜史類/斷代之屬

建炎復辟記一卷　清光緒二十三年(1897)嘉惠堂刻本　一册

330000－1781－0001144　1483　史部/地理類/雜志之屬

東城雜記二卷　(清)厲鶚撰　清嘉慶二十五年(1820)錢塘汪氏振綺堂刻本　一册　存一卷(下)

330000－1781－0001145　1484、1486－1489　類叢部/叢書類/郡邑之屬

武林掌故叢編一百九十種　(清)丁丙編　清光緒三年至二十六年(1877－1900)錢塘丁氏嘉惠堂刻本　五册　存八種

330000－1781－0001146　1490　集部/别集類/清别集

湖上青山集一卷　(清)陳時撰　清光緒十五年(1889)九峰居刻本　二册

330000－1781－0001147　1491　史部/目録類/通論之屬/掌故瑣記

武林藏書錄三卷首一卷末一卷　(清)丁申撰　清光緒二十六年(1900)錢塘丁氏嘉惠堂刻

武林掌故叢編本　二冊

330000－1781－0001150　1501　史部/目録類/總録之屬/官修
欽定四庫全書總目二百卷首一卷　（清）紀昀等撰　清同治七年（1868）廣東書局刻本　一百二十冊

330000－1781－0001154　1497　類叢部/叢書類/彙編之屬
邵武徐氏叢書二十三種　（清）徐榦編　清光緒邵武徐氏刻本　一冊　存一種

330000－1781－0001155　1496　類叢部/叢書類/彙編之屬
邵武徐氏叢書二十三種　（清）徐榦編　清光緒邵武徐氏刻本　一冊　存一種

330000－1781－0001156　1495　經部/春秋左傳類/傳説之屬
春秋左傳三十卷首一卷　（晉）杜預　（宋）林堯叟注　（唐）陸德明音釋　（清）馮李驊集解　清光緒十二年（1886）湖北書局官書處刻本　十二冊

330000－1781－0001158　1498　類叢部/叢書類/彙編之屬
邵武徐氏叢書二十三種　（清）徐榦編　清光緒邵武徐氏刻本　二冊　存一種

330000－1781－0001162　1499　類叢部/叢書類/郡邑之屬
武林往哲遺箸五十二種後編十種　（清）丁丙編　清光緒二十年至二十六年（1894－1900）錢塘丁氏嘉惠堂刻本　六冊　存一種

330000－1781－0001166　1511　類叢部/叢書類/彙編之屬
咫進齋叢書三十七種　（清）姚覲元編　清光緒九年（1883）歸安姚氏刻本　一冊　存三種

330000－1781－0001173　1517　史部/目録類/書志之屬/提要
直齋書録解題二十二卷　（宋）陳振孫撰　清刻本　四冊

330000－1781－0001174　1523C1　史部/目録類/書志之屬/提要
善本書室藏書志四十卷附録一卷　（清）丁丙輯　清光緒二十五年至二十七年（1899－1901）錢唐丁立中鄂中刻本　十二冊

330000－1781－0001184　1526　史部/目録類/總録之屬/彙刻
彙刻書目初編十卷　（清）顧修輯　**續編五卷新編一卷補編一卷**　（清）陳光照輯　清光緒元年（1875）長洲陳光照無夢園刻本　十冊　存十卷（初編一至十）

330000－1781－0001188　1537　史部/目録類/總録之屬/官修
欽定四庫全書簡明目録二十卷首一卷　（清）紀昀等撰　清光緒二年（1876）京都琉璃廠刻本　八冊

330000－1781－0001194　1543　史部/目録類/總録之屬/官修
浙江藏書樓甲編書目不分卷乙編書目不分卷　楊復編　清光緒三十三年（1907）杭州華豐書局鉛印本　三冊

330000－1781－0001196　1543C1　史部/目録類/總録之屬/官修
浙江藏書樓甲編書目不分卷乙編書目不分卷　楊復編　清光緒三十三年（1907）杭州華豐書局鉛印本　二冊

330000－1781－0001200　1545　史部/目録類/總録之屬/私撰
天一閣見存書目四卷首一卷末一卷　（清）薛福成編　清光緒十五年（1889）無錫薛氏刻本　四冊

330000－1781－0001202　1551　史部/目録類/總録之屬/地方
杭州藝文志十卷　（清）吳慶坻撰　清光緒三十四年（1908）長沙刻本　六冊

330000－1781－0001203　1551C1　史部/目録類/總録之屬/地方
杭州藝文志十卷　（清）吳慶坻撰　清光緒三

十四年(1908)長沙刻本　六冊

330000－1781－0001204　1553　史部/目録類/總録之屬/官修

欽定四庫全書簡明目錄二十卷　(清)紀昀等撰　清光緒十年(1884)同文書局石印本　四冊

330000－1781－0001221　1570　史部/傳記類/總傳之屬/斷代

文獻徵存錄十卷　(清)錢林輯　(清)王藻編　清咸豐八年(1858)有嘉樹軒刻本　十冊

330000－1781－0001227　1576　史部/目録類/書志之屬/提要

直齋書錄解題二十二卷　(宋)陳振孫撰　清光緒九年(1883)江蘇書局刻本　六冊

330000－1781－0001240　1588　史部/目録類/書志之屬/提要

藝風藏書記八卷續記八卷　繆荃孫撰　清光緒二十六年至二十七年(1900－1901)江陰繆荃孫刻民國元年至二年(1912－1913)續刻本　四冊　存十卷(五至八、續記三至八)

330000－1781－0001241　1587　史部/目録類

通志堂經解目錄一卷　(清)翁方綱編　清乾隆五十七年(1792)刻本　一冊

330000－1781－0001242　1590　史部/目録類/專録之屬

國朝耆獻類徵初編總目十八卷　(清)李桓輯　清光緒七年(1881)刻本　一冊

330000－1781－0001245　1593　類叢部/叢書類/郡邑之屬

越中文獻輯存書十種　紹興公報社編印　清宣統二年至民國元年(1910－1912)紹興公報社鉛印本　四冊　存六種

330000－1781－0001253　1600　史部/目録類/版本之屬/專考

宋元本行格表二卷附錄一卷　(清)江標輯　清光緒二十三年(1897)湘潭劉肇隅刻本　二冊

330000－1781－0001255　1603　史部/目録類/總録之屬/彙刻

江刻書目三種　(清)江標輯　清光緒元和江氏靈鶼閣刻蘇州振新書社印本　一冊　存一種

330000－1781－0001257　1604　史部/目録類/總録之屬/彙刻

江刻書目三種　(清)江標輯　清光緒元和江氏靈鶼閣刻蘇州振新書社印本　一冊　存一種

330000－1781－0001258　1605　史部/目録類/通論之屬/掌故瑣記

藏書紀事詩七卷　葉昌熾撰　清宣統二年(1910)刻本　六冊

330000－1781－0001259　1606　史部/目録類/通論之屬/掌故瑣記

藏書紀事詩七卷　葉昌熾撰　清宣統二年(1910)刻本　朱家濟批　六冊

330000－1781－0001263　1607　史部/目録類/總録之屬/彙刻

江刻書目三種　(清)江標輯　清光緒元和江氏靈鶼閣刻蘇州振新書社印本　一冊　存一種

330000－1781－0001265　1614　類叢部/叢書類/彙編之屬

獨抱廬叢刻十一種　(清)陳宗彝輯　清道光金陵陳氏刻本　一冊　存一種

330000－1781－0001269　1621　史部/目録類/總録之屬/私撰

宋元舊本書經眼錄三卷附錄二卷　(清)莫友芝撰　清同治十二年(1873)獨山莫繩孫刻本　二冊

330000－1781－0001272　1624　類叢部/叢書類/彙編之屬

鐵琴銅劍樓叢書十三種　瞿啓甲編　清光緒至民國刻本暨影印本　九冊　存一種

330000－1781－0001276　1629　史部/目録類/專録之屬

東西學書錄二卷附一卷　徐維則輯　清光緒二十五年(1899)石印本　三冊

330000－1781－0001277　1627　史部/目録類/總録之屬/私撰
皕宋樓藏書志一百二十卷　(清)陸心源編　(清)李宗蓮校　清光緒八年(1882)歸安陸心源十萬卷樓刻潛園總集本　二十四冊

330000－1781－0001279　1640　子部/雜著類/雜考之屬
讀書雜志八十二卷餘編二卷　(清)王念孫撰　清同治九年(1870)金陵書局刻本　二十四冊

330000－1781－0001282　1633(1)　史部/目録類/專録之屬
萬木草堂叢書目錄一卷　康有為撰　清光緒四年(1878)趙羡漁鉛印朱印本　一冊

330000－1781－0001284　1633(2)　史部/目録類/專録之屬
萬木草堂叢書目錄一卷　康有為撰　清光緒四年(1878)趙羡漁鉛印本　一冊

330000－1781－0001285　1634　史部/目録類/總録之屬/私撰
遂初堂書目一卷　(宋)尤袤編　清初刻本　一冊

330000－1781－0001288　1639　史部/目録類/書志之屬/提要
開有益齋讀書志六卷續志一卷金石文字記一卷　(清)朱緒曾撰　清光緒六年(1880)金陵翁氏茹古閣刻本　五冊

330000－1781－0001297　1651　史部/金石類/總志之屬/文字
二銘艸堂金石聚十六卷　(清)張德容輯　清同治十一年(1872)衢郡聚秀堂刻本　十六冊

330000－1781－0001298　1655－1656　史部/金石類/總志之屬
金石索十二卷首一卷　(清)馮雲鵬　(清)馮雲鵷輯　清道光元年(1821)紫琅馮氏邃古齋滋陽刻本　十二冊

330000－1781－0001299　1657　史部/金石類/總志之屬
金石索十二卷首一卷　(清)馮雲鵬　(清)馮雲鵷輯　清光緒三十二年(1906)上海文新局石印本　二十四冊

330000－1781－0001301　1655C1　史部/金石類/總志之屬
金石索十二卷首一卷　(清)馮雲鵬　(清)馮雲鵷輯　清道光元年(1821)紫琅馮氏邃古齋滋陽刻本　六冊　存七卷(首、金索一至六)

330000－1781－0001302　1655C2、1656C2　史部/金石類/總志之屬
金石索十二卷首一卷　(清)馮雲鵬　(清)馮雲鵷輯　清道光元年(1821)紫琅馮氏邃古齋滋陽刻本　六冊　存六卷(金索三、六,石索二、四至六)

330000－1781－0001309　1667　史部/金石類/金之屬/通考
奇觚室吉金文述二十卷首一卷　(清)劉心源撰　清光緒二十八年(1902)石印本　十冊

330000－1781－0001310　1668　史部/金石類/玉之屬/通考
古玉圖攷不分卷　(清)吳大澂撰　清光緒十五年(1889)上海同文書局石印本　四冊

330000－1781－0001313　1670　史部/金石類/玉之屬/通考
古玉圖攷不分卷　(清)吳大澂撰　清光緒十五年(1889)上海同文書局石印本　二冊

330000－1781－0001314　1673　史部/金石類/總志之屬
金石摘十卷　(清)陳善墀輯　清光緒二年(1876)刻本　十五冊

330000－1781－0001322　1677　史部/金石類/總志之屬/文字
藝風堂金石文字目十八卷　繆荃孫藏并編　清光緒三十二年(1906)王先謙湖南刻本　八冊

330000－1781－0001324　1681　史部/金石

類/總志之屬

金石圖說二卷 (清)牛運震集說 (清)褚峻橅圖 劉世珩編補 清光緒十九年至二十二年(1893－1896)貴池劉氏聚學軒刻本 四冊

330000－1781－0001385 1746 史部/金石類/總志之屬/目録

攈古録三卷 (清)吳式芬撰 清光緒刻本 九冊

330000－1781－0001389 1749 史部/地理類/方志之屬/通志

[同治]畿輔通志三百卷首一卷 (清)李鴻章等修 (清)黃彭年等纂 清同治十年(1871)修光緒十年(1884)刻本 四冊 存四卷(一百三十八至一百四十一)

330000－1781－0001394 1756 史部/金石類/石之屬/文字

金石文字辨異十二卷 (清)邢澍撰 清嘉慶十五年(1810)刻本 五冊

330000－1781－0001396 1757 經部/小學類/文字之屬/字書/字體

鐘鼎字源五卷附録一卷 (清)汪立名編 清光緒二年至五年(1876－1879)洞庭秦氏麟慶堂刻本 二冊

330000－1781－0001401 1762 史部/金石類/金之屬/文字

筠清館金石文字五卷 (清)吳榮光撰 清道光二十二年(1842)吳榮光筠清館刻本 五冊

330000－1781－0001403 1763 史部/金石類

學古齋金石叢書四集十二種 (清)葛元煦輯 清光緒崇川葛氏學古齋刻本 二冊 存一種

330000－1781－0001408 1768 集部/總集類/選集之屬/斷代

金文雅十六卷作者考一卷 (清)莊仲方輯 清光緒十七年(1891)江蘇書局刻本 四冊

330000－1781－0001410 1769 史部/金石類/總志之屬/通考

重定金石契不分卷首一卷 (清)張燕昌撰 清光緒二十二年(1896)貴池劉氏聚學軒刻本 四冊

330000－1781－0001412 1773 史部/金石類/總志之屬/文字

金石文鈔八卷續鈔二卷 (清)趙紹祖撰 清光緒十二年(1886)朱氏抱經堂刻本 十冊

330000－1781－0001413 1770 史部/金石類/總志之屬

金石存十五卷 (清)吳玉搢撰 清嘉慶二十四年(1819)李氏聞妙香室刻本 四冊

330000－1781－0001418 1771 史部/金石類/總志之屬

金石存十五卷 (清)吳玉搢撰 清光緒七年(1881)刻本 四冊

330000－1781－0001419 1787 史部/金石類/總志之屬/文字

二銘艸堂金石聚十六卷 (清)張德容輯 清同治十一年(1872)衢郡聚秀堂刻本 十六冊

330000－1781－0001436 1816 史部/金石類/金之屬/圖像

恒軒所見所藏吉金録不分卷 (清)吳大澂撰 清光緒十一年(1885)吳大澂刻本 二冊

330000－1781－0001438 1802 史部/金石類

學古齋金石叢書四集十二種 (清)葛元煦輯 清光緒崇川葛氏學古齋刻本 二冊 存二種

330000－1781－0001446 1820 史部/目録類

葉氏存古叢書四種 葉銘編 清宣統二年(1910)西泠印社鉛印本 一冊 存一種

330000－1781－0001451 1808 史部/金石類/甲骨之屬/文字

殷商貞卜文字考一卷 羅振玉撰 清宣統二年(1910)玉簡齋石印本 一冊

330000－1781－0001453 1808C1 史部/金

石類/甲骨之屬/文字

殷商貞卜文字考一卷 羅振玉撰 清宣統二年(1910)玉簡齋石印本 一冊

330000－1781－0001464 1828 史部/金石類/總志之屬

關中金石記八卷 (清)畢沅撰 **目錄一卷** (清)蔡錫棟編 **附記一卷** (清)蔡汝霖輯 清乾隆四十六年(1781)刻本 三冊

330000－1781－0001467 1829 史部/金石類/錢幣之屬

古金待問錄四卷附餘一卷補遺一卷 (清)朱楓輯 清光緒十六年(1890)常熟鮑氏後知不足齋刻本 一冊 存二卷(一至二)

330000－1781－0001469 1835 史部/目録類/專録之屬

敦煌石室記一卷 羅振玉輯 清宣統三年(1911)鉛印本 一冊

330000－1781－0001470 1838 類叢部/叢書類/彙編之屬

漸西村舍彙刊(漸西村舍叢刻)四十四種 (清)袁昶編 清光緒十六年至二十四年(1890－1898)桐廬袁氏刻本 一冊 存一種

330000－1781－0001474 1840 史部/金石類/總志之屬/目録

竹崦盦金石目錄五卷 (清)趙魏藏並撰 清宣統元年(1909)錢塘吳士鑑長沙刻本 四冊

330000－1781－0001475 1841 史部/金石類/總志之屬/文字

藝風堂金石文字目十八卷 繆荃孫藏并編 清光緒三十二年(1906)王先謙湖南刻本 八冊

330000－1781－0001476 1842 史部/金石類/總志之屬

校補金石例四種十七卷 (清)李瑤輯 清道光十二年至十三年(1832－1833)李瑤泥活字印本 六冊

330000－1781－0001478 1848－1849 史部/金石類/總志之屬/文字

金石萃編一百六十卷 (清)王昶撰 **續編二十一卷首一卷** (清)陸耀遹撰 清光緒十九年(1893)上海醉六堂石印本 二十四冊

330000－1781－0001479 1852 史部/金石類/總志之屬/文字

金石萃編一百六十卷 (清)王昶撰 清光緒十九年(1893)上海寶善書局石印本 十八冊

330000－1781－0001481 1860 史部/金石類/總志之屬/圖像

金石屑四卷附編一卷 (清)鮑昌熙摹 清光緒二年至三年(1876－1877)鮑昌熙刻本 四冊

330000－1781－0001482 1843 類叢部/叢書類/彙編之屬

後知不足齋叢書四十七種 (清)鮑廷爵編 清同治至光緒常熟鮑氏刻本 二冊 存一種

330000－1781－0001483 1862 史部/金石類/郡邑之屬

吳興金石記十六卷 (清)陸心源撰 清光緒十六年(1890)刻潛園總集本 八冊

330000－1781－0001484 1869 類叢部/叢書類/彙編之屬

後知不足齋叢書四十七種 (清)鮑廷爵編 清同治至光緒常熟鮑氏刻本 二冊 存一種

330000－1781－0001486 1863 史部/金石類/郡邑之屬/文字

栝蒼金石志十二卷續志四卷 (清)李遇孫輯 (清)鄒柏森校補 清同治十三年(1874)浙江處州府署刻本 六冊

330000－1781－0001487 1864 史部/金石類/郡邑之屬/文字

栝蒼金石志十二卷續志四卷 (清)李遇孫輯 (清)鄒柏森校補 清同治十三年(1874)浙江處州府署刻本 六冊

330000－1781－0001488 1865 史部/金石類/錢幣之屬/雜著

吉金所見錄十六卷首一卷末一卷 (清)初尚齡撰 清道光七年(1827)古香書舍刻本

四册

330000－1781－0001490　1870　史部/金石類/郡邑之屬/文字

中州金石五卷　(清)畢沅撰　清乾隆五十二年(1787)刻經訓堂叢書本　二册

330000－1781－0001494　1872　史部/金石類/總志之屬

金石摘十卷　(清)陳善墀輯　清光緒二年(1876)刻本　十六册

330000－1781－0001495　1874　史部/金石類/錢幣之屬

虞夏贖金釋文一卷　(清)劉師陸撰　清光緒二十五年(1899)海天旭日硯齋刻本　一册

330000－1781－0001499　1876　史部/金石類/總志之屬

香南精舍金石契二卷　(清)覺羅崇恩撰　清光緒二十六年(1900)影印本　二册

330000－1781－0001500　1878　史部/金石類/郡邑之屬

江寧金石記八卷待訪目二卷　(清)嚴觀輯　清宣統二年(1910)江楚編譯書局刻本　二册

330000－1781－0001501　1877　史部/金石類

山右金石記十卷　(清)張煦監修　清光緒十五年(1889)刻本　六册

330000－1781－0001502　1879　史部/金石類/總志之屬

關中金石記八卷　(清)畢沅撰　**目録一卷**　(清)蔡錫棟編　**附記一卷**　(清)蔡汝霖輯　清道光二十七年(1847)渭邑焦與儒醇敬堂刻本　四册

330000－1781－0001508　1890　史部/金石類/總志之屬/文字

金石萃編補畧二卷　(清)王言撰　清光緒八年(1882)刻本　二册

330000－1781－0001512　1888　史部/金石類/郡邑之屬/目録

東甌金石志十二卷　(清)戴咸弼纂輯　(清)孫詒讓校補　清光緒九年(1883)瑞安孫氏刻本　四册

330000－1781－0001516　1883　史部/金石類/總志之屬

來齋金石攷畧三卷　(清)林侗纂輯　(清)徐渭仁校　清道光二十一年(1841)刻同治八年(1869)補刻本　三册

330000－1781－0001518　1884　史部/金石類/總志之屬

九鐘精舍金石跋尾二卷　吴士鑑撰　清宣統二年(1910)刻本　一册

330000－1781－0001519　1884C1　史部/金石類/總志之屬

九鐘精舍金石跋尾二卷　吴士鑑撰　清宣統二年(1910)刻本　一册

330000－1781－0001520　1885　史部/金石類/石之屬/目録

十二硯齋金石過眼錄十八卷　(清)汪鋆撰　清光緒元年(1875)刻本　四册

330000－1781－0001521　1895　史部/金石類/總志之屬/文字

海東金石苑四卷　(清)劉喜海撰　清光緒七年(1881)張氏二銘草堂刻本　四册

330000－1781－0001522　1896　史部/金石類/總志之屬/文字

金石苑六卷　(清)劉喜海輯　清光緒端方影印本　六册

330000－1781－0001524　1909　類叢部/類書類/通類之屬

格致鏡原一百卷　(清)陳元龍撰　清雍正十三年(1735)陳元龍刻本　二十四册

330000－1781－0001525　1900－1906、1907(1)、1907(2)、1908　史部/金石類/總志之屬

金石全例□□種　(清)朱記榮編　清光緒十八年(1892)吴縣朱氏刻朱墨套印本　十六册　存十一種

330000－1781－0001526　1910　史部/金石類/金之屬/文字
積古齋鐘鼎彝器款識十卷　（清）阮元　（清）朱為弼撰　清嘉慶九年（1804）阮元刻文選樓叢書本　四冊

330000－1781－0001528　1912　類叢部/叢書類/彙編之屬
存齋雜纂　（清）陸心源編　清光緒五年（1879）刻本　一冊　存一種

330000－1781－0001533　1916　類叢部/叢書類/彙編之屬
三長物齋叢書二十五種　（清）黄本驥編　清道光二十二年至二十八年（1842－1848）湘陰蔣環刻光緒四年（1878）古香書閣印本　六冊　存一種

330000－1781－0001537　1915　史部/金石類/總志之屬/文字
二銘艸堂金石聚十六卷　（清）張德容輯　清同治十一年（1872）衢郡聚秀堂刻本　十六冊

330000－1781－0001538　1920　類叢部/叢書類/自著之屬
潛研堂全書十六種　（清）錢大昕撰　清乾隆至嘉慶刻本　四冊　存一種

330000－1781－0001539　1921　史部/金石類/郡邑之屬/文字
粤東金石略九卷首一卷附九曜石考二卷　（清）翁方綱錄　清光緒十七年（1891）廣州石經堂書局影印本　四冊

330000－1781－0001540　1922　史部/金石類/總志之屬/文字
金石萃編補正四卷　（清）方履籛撰　清光緒二十年（1894）上海醉六堂石印本　四冊

330000－1781－0001542　1927　史部/金石類/郡邑之屬
越中金石記十卷越中金石目二卷　（清）杜春生撰　清道光十年（1830）山陰杜春生詹波館刻本　八冊

330000－1781－0001544　1926　史部/金石類/郡邑之屬
越中金石記十卷越中金石目二卷　（清）杜春生撰　清道光十年（1830）山陰杜春生詹波館刻本　八冊

330000－1781－0001547　1930　史部/金石類/總志之屬/文字
金石萃編補畧二卷　（清）王言撰　清光緒八年（1882）刻本　二冊

330000－1781－0001548　1931　史部/金石類/總志之屬/圖像
金石莂一卷　（清）馮承輝撰　清嘉慶二十三年（1818）馮承輝刻本　一冊

330000－1781－0001551　1935　史部/金石類/郡邑之屬/目録
吴郡金石目一卷　（清）程祖慶識　清光緒三年（1877）八囍齋刻本　一冊

330000－1781－0001552　1936　類叢部/叢書類/彙編之屬
觀自得齋叢書二十三種別集六種　（清）徐士愷編　清光緒十三年至二十年（1887－1894）石埭徐氏刻本　四冊

330000－1781－0001554　1938　史部/金石類/郡邑之屬
江寧金石記八卷待訪目二卷　（清）嚴觀輯　清宣統二年（1910）江楚編譯書局刻本　二冊

330000－1781－0001556　1940　史部/金石類/總志之屬
九鐘精舍金石跋尾二卷　吳士鑑撰　清宣統二年（1910）刻本　一冊

330000－1781－0001557　1941　類叢部/叢書類/自著之屬
授堂遺書七種　（清）武億撰　清乾隆至嘉慶偃師武穆淳刻本　五冊　存二種

330000－1781－0001560　1944　史部/金石類/金之屬/圖像
續考古圖五卷釋文一卷　（宋）吕大臨　（宋）趙九成撰　清光緒十三年（1887）刻本　二冊

330000－1781－0001561　1945　史部/金石類/金之屬/圖像

泊如齋重修宣和博古圖録三十卷　(宋)王黼等撰　明萬曆十六年(1588)泊如齋刻本　一冊　存一卷(二)

330000－1781－0001562　1946　史部/金石類/金之屬

陶齋吉金録八卷　(清)端方輯　清光緒三十四年(1908)石印本　四冊

330000－1781－0001563　1947　史部/金石類/金之屬

陶齋吉金續録二卷　(清)端方撰　清宣統元年(1909)石印本　一冊　存一卷(一)

330000－1781－0001569　1953　史部/金石類/金之屬/文字

從古堂款識學十六卷　(清)徐同柏撰　(清)徐士燕輯　清光緒三十二年(1906)蒙學報館石印本　四冊

330000－1781－0001570　1953C1　史部/金石類/金之屬/文字

從古堂款識學十六卷　(清)徐同柏撰　(清)徐士燕輯　清光緒三十二年(1906)蒙學報館石印本　八冊

330000－1781－0001571　1955　史部/金石類/金之屬/文字

積古齋鐘鼎款識稿本四卷附一卷　(清)阮元　(清)朱為弼撰　清光緒三十二年(1906)朱之榛影印本　二冊

330000－1781－0001572　1956　史部/金石類/總志之屬/圖像

求古精舍金石圖四卷　(清)陳經撰　清嘉慶十八年至二十二年(1813－1817)烏程陳經說劍樓刻本　一冊　存一卷(□□)

330000－1781－0001580　1962　類叢部/叢書類/自著之屬

春草堂集十三種　(清)謝堃撰　清道光二十年(1840)曲邑奎文齋刻二十五年(1845)印本　一冊　存一種

330000－1781－0001581　1963　史部/金石類/金之屬/圖像

兩罍軒彝器圖釋十二卷　(清)吴雲撰　清刻本　四冊

330000－1781－0001586　1971　史部/金石類/金之屬

西清續鑑甲編二十卷附録一卷　(清)王杰等撰　清宣統三年(1911)上海商務印書館石印本　四十二冊

330000－1781－0001598　1978　史部/金石類/金之屬

敬吾心室彝器款識不分卷　(清)朱善旂撰　清光緒三十四年(1908)平湖朱氏影印本　二冊

330000－1781－0001599　1979　類叢部/叢書類/彙編之屬

靈峯草堂叢書十一種　陳矩編　清光緒貴陽陳氏刻本　一冊　存一種

330000－1781－0001605　1986　類叢部/叢書類/彙編之屬

玉海堂景宋叢書二十種別行二種　劉世珩編　清光緒至民國貴池劉氏玉海堂影刻本　四冊　存一種

330000－1781－0001606　1987　史部/金石類/金之屬

虢季子白盤銘考一卷　(清)吴雲撰　清同治五年(1866)二百蘭亭齋刻本　一冊

330000－1781－0001608　1989　史部/金石類/金之屬/圖像

攀古廔彝器款識二卷　(清)潘祖蔭撰　清同治十一年(1872)吴縣潘祖蔭滂喜齋刻本　二冊

330000－1781－0001610　1991　史部/金石類/金之屬

敬吾心室彝器款識不分卷　(清)朱善旂撰　清光緒三十四年(1908)平湖朱氏影印本　二冊

330000－1781－0001620　2002　史部/金石

類/金之屬

長安獲古編二卷補一卷 （清）劉喜海撰　清同治東武劉氏刻光緒三十一年（1905）丹徒劉鶚補刻本　二册

330000－1781－0001621　2003　史部/金石類/郡邑之屬

山東省保存古跡事項統計表不分卷　山東憲政調查局編　清宣統鉛印本　一册

330000－1781－0001625　2006　史部/金石類/總志之屬/目録

攈古録二十卷　（清）吴式芬撰　清刻本　二十册

330000－1781－0001632　2020　史部/金石類/金之屬

西清古鑑四十卷錢録十六卷　（清）梁詩正等編纂　清光緒十四年（1888）上海鴻文書局石印本　二十四册

330000－1781－0001634　2022　史部/地理類/專志之屬/古跡

續山東考古録三十二卷首一卷　（清）葉圭綬撰　清光緒八年（1882）刻本　六册

330000－1781－0001640　2028　史部/傳記類/總傳之屬/通代

古懽録八卷　（清）王士禛撰　清康熙朱從延快宜堂刻本　一册

330000－1781－0001641　2029　類叢部/類書類/通類之屬

省軒考古類編十二卷　（清）柴紹炳撰　（清）姚培謙評　清雍正四年（1726）刻本　三册

330000－1781－0001642　2030　史部/金石類/總志之屬/圖像

亦政堂重修宣和博古圖録三十卷　（宋）王黼等撰　（清）黄晟輯　**亦政堂重修考古圖十卷**　（宋）呂大臨撰　**亦政堂重考古玉圖二卷**　（元）朱德潤撰　明萬曆三十一年（1603）吴萬化刻清乾隆十八年（1753）天都黄晟重修本　二十四册　存三十卷（亦政堂重修宣和博古圖録一至三十）

330000－1781－0001643　2031　史部/金石類/總志之屬/圖像

亦政堂重修宣和博古圖録三十卷　（宋）王黼等撰　（清）黄晟輯　**亦政堂重修考古圖十卷**　（宋）呂大臨撰　**亦政堂重考古玉圖二卷**　（元）朱德潤撰　明萬曆三十一年（1603）吴萬化刻清乾隆十八年（1753）天都黄晟重修本　五册　存十卷（亦政堂重修考古圖一至十）

330000－1781－0001644　2031C1　史部/金石類/總志之屬/圖像

亦政堂重修宣和博古圖録三十卷　（宋）王黼等撰　（清）黄晟輯　**亦政堂重修考古圖十卷**　（宋）呂大臨撰　**亦政堂重考古玉圖二卷**　（元）朱德潤撰　明萬曆三十一年（1603）吴萬化刻清乾隆十八年（1753）天都黄晟重修本　五册　存七卷（亦政堂重修考古圖四至十）

330000－1781－0001645　2031C2　史部/金石類/總志之屬/圖像

亦政堂重修宣和博古圖録三十卷　（宋）王黼等撰　（清）黄晟輯　**亦政堂重修考古圖十卷**　（宋）呂大臨撰　**亦政堂重考古玉圖二卷**　（元）朱德潤撰　明萬曆三十一年（1603）吴萬化刻清乾隆十八年（1753）天都黄晟重修本　一册　存十卷（亦政堂重修考古圖一至十）

330000－1781－0001646　2034　史部/金石類/總志之屬/圖像

亦政堂重修宣和博古圖録三十卷　（宋）王黼等撰　（清）黄晟輯　**亦政堂重修考古圖十卷**　（宋）呂大臨撰　**亦政堂重考古玉圖二卷**　（元）朱德潤撰　明萬曆三十一年（1603）吴萬化刻清乾隆十八年（1753）天都黄晟重修本　十六册　存三十卷（亦政堂重修宣和博古圖録一至三十）

330000－1781－0001647　2034C1　史部/金石類/總志之屬/圖像

亦政堂重修宣和博古圖録三十卷　（宋）王黼等撰　（清）黄晟輯　**亦政堂重修考古圖十卷**　（宋）呂大臨撰　**亦政堂重考古玉圖二卷**　（元）朱德潤撰　明萬曆三十一年（1603）吴萬化刻清乾隆十八年（1753）天都黄晟重修本

十五册　存三十卷(亦政堂重修宣和博古圖録一至三十)

330000－1781－0001648　2036　史部/金石類/璽印之屬/目録

簠齋臧古目十八卷補遺一卷三代兩漢瓦當文字目一卷古泥封目一卷古朱文官私鉩一卷錢範一卷　(清)陳介祺撰　清光緒三十年(1904)影印本　三册

330000－1781－0001653　2042　史部/金石類/石之屬/文字

石鼓文鈔四卷　(清)楊世春輯　清嘉慶十三年(1808)惠迪堂刻本　四册

330000－1781－0001655　2046　史部/金石類/總志之屬

金石索十二卷首一卷　(清)馮雲鵬　(清)馮雲鵷輯　清光緒十九年(1893)上海積山書局石印本　二十四册

330000－1781－0001660　2049　史部/金石類/石之屬

石鼓文定本五種　(清)沈梧撰　清光緒十六年(1890)沈氏古華山館刻本　四册

330000－1781－0001662　2050　史部/金石類/石之屬

石鼓然疑一卷　(清)莊述祖撰　清光緒八年(1882)循陔堂刻本　一册

330000－1781－0001663　2045　史部/金石類/石之屬/文字

碑別字補五卷　羅振玉　羅振鋆輯　清光緒十七年(1891)上虞羅氏刻本　二册

330000－1781－0001664　2055　史部/金石類/石之屬/文字

石鼓文釋存一卷補注一卷　(清)張燕昌撰　清光緒二十八年(1902)貴池劉氏刻本　一册

330000－1781－0001682　2074　子部/工藝類/文房四寶之屬/叢録

文房肆攷圖說八卷　(清)唐秉鈞纂　(清)康愷繪　清乾隆嘉定唐秉鈞竹暎山莊刻本　四册

330000－1781－0001685　2075　史部/金石類/陶之屬/文字

豐宫瓦當文攷一卷　(清)錢東垣輯　清光緒十八年(1892)嘉定濤閣刻本　一册

330000－1781－0001696　2094　史部/金石類

抱殘守缺齋所藏三代文字　(清)劉鶚輯　清光緒劉氏抱殘守缺齋石印本　四册　存一種

330000－1781－0001706　2103　子部/雜著類/雜考之屬

勇盧閒詰一卷　(清)趙之謙撰　清光緒六年(1880)刻本　一册

330000－1781－0001707　2104　史部/金石類/陶之屬/文字

梅花老屋瓦當文縮譜一卷　劉維善編　清光緒二十五年(1899)刻朱墨套印本　一册

330000－1781－0001709　2106　子部/雜著類/雜說之屬

考槃餘事四卷　(明)屠隆撰　清乾隆六十年(1795)玉溪軒刻本　二册

330000－1781－0001710　2116C1　史部/金石類/總志之屬/圖像

亦政堂重修宣和博古圖録三十卷　(宋)王黼等撰　(清)黄晟輯　**亦政堂重修考古圖十卷**　(宋)吕大臨撰　**亦政堂重考古玉圖二卷**　(元)朱德潤撰　明萬曆三十一年(1603)吳萬化刻清乾隆十八年(1753)天都黄晟重修本　一册　存二卷(亦政堂重考古玉圖一至二)

330000－1781－0001711　2107C1　史部/金石類/玉之屬/通考

古玉圖攷不分卷　(清)吳大澂撰　清光緒十五年(1889)上海同文書局石印本　四册

330000－1781－0001712　2107C2　史部/金石類/玉之屬/通考

古玉圖攷不分卷　(清)吳大澂撰　清光緒十五年(1889)上海同文書局石印本　四册

330000－1781－0001714　2116C2　史部/金石類/總志之屬/圖像

亦政堂重修宣和博古圖録三十卷 （宋）王黼等撰 （清）黄晟輯 **亦政堂重修考古圖十卷** （宋）吕大臨撰 **亦政堂重考古玉圖二卷** （元）朱德潤撰 明萬曆三十一年(1603)吳萬化刻清乾隆十八年(1753)天都黄晟重修本 一冊 存二卷(亦政堂重考古玉圖一至二)

330000－1781－0001715 2117 史部/金石類/總志之屬/圖像
亦政堂重修宣和博古圖録三十卷 （宋）王黼等撰 （清）黄晟輯 **亦政堂重修考古圖十卷** （宋）吕大臨撰 **亦政堂重考古玉圖二卷** （元）朱德潤撰 明萬曆三十一年(1603)吳萬化刻清乾隆十八年(1753)天都黄晟重修本 二冊 存二卷(亦政堂重考古玉圖一至二)

330000－1781－0001716 2109 史部/傳記類/總傳之屬/家乘
唐賜鐵券考一卷附詩一卷清代褒賜錄一卷錢氏五王事略一卷 （清）錢灜撰 清嘉慶十年(1805)刻本 一冊

330000－1781－0001717 2110 史部/政書類/儀制之屬/專志/科舉校規
黌宫敬事錄四卷 （清）桂良輯 清同治刻本 四冊

330000－1781－0001722 2112 類叢部/叢書類/彙編之屬
咫進齋叢書三十七種 （清）姚覲元編 清光緒九年(1883)歸安姚氏刻本 一冊 存一種

330000－1781－0001723 2113C3 史部/金石類/玉之屬
玉紀一卷 （清）陳性撰 清光緒二十五年(1899)海天旭日硯齋刻本 一冊

330000－1781－0001724 2121 史部/金石類/玉之屬/圖像
宋淳熙敕編古玉圖譜一百卷 （宋）龍大淵等編 清乾隆四十四年(1779)歙縣江春康山草堂刻本 十四冊 存八十八卷(一至八十二、八十九至九十四)

330000－1781－0001727 2114 類叢部/叢書類/彙編之屬
懷豳雜俎十二種 徐乃昌編 清光緒至宣統南陵徐氏刻本 一冊 存一種

330000－1781－0001728 2123 子部/兵家類/兵器之屬
漢建安弩機一卷 （清）吳雲輯 清光緒六年(1880)刻本 一冊

330000－1781－0001741 2133 史部/金石類/陶之屬
浙江磚録四卷 （清）馮登輯 清道光十六年(1836)鄞縣鄭淳刻本 二冊

330000－1781－0001742 2134C1 史部/金石類/陶之屬
千甓亭古磚圖釋二十卷 （清）陸心源輯 清光緒十七年(1891)吳興陸氏石印本 四冊

330000－1781－0001743 2134C2 史部/金石類/陶之屬
千甓亭古磚圖釋二十卷 （清）陸心源輯 清光緒十七年(1891)吳興陸氏石印本 四冊

330000－1781－0001744 2135 類叢部/叢書類/彙編之屬
存齋雜纂 （清）陸心源編 清光緒吳興陸氏十萬卷樓刻本 一冊 存一種

330000－1781－0001745 2137 集部/别集類/清别集
觀古閣叢稿二卷續叢稿一卷三編二卷 （清）鮑康撰 清同治十二年(1873)觀古閣刻本 四冊

330000－1781－0001768 2160 類叢部/叢書類/自著之屬
陸庵所著書三種 羅振玉撰 清光緒刻本 一冊 存一種

330000－1781－0001772 2164 史部/金石類/石之屬/通考
讀碑小箋不分卷 羅振玉撰 清光緒唐風樓刻本 一冊

330000－1781－0001788 2178 類叢部/叢

書類/自著之屬

陶廬叢刻第二集十種 王樹枏撰 清光緒九年至民國十四年(1883－1925)新城王氏刻本 一冊 存一種

330000－1781－0001791 2182 經部/詩類/傳說之屬

毛鄭詩斠議一卷 羅振玉撰 清光緒十六年(1890)鉛印本 一冊

330000－1781－0001799 2193 史部/金石類/錢幣之屬/文字

欽定錢錄十六卷 (清)梁詩正等輯 清光緒十二年(1886)峽州有弗學齋刻本 四冊

330000－1781－0001800 2192 史部/金石類/錢幣之屬/圖像

古泉藪十二卷 (清)李寶臺搨 楊守敬編 清光緒三十年(1904)李寶臺手拓本 沈駿程跋 十二冊

330000－1781－0001805 2213 史部/金石類/總志之屬/目録

金石録三十卷 (宋)趙明誠撰 清順治七年(1650)濟南謝世箕刻本 錢恂批跋 五冊 存二十五卷(一至二十五)

330000－1781－0001806 2211 史部/金石類

學古齋金石叢書四集十二種 (清)葛元煦輯 清光緒崇川葛氏學古齋刻本 一冊 存一種

330000－1781－0001809 2198 史部/金石類/錢幣之屬/圖像

古泉拓本不分卷 清鈐拓剪貼本 二冊

330000－1781－0001811 2199 類叢部/叢書類/彙編之屬

津逮祕書十五集一百四十種 (明)毛晉編 明崇禎虞山毛氏汲古閣刻本 四冊 存一種

330000－1781－0001812 2202 史部/金石類/錢幣之屬/雜著

癖泉臆説六卷 (清)高蔚如撰 清宣統三年(1911)商務印書館石印本 一冊

330000－1781－0001815 2204 史部/金石類/錢幣之屬/雜著

續泉説一卷 (清)李佐賢撰 **續叢稿一卷** (清)鮑康撰 清同治十三年(1874)刻本 一冊

330000－1781－0001817 2206 史部/金石類/錢幣之屬

觀古閣泉説一卷泉辨一卷 (清)鮑康撰 清同治十二年(1873)鮑康刻本 一冊

330000－1781－0001818 2215 類叢部/叢書類/自著之屬

石泉書屋全集六種 (清)李佐賢撰 清咸豐至光緒利津李氏刻本 十六冊 存一種

330000－1781－0001881 2327 子部/藝術類/書畫之屬/法帖

晉唐楷帖集不分卷 葉德輝輯 清光緒影印本 一冊

330000－1781－0001883 2328 子部/藝術類/書畫之屬/法帖

明拓石窟寺碑不分卷 清光緒影印本 一冊

330000－1781－0001886 2324 史部/金石類/石之屬/文字

望堂金石文字初集三十一種二集十八種 楊守敬輯 清同治至宣統宜都楊氏飛青閣刻本 六冊 存三十種

330000－1781－0001913 2346 史部/金石類/石之屬/目録

妙墨亭碑目攷二卷附攷一卷 (清)張鑑撰 清光緒十年(1884)江蘇書局刻本 二冊

330000－1781－0001914 2347 子部/藝術類/書畫之屬/書法書品

書譜一卷 (唐)孫過庭撰 清許左平抄本 一冊

330000－1781－0001927 2362 集部/別集類/清別集

林文忠公手札八卷 (清)林則徐撰 清光緒十六年(1890)影印本 八冊

330000－1781－0001940　2369－2370　類叢部/叢書類/自著之屬
魏稼孫先生全集三種　（清）魏錫曾撰　清光緒九年（1883）羊城刻本　四冊　存二種

330000－1781－0001941　2386　史部/傳記類/總傳之屬/斷代
昭代名人尺牘小傳二十四卷　（清）吳修撰　清光緒二十四年（1898）上海集古齋石印本　二冊

330000－1781－0001942　2398　集部/別集類/明別集
眉庵詩集不分卷　（明）楊基撰　清光緒三十四年（1908）有正書局石印本　二冊

330000－1781－0001947　2389　史部/傳記類/總傳之屬/斷代
昭代名人尺牘小傳二十四卷　（清）吳修撰　清道光六年（1826）刻本　二冊

330000－1781－0001956　2402　史部/傳記類/總傳之屬/技藝
墨林今話十八卷　（清）蔣寶齡撰　**續編一卷**　（清）蔣茝生撰　清咸豐二年（1852）刻本　六冊

330000－1781－0001957　2403　集部/總集類/尺牘之屬
昭代名人尺牘續集二十四卷　陶湘輯　清宣統三年（1911）天寶石印局石印本　十二冊

330000－1781－0001959　2405　史部/傳記類/總傳之屬/技藝
墨林今話十八卷　（清）蔣寶齡撰　**續編一卷**　（清）蔣茝生撰　清咸豐二年（1852）刻本　六冊

330000－1781－0001962　2410　集部/總集類/尺牘之屬
名賢手札不分卷　（清）郭慶藩輯　清光緒十年（1884）郭氏岵瞻堂刻本　一冊

330000－1781－0001965　2407　子部/藝術類/書畫之屬/畫法畫品
宣和畫譜二十卷　明汲古閣刻本　六冊

330000－1781－0001972　2446　子部/藝術類/書畫之屬/法帖
二金蝶堂尺牘不分卷　（清）趙之謙書　清光緒三十一年（1905）石印本　一冊

330000－1781－0001980　2450　史部/金石類/總志之屬/題跋
竹雲題跋四卷　（清）王澍撰　清乾隆三十二年（1767）苕上錢人龍畫雲閣刻本　二冊

330000－1781－0001984　2458　子部/藝術類/書畫之屬/法帖
趙撝叔尺牘不分卷　（清）趙之謙撰　清宣統元年（1909）嚼菜根齋影印本　一冊

330000－1781－0001986　2458C2　子部/藝術類/書畫之屬/法帖
趙撝叔尺牘不分卷　（清）趙之謙撰　清宣統元年（1909）嚼菜根齋影印本　一冊

330000－1781－0001987　2453、2455－2456　集部/總集類/彙編之屬
國學保存會石印明代名人尺牘七種　（清）國學保存會輯　清光緒三十四年（1908）石印本　三冊　存三種

330000－1781－0002010　2483　子部/藝術類/書畫之屬/法帖
淳化閣釋文十卷　（清）徐朝弼輯　清康熙二十二年（1683）絅錦堂刻本　一冊

330000－1781－0002014　2484　子部/藝術類/書畫之屬/法帖
淳化閣釋文十卷　（清）徐朝弼輯　清康熙二十二年（1683）絅錦堂刻本　二冊

330000－1781－0002015　2485　子部/藝術類/書畫之屬/法帖
淳化閣釋文二卷　（清）徐朝弼輯　清刻本　一冊

330000－1781－0002016　2486　子部/藝術類/書畫之屬/法帖
歷代帝王法帖十卷　（清）劉正宗等校　清抄本　二冊

330000－1781－0002018　2488　子部/工藝類/文房四寶之屬/墨

方氏墨譜六卷　(明)方于魯撰　明萬曆方氏美蔭堂刻本　一册　存墨賦、墨譜文、墨譜後序、墨按十則、方于魯墨譜引、墨譜序、墨譜雜言等

330000－1781－0002025　2494　子部/藝術類/書畫之屬/書法書品

書法彙鈔四卷　(清)范承宣輯　清抄本　四册

330000－1781－0002026　2511　子部/藝術類/書畫之屬/書法書品

絳帖目錄一卷　王存善編　清光緒三十二年(1906)鉛印本　一册

330000－1781－0002031　2513　史部/金石類/石之屬/目録

輿地碑記目四卷　(宋)王象之撰　清同治九年(1870)吳縣潘氏滂喜齋刻本　二册

330000－1781－0002032　2503　子部/工藝類/文房四寶之屬/硯

端石擬三卷　(清)陳齡撰　清同治十二年(1873)刻本　一册

330000－1781－0002034　2504　子部/藝術類/書畫之屬/書法書品

草聖彙辯不分卷　(清)朱宗文摹輯　清刻本　二册

330000－1781－0002037　2515　類叢部/叢書類/彙編之屬

咫進齋叢書三十七種　(清)姚覲元編　清光緒九年(1883)歸安姚氏刻本　二册　存一種

330000－1781－0002039　2507　類叢部/叢書類/彙編之屬

廣雅書局叢書一百五十九種　徐紹棨編　清光緒廣雅書局刻民國九年(1920)番禺徐紹棨彙編重印本　一册　存一種

330000－1781－0002041　2522　史部/金石類/石之屬/通考

瘞鶴銘考一卷　(清)陳鵬年輯　清見山樓刻本　一册

330000－1781－0002042　2520　史部/金石類/石之屬/通考

補瘞鶴銘考二卷　(清)汪鋆編　清刻本　二册

330000－1781－0002045　2526　子部/藝術類/書畫之屬/法帖

淳化秘閣法帖考正十卷附二卷　(清)王澍撰　(清)沈宗騫臨帖　(清)陳焯校畫　清雍正八年(1730)刻本　七册

330000－1781－0002046　2509、2519　類叢部/叢書類/彙編之屬

後知不足齋叢書四十七種　(清)鮑廷爵編　清同治至光緒常熟鮑氏刻本　十二册　存一種

330000－1781－0002050　2528C1　史部/金石類/石之屬/通考

匋齋藏石記四十四卷首一卷匋齋藏甎記二卷　(清)端方輯　清宣統二年(1910)上海商務印書館石印本　十二册

330000－1781－0002051　2528C2　史部/金石類/石之屬/通考

匋齋藏石記四十四卷首一卷匋齋藏甎記二卷　(清)端方輯　清宣統二年(1910)上海商務印書館石印本　十一册　缺四卷(三十九至四十二)

330000－1781－0002053　2529　子部/藝術類/書畫之屬/總論

澄蘭室古緣萃錄十八卷　邵松年輯　清光緒三十年(1904)上海鴻文書局石印本　六册

330000－1781－0002056　2533　史部/金石類/郡邑之屬

蜀碑記十卷首一卷　(宋)王象之撰　**蜀輿地碑記目辨譌考異一卷**　(清)胡鳳丹纂輯　清同治八年(1869)胡鳳丹退補齋刻本　一册

330000－1781－0002057　2531　史部/金石類/總志之屬/目録

補寰宇訪碑錄五卷失編一卷　(清)趙之謙撰

清同治三年(1864)刻二金蝪堂所著書本　二册

330000－1781－0002058　2532　史部/金石類/總志之屬/目録

寰宇訪碑録十二卷　(清)孫星衍　(清)邢澍撰　清光緒九年(1883)江蘇書局刻本　四册

330000－1781－0002071　2547　史部/金石類/總志之屬/目録

至聖林廟碑目六卷　(清)孔昭薰　(清)孔憲庚編　清光緒二十二年(1896)積學齋刻本　一册

330000－1781－0002075　2550　類叢部/叢書類/自著之屬

魏稼孫先生全集三種　(清)魏錫曾撰　清光緒九年(1883)羊城刻本　一册　存二種

330000－1781－0002076　2551C1　史部/金石類/石之屬/目録

妙墨亭碑目攷二卷附攷一卷　(清)張鑑撰　清光緒十年(1884)江蘇書局刻本　二册

330000－1781－0002077　2551C2　史部/金石類/石之屬/目録

妙墨亭碑目攷二卷附攷一卷　(清)張鑑撰　清光緒十年(1884)江蘇書局刻本　二册

330000－1781－0002088　2575C1　類叢部/叢書類/彙編之屬

風雨樓祕笈留真十種　鄧實編　清宣統元年至民國六年(1909－1917)順德鄧氏風雨樓影印本　一册　存一種

330000－1781－0002089　2575C2　類叢部/叢書類/彙編之屬

風雨樓祕笈留真十種　鄧實編　清宣統元年至民國六年(1909－1917)順德鄧氏風雨樓影印本　一册　存一種

330000－1781－0002119　2611　類叢部/叢書類/彙編之屬

晨風閣叢書二十二種　沈宗畸輯　清宣統元年(1909)番禺沈氏刻本　一册　存一種

330000－1781－0002129　2625　子部/藝術類/書畫之屬/法帖

番易姜夔堯章續書譜一卷　(清)蔣衡書　清宣統元年(1909)國學保存會影印本　一册

330000－1781－0002140　2637、3191　子部/藝術類/書畫之屬

鳴野山房彙刻帖目四集　(清)沈復粲輯　清味經書屋抄本　七册

330000－1781－0002145　2645　史部/金石類/璽印之屬

集古印譜不分卷　(清)瞿鏞編　清咸豐八年(1858)刻鈐印本　二册

330000－1781－0002163　3984　史部/詔令奏議類/奏議之屬

奏言一卷　清末抄本　一册

330000－1781－0002189　2694　子部/藝術類/書畫之屬/題跋

書畫跋跋三卷續三卷　(明)孫鑛撰　清刻本　一册　存一卷(二上)

330000－1781－0002190　2709　史部/傳記類/總傳之屬/技藝

歷代畫史彙傳七十二卷首一卷書目一卷總目三卷附録二卷　(清)彭蘊璨編　清光緒八年(1882)埽葉山房刻本　二十四册

330000－1781－0002191　2695　子部/藝術類/書畫之屬/畫譜

筱盦畫册不分卷　(清)鮑鎣輯　清影印本　三册

330000－1781－0002195　2721　史部/地理類/水利之屬

河工器具圖說四卷　(清)麟慶纂輯　清道光十六年(1836)南河節署刻本　二册

330000－1781－0002197　2723　子部/藝術類/書畫之屬/畫譜

吴友如畫寶十二集　(清)吴嘉猷繪　清宣統元年(1909)上海璧園會社石印本　二册　存一集(第八集上)

330000－1781－0002198　2711　子部/藝術類/書畫之屬/總論

佩文齋書畫譜一百卷　(清)孫岳頒等輯　清光緒九年(1883)上海同文書局石印本　朱家濟批　十六册

330000－1781－0002200　2715　子部/藝術類/書畫之屬/畫譜

點石齋畫報壬集不分卷　(清)尊聞閣主人輯　清光緒上海申報館點石齋石印本　二册

330000－1781－0002201　2716　子部/藝術類/書畫之屬/畫譜

點石齋畫報竹集不分卷戊集不分卷壬集不分卷　(清)尊聞閣主人輯　清光緒十八年(1892)上海申報館點石齋石印本　四册

330000－1781－0002204　2719　子部/藝術類/書畫之屬/畫譜

點石齋畫報未集不分卷申集不分卷　(清)尊聞閣主人輯　清光緒上海申報館點石齋石印本　一册

330000－1781－0002205　2726　子部/藝術類/書畫之屬/畫録

虚齋名畫録十六卷　龐元濟撰　清宣統元年(1909)烏程龐氏申江刻本　十六册

330000－1781－0002206　2732　子部/藝術類/書畫之屬

安記名畫録二卷法書録二卷　(清)安岐著　清抄本　十四册

330000－1781－0002208　2734　子部/藝術類/書畫之屬/畫法畫品

醉蘇齋畫訣一卷　(清)戴以恒著　清光緒十七年(1891)葉銘刻本　一册

330000－1781－0002209　2735　子部/藝術類/書畫之屬/畫法畫品

畫家品類舉要一卷　(清)張志鈖纂　清道光三年(1823)刻本　一册

330000－1781－0002210　2749C1　子部/藝術類/書畫之屬

桐陰論畫二卷首一卷附録一卷畫訣一卷續桐陰論畫一卷二編二卷三編二卷　(清)秦祖永撰　清同治三年至光緒八年(1864－1882)刻朱墨套印本　四册

330000－1781－0002211　2749C2　子部/藝術類/書畫之屬

桐陰論畫二卷首一卷附録一卷畫訣一卷續桐陰論畫一卷二編二卷三編二卷　(清)秦祖永撰　清同治三年至光緒八年(1864－1882)刻朱墨套印本　四册　缺四卷(二編一至二、三編一至二)

330000－1781－0002212　2749C3　子部/藝術類/書畫之屬

桐陰論畫二卷首一卷附録一卷畫訣一卷續桐陰論畫一卷二編二卷三編二卷　(清)秦祖永撰　清同治三年至光緒八年(1864－1882)刻朱墨套印本　四册

330000－1781－0002213　2736　子部/藝術類/書畫之屬/題跋

天瓶齋書畫題跋二卷　(清)張照撰　(清)張祥河輯　清刻本　一册

330000－1781－0002214　2737　子部/藝術類/書畫之屬/題跋

天瓶齋書畫題跋二卷　(清)張照著　(清)孔繼涑録　清乾隆刻本　一册

330000－1781－0002216　2746　子部/藝術類/書畫之屬/題跋

退菴題跋二卷　(清)梁章鉅撰　清福州梁氏刻杭縣鄭氏小琳瑯館印本　一册

330000－1781－0002217　2738　集部/總集類/選集之屬/斷代

于湖題襟集詩一卷文三卷施均父詩一卷梁節庵詩一卷王六潭詩一卷黄公度詩一卷思舊集一卷　(清)袁昶輯　清光緒二十一年(1895)小漚巢刻漸西村舍彙刊本　五册

330000－1781－0002223　2740　集部/別集類/清別集

畫餘詩鈔四卷　(清)施邦鎮撰　清咸豐十一年(1861)刻本　二册

330000－1781－0002224　2743　類叢部/叢書類/彙編之屬

風雨樓叢書二十三種　鄧實編　清宣統順德鄧氏鉛印本　四册　存一種

330000－1781－0002225　2741　類叢部/叢書類/彙編之屬

津逮祕書十五集一百四十種　(明)毛晉編　明崇禎虞山毛氏汲古閣刻本　二册　存一種

330000－1781－0002226　2742　子部/藝術類/書畫之屬/題跋

清儀閣題跋不分卷　(清)張廷濟撰　清光緒十九年(1893)刻本　四册

330000－1781－0002228　2775　子部/藝術類/書畫之屬/總論

穰梨館過眼録四十卷續録十六卷　(清)陸心源編　清光緒十七年(1891)吳興陸氏家塾刻潛園總集本　十六册

330000－1781－0002236　2770　類叢部/叢書類/彙編之屬

風雨樓叢書二十三種　鄧實編　清宣統順德鄧氏鉛印本　六册　存一種

330000－1781－0002238　2771　子部/藝術類/書畫之屬/總論

甌缽羅室書畫過目攷四卷首一卷附一卷　(清)李玉棻撰　清光緒二十三年(1897)京都琉璃廠興盛齋刻本　四册

330000－1781－0002239　2758　史部/目録類/書志之屬/題跋

儀顧堂題跋十六卷　(清)陸心源撰　清光緒十六年(1890)刻潛園總集本　四册

330000－1781－0002242　2760　類叢部/叢書類/彙編之屬

峭帆樓叢書　趙詒琛編　清宣統三年至民國八年(1911－1919)新陽趙氏峭帆樓刻本　一册　存一種

330000－1781－0002247　2768　子部/藝術類/書畫之屬/總論

甌缽羅室書畫過目攷四卷首一卷附一卷　(清)李玉棻撰　清光緒上海鴻文齋刻本　四册

330000－1781－0002248　2766　史部/傳記類/總傳之屬/家乘

禾郡項氏事略一卷天籟閣秘藏書畫碑帖殘目一卷　(清)沈景修編　清沈景修井華館稿本　一册

330000－1781－0002250　2778　子部/藝術類/書畫之屬/畫譜

小山畫譜二卷　(清)鄒一桂撰　清光緒二年(1876)葛元煦刻嘯園叢書本　一册

330000－1781－0002253　2790　類叢部/叢書類/自著之屬

魏稼孫先生全集三種　(清)魏錫曾撰　清光緒九年(1883)羊城刻本　二册　存二種

330000－1781－0002254　2789　類叢部/叢書類/自著之屬

魏稼孫先生全集三種　(清)魏錫曾撰　清光緒九年(1883)羊城刻本　一册　存一種

330000－1781－0002256　2781　子部/藝術類/書畫之屬

雲煙過眼録二卷　(宋)周密撰　**續集一卷**　(元)湯允謨撰　清光緒十三年(1887)陸氏十萬卷樓刻本　朱家濟批　一册

330000－1781－0002259　2784　子部/藝術類/書畫之屬

過雲樓書畫記十卷　(清)顧文彬撰　(清)顧承編　清光緒八年(1882)顧氏過雲樓刻本　四册

330000－1781－0002262　2791　子部/藝術類/書畫之屬/題跋

書畫跋跋三卷續三卷　(明)孫鑛撰　清乾隆五年(1740)孫氏居業堂刻本　二册　存四卷(一、續一至三)

330000－1781－0002263　2792　子部/藝術類/書畫之屬/總論

紅豆樹館書畫記八卷　(清)陶樑編輯　清光緒八年(1882)吳縣潘氏韡園刻本　六册

330000－1781－0002266　2795　史部/傳記類/别傳之屬/事狀

似昇長生冊三卷　周嵩堯輯　清宣統三年(1911)京華印書局鉛印本　一冊　存一卷(似昇所收書畫錄)

330000－1781－0002268　2796　子部/藝術類/書畫之屬/總論

嶽雪樓書畫錄五卷　(清)孔廣陶編　清光緒十五年(1889)廣州三十有三萬卷堂刻本　五冊

330000－1781－0002270　2798　史部/傳記類/總傳之屬/通代

於越先賢像傳贊二卷　(清)王齡撰　(清)任熊繪像　清咸豐七年(1857)王氏養龢堂刻光緒三年(1877)張氏印本　二冊

330000－1781－0002271　2801　史部/傳記類/總傳之屬/列女

列女傳十六卷　(明)仇英繪圖　清刻本　一冊　存一卷(十一)

330000－1781－0002272　2799－2800　史部/傳記類/總傳之屬/通代

於越先賢像傳贊二卷　(清)王齡撰　(清)任熊繪像　清咸豐七年(1857)王氏養龢堂刻光緒三年(1877)張氏印本　四冊

330000－1781－0002277　2804　類叢部/叢書類/彙編之屬

懷豳雜俎十二種　徐乃昌編　清光緒至宣統南陵徐氏刻本　六冊　存十種

330000－1781－0002278　2806　子部/藝術類/書畫之屬/畫譜

小山畫譜二卷　(清)鄒一桂撰　清乾隆二十二年(1757)九龍山房刻本　四冊

330000－1781－0002279　2807　類叢部/叢書類/彙編之屬

嘯園叢書五十七種　(清)葛元煦編　清光緒二年至七年(1876－1881)仁和葛氏刻本　一冊　存一種

330000－1781－0002283　2840　子部/藝術類/書畫之屬/題跋

甌香館畫語四卷　(清)惲格撰　(清)葉鍾進輯　清道光三十年(1850)怡雲館刻本　二冊

330000－1781－0002284　2809　子部/藝術類/書畫之屬/畫譜

芥子園畫傳初集六卷二集九卷三集九卷四集四卷　(清)王槩　(清)王蓍　(清)王臬輯　清光緒十四年(1888)上海天寶書局石印本　七冊　存十三卷(二集一、三至八,三集一至六)

330000－1781－0002296　2842　子部/藝術類/書畫之屬/總論

佩文齋書畫譜一百卷　(清)孫岳頒等輯　清康熙四十七年(1708)刻本　九十八冊　缺二卷(六、二十)

330000－1781－0002302　2853　子部/藝術類/書畫之屬/畫譜

紅樓夢圖詠不分卷　(清)改琦繪　清光緒五年(1879)淮浦居士刻本　四冊

330000－1781－0002304　2847　子部/儒家類/儒學之屬/禮教/鑑戒

聖諭像解二十卷　(清)梁延年撰　清康熙二十年(1681)梁氏承宣堂刻本　七冊　存十五卷(六至二十)

330000－1781－0002305　2848　子部/儒家類/儒學之屬

古名賢圖像不分卷　清刻本　一冊

330000－1781－0002306　2849　集部/别集類/清别集

墨花吟館輯志圖記不分卷海外墨緣不分卷　(清)嚴辰撰　清光緒刻本　一冊

330000－1781－0002310　2884　史部/地理類/遊記之屬/紀行

凝香室鴻雪因緣圖記三集六卷　(清)麟慶撰　清光緒十二年(1886)上海點石齋石印本　六冊

330000－1781－0002312　2865　類叢部/叢書類/彙編之屬

文林綺繡五種　(清)鴻寶齋書局輯　清光緒十九年(1893)鴻寶齋書局石印本　四冊　存三種

330000－1781－0002314　2869　集部/總集類/題詠之屬
百美新詠不分卷　(清)顏希源輯　清嘉慶九年(1804)刻本　四冊

330000－1781－0002315　2887　子部/藝術類/書畫之屬/畫譜
列仙酒牌一卷　(清)任熊繪　清咸豐四年(1854)刻本　一冊

330000－1781－0002317　2888C1　子部/藝術類/書畫之屬/畫譜
列仙酒牌一卷　(清)任熊繪　清光緒十二年(1886)上海同文書局石印本　一冊

330000－1781－0002318　2888C2　子部/藝術類/書畫之屬/畫譜
列仙酒牌一卷　(清)任熊繪　清光緒十二年(1886)上海同文書局石印本　一冊

330000－1781－0002319　2889　子部/藝術類/書畫之屬/畫譜
任渭長四種　(清)任熊繪　清咸豐至光緒蕭山王氏養龢堂刻本　一冊　存一種

330000－1781－0002323　2872　史部/傳記類/總傳之屬/技藝
玉臺畫史五卷別錄一卷　(清)湯漱玉輯　清道光十一年(1831)錢塘汪氏振綺堂刻本　一冊

330000－1781－0002324　2891　子部/藝術類/書畫之屬/畫法畫品
畫學心印八卷　(清)秦祖永輯　清光緒四年(1878)梁溪秦氏刻朱墨套印本　八冊

330000－1781－0002325　2875　史部/地理類/水利之屬
海寧念汛大口門二限三限石塘圖說一卷　(清)李輔耀編　(清)袁鎮嵩繪圖　清光緒七年(1881)刻本　一冊

330000－1781－0002326　2873　史部/地理類/遊記之屬/紀行
鴻雪因緣圖記不分卷　(清)麟慶撰　清道光刻本　一冊

330000－1781－0002328　2878　史部/傳記類/總傳之屬/文苑
東軒吟社畫像一卷附記傳題跋一卷　(清)費丹旭繪　(清)黃士珣記　(清)諸可寶傳　(清)汪曾唯輯　清光緒二年(1876)泉唐汪氏振綺堂刻本　一冊

330000－1781－0002330　2874　經部/孝經類/傳說之屬
孝經傳說圖解不分卷　(清)金汝幹　(清)戴蓮洲　(清)黃紫眉繪　清同治十年(1871)東甌師古齋刻本　二冊

330000－1781－0002332　2879　子部/藝術類/書畫之屬/畫譜
任渭長四種　(清)任熊繪　清咸豐至光緒蕭山王氏養龢堂刻本　一冊　存一種

330000－1781－0002335　2897　子部/藝術類/書畫之屬
論畫集刻十二種十四卷　(清)張祥河輯　清光緒三十三年(1907)自怡堂鉛印本　二冊

330000－1781－0002338　2898　史部/傳記類/總傳之屬/技藝
國朝畫徵錄三卷續錄二卷　(清)張庚撰　**明人附錄一卷**　(明)黎遂球　(明)袁樞撰　清京都墨林齋刻本　四冊

330000－1781－0002341　2895　子部/藝術類/書畫之屬/畫譜
晚笑堂竹莊畫傳不分卷　(明)上官周編繪　清乾隆八年(1743)刻本　三冊

330000－1781－0002342　2900　子部/藝術類/書畫之屬/總論
辛丑銷夏記五卷　(清)吳榮光撰　清光緒三十一年(1905)長沙葉德輝郎園刻本　五冊

330000－1781－0002343　2901　子部/小說家類/異聞之屬

對山書屋墨餘錄十六卷　(清)毛祥麟撰　清光緒三十二年(1906)京都琉璃廠文淵堂刻本　八冊

330000－1781－0002345　2909　子部/藝術類/書畫之屬/總論

佩文齋書畫譜一百卷　(清)孫岳頒等輯　清光緒九年(1883)上海同文書局石印本　五冊　存二十九卷(五十至五十八、八十一至一百)

330000－1781－0002347　2910　史部/傳記類/總傳之屬/技藝

無聲詩史七卷　(清)姜紹書撰　清康熙五十九年(1720)嘉興李光暎觀妙齋刻本　六冊

330000－1781－0002349　2912　子部/藝術類/書畫之屬/畫法畫品

芥舟學畫編四卷　(清)沈宗騫撰　清乾隆四十六年(1781)冰壺閣刻本　一冊　存二卷(一至二)

330000－1781－0002351　2904　子部/藝術類/書畫之屬/畫法畫品

董文敏公畫禪室隨筆四卷　(清)汪汝祿編次　清康熙十七年(1678)裕文堂刻本　二冊

330000－1781－0002352　2913　子部/藝術類/書畫之屬/畫譜

芥子園畫傳初集六卷　(清)王槩　(清)王蓍　(清)王臬輯　清光緒十三年(1887)上海鴻文書局石印本　四冊

330000－1781－0002353　2905　子部/藝術類/書畫之屬/總論

畫禪室隨筆四卷　(明)董其昌撰　(清)楊補輯　清康熙大魁堂刻本　四冊

330000－1781－0002398　2962　子部/藝術類/書畫之屬/畫譜

竹波軒楳冊不分卷　(清)鄭淳繪　清道光刻本　清水南漁隱題記　一冊

330000－1781－0002412　3001　子部/藝術類/篆刻之屬/印譜

卷石阿印草不分卷　(清)張定篆　清光緒十一年(1885)鈐拓本　一冊

330000－1781－0002414　3050　子部/藝術類/篆刻之屬/印譜

苦鐵刻印不分卷　吴昌碩篆刻　陸培之藏石　清光緒鈐拓本　一冊

330000－1781－0002415　3002　子部/藝術類/篆刻之屬/印譜

猷月山人印存不分卷　清鈐拓本　一冊

330000－1781－0002422　3054　子部/藝術類/篆刻之屬/印譜

百一山房集印不分卷　清光緒十一年(1885)鈐印本　一冊

330000－1781－0002423　3006　史部/金石類/璽印之屬

訒葊集古印存三十二卷　(清)汪啓淑輯　清乾隆二十五年(1760)新安汪啓淑開萬樓刻鈐印本　二冊　存二卷(十五至十六)

330000－1781－0002426　3009　子部/藝術類/篆刻之屬/印譜

半畝垒印存不分卷　(清)張梓材篆　清光緒二十二年(1896)鈐印本　一冊

330000－1781－0002427　3056　子部/藝術類/篆刻之屬/印譜

清承堂印賞初集一卷二集四卷　(清)張孝孚鑒藏　清嘉慶十九年(1814)刻鈐印本　四冊　存四卷(二集一至四)

330000－1781－0002428　3010　子部/藝術類/篆刻之屬/印譜

印章彙存不分卷　清鈐印本　二冊

330000－1781－0002429　3057　子部/藝術類/篆刻之屬/印譜

抱經樓日課編四卷　(清)盧登焯篆并輯　清嘉慶四年(1799)抱經樓鈐印本　四冊

330000－1781－0002430　3011　子部/藝術類/篆刻之屬/印譜

七十二候印譜不分卷　(清)童晏篆刻　清光緒十二年(1886)刻鈐印本　二冊

330000－1781－0002433　3012　子部/藝術類/篆刻之屬/印譜

貽笑方家不分卷　清鈐印本　一册

330000－1781－0002434　3037　子部/藝術類/篆刻之屬/印譜

鏤雲精舍印存不分卷　(清)張德珍篆　清光緒二十年(1894)鈐印本　二册

330000－1781－0002435　3013　子部/藝術類/篆刻之屬/印譜

退思書屋印譜不分卷　清鈐印本　一册

330000－1781－0002437　3016　子部/藝術類/篆刻之屬/印譜

嘯隺山人印存不分卷　清鈐印本　一册

330000－1781－0002438　3038　子部/藝術類/篆刻之屬/印譜

百美印存不分卷　(清)查穉篆刻　清光緒二十一年(1895)鈐印本　二册

330000－1781－0002439　3039　子部/藝術類/篆刻之屬

陸厝叠古録　清光緒二十九年(1903)上虞羅氏石印本　一册　存一種

330000－1781－0002441　3040　子部/藝術類/篆刻之屬/印譜

古蝸篆居印述四卷　(清)程邃等篆　(清)程芝華摹刻　清道光七年(1827)鈐印刻本　二册

330000－1781－0002442　3018　子部/藝術類/篆刻之屬/印譜

鐵廬印譜不分卷　(清)錢松篆　清宣統元年(1909)西泠印社鈐拓本　四册

330000－1781－0002443　3019　子部/藝術類/篆刻之屬/印譜

楊嘯村印集不分卷　(清)楊大受篆　清宣統元年(1909)西泠印社鈐拓本　二册

330000－1781－0002446　3021　子部/藝術類/篆刻之屬/印譜

石緣手刻印存不分卷　(清)蘇璠篆　清鈐印本　五册

330000－1781－0002448　3022　子部/藝術類/篆刻之屬/印譜

西泠四家印譜附存四家　(清)丁丙輯　清西泠印社鈐拓本　八册　存一種

330000－1781－0002449　3043　子部/藝術類/篆刻之屬/印譜

匏庵印稿不分卷　(清)訂頑篆　清光緒七年(1881)鈐印本　一册

330000－1781－0002450　3023　子部/藝術類/篆刻之屬/印譜

榴蔭山房印譜不分卷　葉鴻翰篆　清光緒鈐印本　二册

330000－1781－0002454　3025－1　子部/藝術類/篆刻之屬/印譜

近鄦齋印存不分卷　(清)錢庚篆　清光緒十五年(1889)鈐印本　一册

330000－1781－0002457　3025－2　子部/藝術類/篆刻之屬/印譜

近鄦齋印存不分卷　(清)錢庚篆　清光緒十五年(1889)鈐印本　一册

330000－1781－0002460　3034　子部/藝術類/篆刻之屬/印譜

丁龍泓印存不分卷　(清)丁龍泓篆刻　西泠印社輯　清末西泠印社鈐拓本　三册

330000－1781－0002464　3029　子部/藝術類/篆刻之屬/印譜

補羅迦室印譜不分卷　(清)趙之琛篆　清光緒十年(1884)鈐拓本　四册

330000－1781－0002468　3062　史部/金石類/璽印之屬

集古官印攷十七卷集古虎符魚符攷一卷　(清)瞿中溶撰　清同治十三年(1874)嘉定瞿樹鎬刻本　六册

330000－1781－0002470　3063　史部/金石類/璽印之屬/文字

集古印譜六卷　(明)王常編　明萬曆三年

(1575)顧氏芸閣刻本　五冊

330000－1781－0002472　3064　史部/金石類/璽印之屬

望益齋古印偶存不分卷　蔣石秀輯　清光緒六年(1880)鈐印本　一冊

330000－1781－0002474　3067　史部/金石類/璽印之屬

齊魯古印攈四卷　(清)高慶齡　(清)高嘉鈺輯　(清)高鴻裁校　清光緒七年至九年(1881－1883)濰縣高氏古雪書莊鈐印本　五冊

330000－1781－0002476　3068　史部/金石類/璽印之屬

訒菴集古印存三十二卷　(清)汪啓淑輯　清乾隆二十五年(1760)新安汪啓淑開萬樓刻鈐印本　十二冊　存二十二卷(一至四、七至十三、十五至二十、二十三至二十四、二十八至三十)

330000－1781－0002477　3070　子部/藝術類/篆刻之屬/印譜

桐岡草堂印藁不分卷　(清)胡之光篆　清嘉慶元年(1796)鈐印本　二冊

330000－1781－0002480　3072　史部/傳記類/總傳之屬/技藝

廣印人傳十六卷補遺一卷　葉銘輯　清宣統三年(1911)西泠印社刻本　四冊

330000－1781－0002481　3074　子部/藝術類/篆刻之屬/印譜

賞心十六事印不分卷　(清)少農篆　清光緒三年(1877)鈐印本　一冊

330000－1781－0002482　3073　子部/藝術類/篆刻之屬/印譜

觀自得齋集缶廬印譜不分卷　吳昌碩篆　(清)徐士愷輯　清光緒二十八年(1902)石埭徐氏鈐拓本　四冊

330000－1781－0002483　3075　子部/藝術類/篆刻之屬/印譜

詩品印譜四卷　翁壽虞篆　清宣統元年(1909)鈐印本　四冊

330000－1781－0002486　3084　子部/藝術類/篆刻之屬/印譜

飛鴻堂印譜初集八卷二集八卷三集八卷四集八卷五集八卷　(清)汪啟淑鑒藏　清乾隆四十一年(1776)刻鈐印本　二十冊

330000－1781－0002488　3115　子部/藝術類/篆刻之屬/印論

篆訣辯釋不分卷　(明)陳鍾鳌撰　清光緒八年(1882)常熟抱芳閣刻本　二冊

330000－1781－0002494　3121　子部/藝術類/篆刻之屬/印譜

春卉艸堂印存不分卷　(清)程士魁篆　清嘉慶十四年(1809)鈐印本　一冊

330000－1781－0002499　3089　史部/目録類

葉氏存古叢書四種　葉銘編　清宣統二年(1910)西泠印社鉛印本　八冊　存三種

330000－1781－0002501　3124　子部/藝術類/篆刻之屬/印譜

鐵耕小築印集不分卷　(清)劉慶祥篆　清宣統元年(1909)鈐印本　四冊

330000－1781－0002502　3089C1　史部/目録類

葉氏存古叢書四種　葉銘編　清宣統二年(1910)西泠印社鉛印本　八冊　存三種

330000－1781－0002505　3123　子部/藝術類/篆刻之屬/印譜

趙撝叔印集不分卷吳讓之印集不分卷　(清)吳壽昌輯　清鈐印本　一冊

330000－1781－0002508　3111　史部/傳記類/總傳之屬/技藝

杭郡印輯小傳不分卷　丁仁撰　清光緒三十一年(1905)西泠印社刻本　一冊

330000－1781－0002509　3110　子部/藝術類/篆刻之屬/印譜

杭郡印輯八卷　丁仁輯　清光緒三十一年

(1905)錢塘丁氏小龍泓館鈐拓本　八冊

330000－1781－0002511　3099　子部/藝術類/篆刻之屬/印譜
梅鶴山房印譜不分卷　(清)王大炘刻　清末鈐拓本　一冊

330000－1781－0002513　3101　子部/藝術類/篆刻之屬/印譜
琴鶴堂印譜不分卷　(清)繼良輯　清光緒二十七年(1901)刻鈐印本　一冊

330000－1781－0002518　3103　子部/藝術類/篆刻之屬/印譜
吉祥草堂印譜不分卷　(清)王衡篆　清光緒二十五年(1899)鈐印本　六冊

330000－1781－0002519　3105　子部/藝術類/篆刻之屬/印譜
吉羅居士印譜不分卷　(清)蔣仁篆刻　清末鈐拓本　二冊

330000－1781－0002522　3107　子部/藝術類/篆刻之屬/印譜
缶廬印存初集不分卷二集不分卷　吳昌碩篆刻　清光緒十五年(1889)西泠印社鈐拓潛泉印叢本　四冊

330000－1781－0002525　3145　子部/藝術類/篆刻之屬/印譜
四大家印存不分卷　清光緒十六年(1890)鈐印本　一冊

330000－1781－0002526　3125　子部/藝術類/篆刻之屬/印譜
斐然齋印譜不分卷　清同治鈐印本　一冊

330000－1781－0002527　3126　子部/藝術類/篆刻之屬/印譜
紹庭印譜不分卷　(清)紹庭篆　清光緒二十五年(1899)鈐印本　一冊

330000－1781－0002530　3128　子部/藝術類/篆刻之屬/印譜
觀自得亝徐氏所藏印存不分卷　吳昌碩篆　清光緒二十八年(1902)鈐拓本　四冊

330000－1781－0002534　3149　子部/藝術類/篆刻之屬/印譜
槐蔭山房印存不分卷　清鈐印本　一冊

330000－1781－0002535　3131　史部/金石類/璽印之屬
周秦古鉢不分卷　西泠印社輯　清光緒二十一年(1895)西泠印社鈐印本　二冊

330000－1781－0002536　3150　子部/藝術類/篆刻之屬/印譜
趙仲穆印譜不分卷　(清)趙穆篆　清鈐印本　一冊

330000－1781－0002545　3141　史部/金石類/璽印之屬
遯盦集古印存四集十六卷　吳隱輯　清光緒三十四年(1908)西泠印社刻鈐拓本　十六冊

330000－1781－0002551　3137　子部/藝術類/篆刻之屬/印譜
求是齋印存不分卷　(清)陳豫鍾篆刻　吳隱輯　清光緒三十四年(1908)西泠印社鈐拓本　四冊

330000－1781－0002554　3139　子部/藝術類/篆刻之屬/印譜
秋景盦主印譜不分卷　(清)黃易篆刻　清末鈐拓本　四冊

330000－1781－0002555　3140　子部/藝術類/篆刻之屬/印譜
楊龍石印存不分卷　(清)楊澥篆　清光緒三十四年(1908)西泠印社鈐拓潛泉印叢本　二冊

330000－1781－0002556　3168　史部/金石類/璽印之屬
集古印譜不分卷　(清)瞿鏞編　清咸豐八年(1858)刻鈐印本　六冊

330000－1781－0002557　3158　子部/藝術類/篆刻之屬/印譜
近鄦齋印存不分卷　(清)錢庚篆　(清)張梓材輯　清光緒鈐印本　清張梓材題記　四冊

330000－1781－0002558　3169　子部/藝術類/篆刻之屬/印譜

共墨齋藏古鉨印譜不分卷　(清)周銑詒　(清)周鑾詒編　清光緒十二年(1886)鈐印本　八冊

330000－1781－0002563　3061　子部/藝術類/篆刻之屬/印譜

觀自得齋印集不分卷　(清)趙之謙篆刻　(清)徐士愷輯　清光緒二十二年(1896)石埭徐氏鈐拓本　八冊

330000－1781－0002570　3164　子部/藝術類/篆刻之屬/印譜

能爾齋印譜六卷　(清)錢楨輯　(清)錢氏家族藏　清鈐印本　一冊　存三卷(一至三)

330000－1781－0002573　3213　史部/政書類/邦計之屬

江南製造局記十卷首一卷附一卷　(清)魏允恭編　清光緒三十一年(1905)上海文寶書局石印本　十冊

330000－1781－0002584　3210　類叢部/叢書類/彙編之屬

漸西村舍彙刊(漸西村舍叢刻)四十四種　(清)袁昶編　清光緒十六年至二十四年(1890－1898)桐廬袁氏刻本　二冊　存一種

330000－1781－0002586　3211　新學/商務/商學

節本原富五卷　(英國)亞丹斯密撰　嚴復譯　張鵬一纂　清光緒三十三年(1907)鉛印本　二冊

330000－1781－0002588　3212　新學/商務/商學

原富八卷　(英國)斯密亞丹撰　嚴復翻譯　清光緒二十八年(1902)上海南洋公學譯書院鉛印本　八冊

330000－1781－0002590　3199　子部/農家農學類/總論之屬

御製耕織全圖一卷　(清)聖祖玄燁撰　(清)焦秉貞繪　清康熙三十五年(1696)内府刻本　一冊

330000－1781－0002592　3215　子部/醫家類/綜合之屬/通論

景岳全書六十四卷　(明)張介賓撰　清乾隆三十三年(1768)吳郡藜照樓刻本　二十四冊

330000－1781－0002593　3218　新學/農政/蠶務

最新養蠶學八卷　(日本)針塚長太郎著　(日本)野浦齋譯　清光緒三十年(1904)浙江官書局鉛印本　一冊

330000－1781－0002594　3219　子部/農家農學類/蠶桑之屬

柞蠶彙誌一卷　(清)董元亮撰　清宣統元年(1909)會稽縣勸業所刻本　一冊

330000－1781－0002595　3221　子部/農家農學類/蠶桑之屬

蠶桑萃編十五卷首一卷　(清)衛杰輯　清光緒二十六年(1900)浙江書局刻本　八冊

330000－1781－0002598　3224　類叢部/叢書類/彙編之屬

申報館叢書正集五十七種附錄三種續集一百四十二種　(清)尊聞閣主編　蔡爾康編續集　清同治至光緒上海申報館鉛印本　二十八冊　存一種

330000－1781－0002606　3242　史部/金石類/郡邑之屬/雜著

湖北金石詩一卷　(清)嚴觀撰　清道光二十五年(1845)刻本　清周大輔題記　一冊

330000－1781－0002608　3243　史部/金石類/郡邑之屬/雜著

汧陽述古編二卷　(清)李嘉績輯　清光緒十五年(1889)刻本　一冊

330000－1781－0002609　3228　子部/天文曆算類/天文之屬

五緯捷算四卷附自述白韻詩一卷　(清)黃炳垕撰　清光緒四年(1878)刻本　一冊

330000－1781－0002617　3247　子部/藝術

類/篆刻之屬/印譜

承清館印譜續集一卷 (明)張灝輯 明刻鈐印本 一册

330000－1781－0002618 3248 子部/藝術類/篆刻之屬/印譜

考古正文印藪五卷 (明)張學禮編 (明)劉汝立選 明萬曆十七年(1589)鈐印刻本 二册 存二卷(一、五)

330000－1781－0002621 3250 子部/藝術類/書畫之屬

十竹齋書畫譜八卷 (明)胡正言輯 清刻彩色套印本 八册

330000－1781－0002622 3252 子部/工藝類/文房四寶之屬/墨

墨法集要一卷 (明)沈繼孫撰 清刻本 一册

330000－1781－0002623 3255 史部/傳記類/總傳之屬/技藝

國朝書人輯略十一卷首一卷 震鈞輯 清光緒三十四年(1908)金陵刻本 八册

330000－1781－0002625 3253 子部/藝術類/篆刻之屬/印譜

淛西四家印譜四卷 吳隱輯 清宣統二年(1910)西泠印社鈐拓本 四册

330000－1781－0002626 3254 子部/藝術類/篆刻之屬/印譜

鴛湖四山印集不分卷 錢善揚 文鼎 曹山彦 孫三錫篆 清宣統二年(1910)西泠印社鈐拓潛泉印叢本 二册

330000－1781－0002630 3261 子部/藝術類/書畫之屬/法帖

集臨魏晉六朝碑一卷 (清)汪鋆書 清汪鋆稿本 一册

330000－1781－0002631 3260 集部/總集類/尺牘之屬

昭代名人尺牘二十四卷 (清)吳修輯 清光緒三十四年(1908)西泠印社影印本 二十四册

330000－1781－0002632 3260C1 集部/總集類/尺牘之屬

昭代名人尺牘二十四卷 (清)吳修輯 清光緒三十四年(1908)西泠印社影印本 五册 存七卷(一至七)

330000－1781－0002633 3263 子部/農家農學類/總論之屬

御製耕織圖一卷 (清)聖祖玄燁撰 (清)焦秉貞繪 清光緒五年(1879)點石齋石印本 一册

330000－1781－0002635 3307 集部/别集類/清别集

復堂類集文四卷詩九卷詞二卷 (清)譚獻撰 **待堂文一卷** (清)吳懷珍撰 清光緒十一年(1885)刻本 四册

330000－1781－0002636 3264 史部/傳記類/總傳之屬/技藝

藝林悼友錄初集一卷二集一卷附錄一卷 (清)郭容光編 清光緒十八年(1892)鐵如意室刻本 一册

330000－1781－0002643 3274 子部/藝術類/書畫之屬/畫譜

紉齋畫賸不分卷 (清)陳允升繪 清光緒二年至四年(1876－1878)甬上陳氏得古歡室刻本 一册

330000－1781－0002644 3309 類叢部/叢書類/彙編之屬

如臯冒氏叢書三十四種附二種 冒廣生輯 清光緒至民國如臯冒氏刻本 一册 存二種

330000－1781－0002645 3275 子部/藝術類/書畫之屬/畫譜

紉齋畫賸不分卷 (清)陳允升繪 清光緒二年至四年(1876－1878)甬上陳氏得古歡室刻本 一册

330000－1781－0002648 3311 集部/總集類/選集之屬/通代

宋金元詩選六卷 (清)吳翌鳳輯 清乾隆斯雅堂刻本 二册

330000－1781－0002653　3312　類叢部/叢書類/自著之屬

董孟如所著書六種　(清)董沛編輯　清光緒四年至七年(1878－1881)鄞縣董氏刻本　四冊　存一種

330000－1781－0002654　3285　子部/藝術類/篆刻之屬/印譜

西泠八家印選三十卷　丁仁輯　清光緒三十三年(1907)丁仁鈐拓藍印本　二十九冊　存二十九卷(二至三十)

330000－1781－0002655　3313　集部/總集類/郡邑之屬

續檇李詩繫四十卷　(清)胡昌基輯　清宣統三年(1911)刻本　二十冊

330000－1781－0002658　3317　史部/史評類/詠史之屬

南宋雜事詩七卷　(清)沈嘉轍等撰　清同治十一年(1872)淮南書局刻本　四冊

330000－1781－0002669　3305　集部/總集類/郡邑之屬

浙西六家詩鈔六卷　(清)吳應和　(清)馬洵選　清道光七年(1827)紫薇山館刻本　二冊

330000－1781－0002673　3350　類叢部/叢書類/自著之屬

煙嶼樓集四種　(清)徐時棟撰　清同治三年(1864)城西草堂、六年(1867)葉氏虎胛山房刻本　四冊　存二種

330000－1781－0002676　3318　史部/史評類/詠史之屬

南宋雜事詩七卷　(清)沈嘉轍等撰　清同治十一年(1872)淮南書局刻本　四冊

330000－1781－0002687　3321　集部/總集類/酬唱之屬

耋齡酬唱一卷　(清)黃炳垕等撰　清光緒二十年(1894)刻本　一冊

330000－1781－0002688　3359　集部/總集類/郡邑之屬

桐江詩詞抄一卷　清抄本　一冊

330000－1781－0002691　3322　類叢部/叢書類/自著之屬

潛園總集十七種　(清)陸心源撰　清同治至光緒刻本　十六冊　存一種

330000－1781－0002702　3348　集部/別集類/清別集

西泠閨詠十六卷　(清)陳文述撰　(清)龔玉晨編　清光緒十三年(1887)西泠翠螺閣刻本　四冊

330000－1781－0002704　3349　集部/總集類/郡邑之屬

竹里詩萃十六卷　(清)李道悠編　(清)蔣若濟　(清)查輝　(清)祝廷錫輯　清光緒十年(1884)蔣十詠廬刻本　四冊

330000－1781－0002711　3366　集部/總集類/郡邑之屬

越風三十卷　(清)商盤輯　清乾隆三十四年(1769)刻本　十冊

330000－1781－0002713　3368　集部/別集類/清別集

韻山堂詩集七卷補遺一卷　(清)王文誥撰　清光緒十四年(1888)浙江書局刻本　一冊

330000－1781－0002714　3380　集部/別集類/清別集

于湖小集四卷　(清)芳郭鈍叟(袁昶)撰　清光緒二十年(1894)水明樓刻漸西村舍彙刊本　二冊

330000－1781－0002715　3369　類叢部/叢書類/彙編之屬

張氏適園叢書七種　張鈞衡編　清宣統三年(1911)上海國學扶輪社鉛印本　一冊　存二種

330000－1781－0002717　3370　集部/別集類/清別集

句餘土音三卷　(清)全祖望撰　清嘉慶十九年(1814)刻本　三冊

330000－1781－0002718　3382　集部/別集類/清別集

誦芬詩畧三卷　(清)黄炳垕撰　清同治八年(1869)餘姚黄氏刻本　一册

330000－1781－0002719　3371　類叢部/叢書類/自著之屬
曾文正公全集十五種　(清)曾國藩撰　清同治至光緒傳忠書局刻本　二十八册　存一種

330000－1781－0002720　3383　集部/别集類/清别集
六一山房詩集十卷續集十卷　(清)董沛撰　清光緒九年(1883)刻本　四册

330000－1781－0002721　3373　集部/别集類/清别集
木雁齋詩四卷和張景陽褉詩十首一卷　(清)胡長庚撰　清嘉慶十五年(1810)刻本　二册

330000－1781－0002722　3384　集部/别集類/清别集
曇花一現草一卷　(清)楊文蘭撰　清宣統三年(1911)滌塵書屋鉛印本　一册

330000－1781－0002723　3374　集部/别集類/宋别集
林和靖詩集四卷拾遺一卷附録一卷　(宋)林逋撰　清同治十二年(1873)長洲朱氏刻本　二册

330000－1781－0002725　3385　集部/别集類/清别集
顧亭林先生詩箋注十七卷首一卷　(清)顧炎武撰　(清)徐嘉箋注　**顧詩箋注校補一卷**　李詳等撰　清光緒二十三年(1897)徐氏味静齋刻本　六册

330000－1781－0002727　3377　集部/别集類/清别集
梅隱詩鈔三卷詠史詩鈔二卷　(清)車林撰　清咸豐元年(1851)宋氏湖東山房刻本　一册

330000－1781－0002729　3392　集部/别集類/清别集
誦芬詩畧三卷　(清)黄炳垕撰　清同治八年(1869)餘姚黄氏刻本　一册

330000－1781－0002730　3393　集部/别集類/清别集
武川寇難詩草一卷　(清)何德潤撰　清光緒十三年(1887)刻本　一册

330000－1781－0002732　3410　類叢部/叢書類/郡邑之屬
台州叢書(名山堂叢書)九種　(清)宋世犖編　清嘉慶至道光臨海宋氏刻本　二册　存一種

330000－1781－0002733　3394　集部/總集類/氏族之屬
守經堂詩集六卷　(清)劉名譽輯　清光緒乍川翰墨齋刻本　一册

330000－1781－0002735　3412　類叢部/叢書類/彙編之屬
咫進齋叢書三十七種　(清)姚覲元編　清光緒九年(1883)歸安姚氏刻本　一册　存二種

330000－1781－0002736　3413　集部/别集類/宋别集
蘇文忠公詩集五十卷目録二卷　(宋)蘇軾撰　(清)紀昀評點　清道光十四年(1834)芸香堂刻朱墨套印本　十一册

330000－1781－0002737　3415　集部/别集類/唐五代别集
樊南文集詳註八卷　(唐)李商隱撰　(清)馮浩編訂　清同治七年(1868)馮寳圻刻本　四册

330000－1781－0002738　3416　集部/别集類/明别集
于忠肅公集十卷　(明)于謙撰　(清)于繼先輯　清康熙五十七年(1718)大梁浙紹會館刻本　二册

330000－1781－0002740　3395　集部/别集類/清别集
伏敔堂詩録十五卷首一卷附録一卷續録四卷附録一卷　(清)江湜撰　清同治元年至五年(1862－1866)長洲江氏刻本　四册　缺三卷(續録三至四、附録)

330000－1781－0002741　3405　集部/别集類/清别集
漸齋詩鈔一卷　（清）桂鴻撰　清咸豐七年(1857)刻本　一册

330000－1781－0002742　3397　集部/别集類/清别集
映紅樓詩稿四卷　（清）王定祥撰　清光緒二十二年(1896)慈谿童賡年刻本　一册

330000－1781－0002743　3396　集部/别集類/清别集
飲雪軒詩集四卷　（清）楊泰亨撰　清宣統二年(1910)經畬家塾刻本　一册

330000－1781－0002744　3406　集部/别集類/清别集
安般簃詩續鈔八卷　（清）袁昶撰　清光緒十六年(1890)鉛印本　三册

330000－1781－0002745　3398　類叢部/叢書類/自著之屬
魏稼孫先生全集三種　（清）魏錫曾撰　清光緒九年(1883)羊城刻本　二册　存二種

330000－1781－0002747　3407　類叢部/叢書類/彙編之屬
玉海堂景宋叢書二十種別行二種　劉世珩編　清光緒至民國貴池劉氏玉海堂影刻本　一册　存一種

330000－1781－0002748　3400　集部/詞類/別集之屬
曝書亭詞拾遺三卷志異一卷　（清）朱彝尊撰　（清）翁之潤輯　清光緒二十二年(1896)常熟翁氏刻本　一册

330000－1781－0002751　3419　集部/别集類/唐五代别集
杜工部集二十卷附錄一卷年譜一卷諸家詩話一卷唱酬題詠附錄一卷　（唐）杜甫撰　（清）錢謙益箋註　清康熙泰興季振宜靜思堂刻本　八册

330000－1781－0002754　3420　集部/别集類/唐五代别集
杜工部集二十卷附錄一卷　（唐）杜甫撰　（清）錢謙益箋註　（清）何焯評點　**諸家詩話一卷唱酬題詠附錄一卷**　清宣統二年(1910)上海國學扶輪社、神州國光社鉛印本　八册

330000－1781－0002756　3421C1　集部/别集類/唐五代别集
杜工部集二十卷附錄一卷年譜一卷諸家詩話一卷唱酬題詠附錄一卷　（唐）杜甫撰　（清）錢謙益箋注　清宣統二年(1910)上海集成圖書公司鉛印本　四册　缺一卷(年譜)

330000－1781－0002758　3435　集部/别集類/清别集
松夢寮詩稿六卷　（清）丁丙撰　清光緒二十五年(1899)丁氏刻本　二册

330000－1781－0002759　3421　集部/别集類/唐五代别集
杜工部集二十卷附錄一卷年譜一卷諸家詩話一卷唱酬題詠附錄一卷　（唐）杜甫撰　（清）錢謙益箋注　清宣統二年(1910)上海集成圖書公司鉛印本　四册　缺一卷(年譜)

330000－1781－0002762　3437　集部/别集類/清别集
留別杭州求是書院諸生詩一卷　（清）宋恕撰　清光緒刻本　一册

330000－1781－0002763　3423　集部/别集類/唐五代别集
杜工部集二十卷首一卷　（唐）杜甫撰　（明）王世貞等評　（清）盧坤輯評　清光緒二年(1876)粵東翰墨園刻六色套印本　五册　存十一卷(首、一至十)

330000－1781－0002764　3348－3349　集部/别集類/清别集
甌香館集十二卷首一卷末一卷　（清）惲格撰　（清）蔣光煦輯　清光緒七年(1881)刻本　五册

330000－1781－0002765　3440　集部/詞類/別集之屬
嶺雲詞賸稿一卷續稿一卷　（清）胡長庚撰

(清)吳汝碁　(清)程奐輪編　清刻本　一冊

330000－1781－0002766　3417　集部/别集類/明别集

太史升庵全集八十一卷目錄二卷　(明)楊慎撰　(明)楊有仁輯　**升菴先生年譜一卷**　清乾隆六十年(1795)新都周氏養拙山房刻本　二十冊

330000－1781－0002767　3441　集部/别集類/清别集

葦間詩集五卷　(清)姜宸英撰　(清)唐執玉輯　清道光四年(1824)葉元塏睿吾樓刻本　二冊

330000－1781－0002768　3443　集部/總集類/郡邑之屬

國朝嚴州詩錄八卷　(清)宗源瀚輯　清光緒二年(1876)刻本　二冊

330000－1781－0002769　3444　類叢部/叢書類/彙編之屬

月河草堂叢書三種　蔣清瑞編　清宣統至民國歸安蔣氏月河草堂刻本　三冊　存一種

330000－1781－0002771　3418　集部/别集類/明别集

玉雪齋詩集二卷　(明)虞謙撰　清嘉慶刻本　四冊

330000－1781－0002773　3427　集部/詞類/詞譜之屬

詞律二十卷　(清)萬樹撰　**詞律拾遺八卷**　(清)徐本立撰　**詞律補遺一卷**　(清)杜文瀾撰　清同治十二年(1873)、光緒二年(1876)吳下刻本　十六冊

330000－1781－0002777　3430　類叢部/叢書類/自著之屬

魏稼孫先生全集三種　(清)魏錫曾撰　清光緒九年(1883)羊城刻本　十冊

330000－1781－0002782　3483　集部/别集類/唐五代别集

羅昭諫集八卷　(唐)羅隱著　清康熙九年(1670)張瓚刻本　一冊

330000－1781－0002784　3484　子部/雜著類/雜說之屬

讒書五卷　(唐)羅隱撰　清光緒十二年(1886)邵武徐氏刻邵武徐氏叢書本　一冊

330000－1781－0002785　3485　集部/别集類/漢魏六朝别集

陶淵明詩一卷雜文一卷　(晉)陶潛撰　清光緒元年(1875)影宋紹熙曾集刻本　一冊

330000－1781－0002787　3487　集部/總集類/郡邑之屬

容城三賢集十二卷　(清)張斐然　(清)楊莒編　清光緒二十四年(1898)臨安俞廷獻刻本　十一冊

330000－1781－0002788　3488　集部/别集類/明别集

余忠節公遺文一卷附錄一卷　(明)余煌撰　(清)董金鑑校　清會稽董氏取斯家塾木活字印本　一冊

330000－1781－0002791　3471　集部/别集類/明别集

餘姚黃忠端公集六卷　(明)黃尊素撰　清光緒十三年(1887)姚江黃氏正氣堂刻本　三冊

330000－1781－0002792　3451　集部/詞類/别集之屬

山中白雲詞八卷　(宋)張炎撰　清康熙刻本　三冊

330000－1781－0002794　3470　集部/别集類/唐五代别集

杜工部集二十卷首一卷　(唐)杜甫撰　(明)王世貞等評　(清)盧坤輯評　清光緒二年(1876)粵東翰墨園刻六色套印本　十冊

330000－1781－0002795　3454　集部/别集類/清别集

白石山館詩一卷　(清)陳沆撰　**清夜齋詩稿一卷**　(清)魏源撰　清宣統三年(1911)石印本　一冊

330000－1781－0002796　3472　集部/别集類/明别集

宋文憲公全集八十三卷附潛谿錄六卷首一卷 （明）宋濂撰　丁立中編輯　清宣統二年(1910)成都刻本　六册　缺八十三卷(全集一至八十三)

330000－1781－0002798　3473　史部/傳記類/别傳之屬/事狀

岳鄂王金陀稡編二十卷續編八卷首一卷 (宋)岳珂編　(清)岳士景重訂　清乾隆元年(1736)刻本　六册　缺二卷(十九至二十)

330000－1781－0002799　3459　集部/别集類/清别集

吴越游草不分卷 （清）王文治撰　清宣統三年(1911)古吴藏書樓石印本　一册

330000－1781－0002803　3474　集部/别集類/宋别集

舒文靖集二卷事實擬册一卷 （宋）舒璘撰 **附録三卷** （清）徐時棟輯 **校勘記三卷** 孫鏘撰　清光緒二十二年(1896)四明七千卷樓刻本　四册

330000－1781－0002814　3493　類叢部/叢書類/彙編之屬

漸西村舍彙刊(漸西村舍叢刻)四十四種 (清)袁昶編　清光緒二十三年(1897)漸西村舍刻本　二册　存一種

330000－1781－0002815　3520　集部/别集類/清别集

樹蘐堂文集一卷 （清）葉去病撰　楊鴻鼎輯　清光緒三十年(1904)聞香軒木活字印本　一册

330000－1781－0002817　3495　集部/總集類/課藝之屬

惢珠書院會課録一卷　蔡爾康撰　清抄本　一册

330000－1781－0002818　3501　類叢部/叢書類/彙編之屬

玉雞苗館叢書 （清）鄒凌瀚編　清光緒刻本　四册　存一種

330000－1781－0002822　3503　集部/别集類/唐五代别集

樊南文集詳註八卷 （唐）李商隱撰　（清）馮浩編訂　清同治七年(1868)馮寶圻刻本　三册　存三卷(六至八)

330000－1781－0002823　3504　集部/别集類/漢魏六朝别集

陶淵明文集十卷 （晉）陶潛撰　清光緒五年(1879)番禺俞秀山刻本　三册

330000－1781－0002824　3521　集部/别集類/漢魏六朝别集

諸葛忠武侯文集六卷首一卷 （清）張澍編輯　清刻本　二册

330000－1781－0002825　3522　集部/總集類/郡邑之屬

黄巖集三十二卷首一卷校議一卷 （清）王棻　王詠霓輯　清光緒三年(1877)刻六年(1880)校補刻本　十四册

330000－1781－0002826　3505　集部/别集類/清别集

儀顧堂集十六卷 （清）陸心源撰　清同治十三年(1874)福州刻潛園總集本　六册

330000－1781－0002828　3507　集部/别集類/清别集

大梅山館集四種五十五卷 （清）姚燮撰　清道光十三年至咸豐六年(1833－1856)大梅山館刻本　八册　存一種

330000－1781－0002830　3508　集部/别集類/清别集

漸西村人初集十三卷 （清）袁昶撰　清光緒十六年(1890)刻二十年(1894)印本　三册

330000－1781－0002831　3509　集部/别集類/清别集

遜學齋文鈔十二卷 （清）孫衣言撰　清同治十二年(1873)刻本　四册

330000－1781－0002832　3513－3515　類叢部/叢書類/自著之屬

曾惠敏公遺集四種 （清）曾紀澤著　清光緒十九年(1893)江南製造總局鉛印本　六册

330000－1781－0002835　3619　集部/小説類/長篇之屬

偉人小說女子救國美談一卷　(清)熱誠愛國人編譯　清光緒二十八年(1902)鉛印本　一冊

330000－1781－0002837　3490　集部/别集類/宋别集

宋宗忠簡公文集四卷首一卷年譜一卷　(宋)宗澤撰　清同治十二年(1873)三原劉氏述荆堂刻本　二冊

330000－1781－0002838　3491　集部/别集類/宋别集

宋王忠文公文集五十卷目錄四卷　(宋)王十朋撰　(清)唐傳鉎重編　**梅溪王忠文公年譜一卷**　(清)徐炯文编　清光緒二年(1876)溫州梅溪書院刻本　十六冊

330000－1781－0002839　3517　集部/别集類/明别集

楊忠愍公遺書一卷　(明)楊繼盛撰　清咸豐元年(1851)郭香垣刻本　一冊

330000－1781－0002840　3523　類叢部/叢書類/郡邑之屬

武林往哲遺箸五十二種後編十種　(清)丁丙編　清光緒二十年至二十六年(1894－1900)錢塘丁氏嘉惠堂刻本　五冊　存一種

330000－1781－0002842　3525　類叢部/叢書類/家集之屬

安吉施氏遺著五種　(清)戴翊　(清)朱廷燮編　清光緒十七年(1891)刻本　一冊　存二種

330000－1781－0002846　3530　集部/别集類/明别集

寶綸堂集十卷拾遺一卷　(明)陳洪綬撰　(清)陳字購輯　清光緒十四年(1888)董氏取斯堂木活字印本　八冊

330000－1781－0002847　3529　類叢部/叢書類/彙編之屬

抱經堂叢書七種　朱遂翔編　清刻民國杭州朱氏抱經堂補刻印本　三冊　存一種

330000－1781－0002849　3531　集部/别集類/明别集

寶綸堂集十卷拾遺一卷　(明)陳洪綬撰　(清)陳字購輯　清光緒十四年(1888)董氏取斯堂木活字印本　八冊

330000－1781－0002851　3537　集部/别集類/明别集

瞿忠宣公集十卷　(明)瞿式耜撰　清光緒十三年(1887)常熟瞿廷韶刻本　四冊

330000－1781－0002852　3538　集部/别集類/明别集

太師誠意伯劉文成公集二十卷首一卷　(明)劉基撰　清乾隆十一年(1746)刻本　十二冊

330000－1781－0002853　3539　史部/傳記類/科舉録之屬/歷科鄉試録

辛卯科江南闈墨一卷　清申報館鉛印本　一冊

330000－1781－0002855　3541　集部/總集類/尺牘之屬

賴古堂全集三種　(清)周亮工輯　清宣統二年(1910)上海國學扶輪社石印本　五冊　存一種

330000－1781－0002858　3545　集部/總集類/選集之屬/通代

古文奇賞二十二卷　(明)陳仁錫選評　明萬曆四十六年(1618)刻本　十二冊

330000－1781－0002864　3551　集部/别集類/清别集

復初齋文集三十五卷　(清)翁方綱撰　清道光十六年(1836)李彥章刻光緒三年(1877)李以烜增修本　八冊

330000－1781－0002865　3552　類叢部/叢書類/自著之屬

正誼堂全集八種　(清)董沛撰　清光緒刻本　一冊　存一種

330000－1781－0002866　3553　類叢部/叢

書類/自著之屬
章氏遺書二種　(清)章學誠撰　清光緒三年至四年(1877－1878)章氏貴陽刻十九年(1893)補刻本　五冊

330000－1781－0002867　3554　類叢部/叢書類/自著之屬
春在堂全書三十六種　(清)俞樾撰　清光緒二十三年(1897)石印本　三十二冊

330000－1781－0002868　3556　集部/詩文評類/文評之屬
文心雕龍十卷　(南朝梁)劉勰撰　(清)黄叔琳輯注　(清)紀昀評　清道光十三年(1833)兩廣節署刻朱墨套印本　四冊

330000－1781－0002869　3557　集部/別集類/清別集
揅經室一集十四卷二集八卷三集五卷四集二卷詩集十一卷續集十一卷外集五卷　(清)阮元撰　清道光三年(1823)儀徵阮氏文選樓刻十年(1830)、同治十三年(1874)續刻本　二十四冊

330000－1781－0002870　3558　集部/別集類/清別集
庸盦海外文編四卷　(清)薛福成撰　清光緒二十二年(1896)石印本　二冊

330000－1781－0002873　3562　集部/別集類/清別集
越縵堂駢體文四卷散體文一卷　(清)李慈銘撰　(清)曾之撰編次　清光緒二十三年(1897)常熟曾氏刻虛霩居叢書本　四冊

330000－1781－0002874　3563　集部/別集類/清別集
湖唐林館駢體文二卷　(清)李慈銘撰　清光緒十年(1884)刻本　一冊

330000－1781－0002875　3567　集部/總集類/選集之屬/通代
六朝文絜四卷　(清)許槤評選　(清)朱鈞參校　清道光五年(1825)海昌許氏享金寶石齋刻朱墨套印本　二冊

330000－1781－0002876　3565　類叢部/叢書類/自著之屬
煙嶼樓集四種　(清)徐時棟撰　清光緒元年(1875)葛氏刻本　八冊　存一種

330000－1781－0002878　3573　集部/詩文評類
藝概六卷　(清)劉熙載撰　清同治十二年(1873)刻本　二冊

330000－1781－0002882　3574　集部/別集類/清別集
正誼堂文集二十四卷附行狀一卷　(清)董沛撰　清光緒二十七年(1901)刻本　六冊

330000－1781－0002884　3577　集部/總集類/選集之屬/通代
古文喈鳳新編八卷　(清)汪基輯　清雍正十二年(1734)刻本　八冊

330000－1781－0002886　3578　集部/總集類/選集之屬/通代
六朝文絜四卷　(清)許槤評選　(清)朱鈞參校　清光緒三年(1877)馮氏讀有用書齋刻朱墨套印本　二冊

330000－1781－0002887　3579　類叢部/叢書類/自著之屬
儆居遺書十一種　(清)黄式三撰　清同治至光緒刻本　四冊　存一種

330000－1781－0002888　3580　集部/別集類/清別集
龔定盦全集八卷　(清)龔自珍撰　清宣統元年(1909)鉛印本　七冊

330000－1781－0002890　3582　集部/別集類/清別集
大梅山館集四種五十五卷　(清)姚燮撰　清道光十三年至咸豐六年(1833－1856)大梅山館刻本　六冊　存二種

330000－1781－0002892　3583　集部/別集類/清別集
甘泉鄉人稿二十四卷餘稿二卷　(清)錢泰吉撰　**皇清敕授修職郎誥封朝議大夫顯考警石**

府君年譜一卷 (清)錢應溥編 **四水子遺著一卷** (清)錢友泗撰 **邠農偶吟稿一卷** (清)錢炳森撰 清同治七年(1868)、十一年(1872)鍾氏刻光緒七年(1881)、十一年(1885)錢氏青溪官舍增刻本 五册 存二十六卷(甘泉鄉人稿一至二十四、餘稿一至二)

330000－1781－0002893 3584 集部/别集類/清别集
慎思居存稾二卷 (清)湯修撰 清同治十一年(1872)刻本 一册

330000－1781－0002895 3585 類叢部/叢書類/自著之屬
陸子全書九種 (清)陸隴其撰 (清)許仁沐等編 清光緒刻本(三魚堂日記卷一至三、六至八配清同治九年浙江書局刻本) 三十六册

330000－1781－0002899 3590 集部/别集類
湘綺樓全集三十卷(湘綺樓文集八卷詩集十四卷箋啟八卷) 王闓運撰 清宣統二年(1910)上海國學扶輪社石印本 十二册

330000－1781－0002903 3599 集部/别集類/清别集
習苦齋集外詩一卷祼考一卷題跋一卷 (清)戴熙撰 清咸豐抄本 一册

330000－1781－0002904 3601 子部/儒家類/儒學之屬
沈余遺書三種 (清)趙舒翹編 清光緒二十二年(1896)江蘇書局刻本 四册

330000－1781－0002906 3596 集部/别集類/清别集
姜先生全集三十三卷首一卷附録二卷 (清)姜宸英撰 (清)馮保燮 (清)王定祥重編 清光緒十五年(1889)慈谿馮氏毋自欺齋刻本(附録二卷原缺) 十六册 缺二卷(一至二)

330000－1781－0002909 3595 集部/别集類/明别集
從野堂存稿八卷補遺一卷附録一卷 (明)繆昌期撰 **年譜一卷** (清)繆之鎔撰 清光緒二十一年(1895)武進盛氏刻本 三册

330000－1781－0002910 3593 類叢部/叢書類/自著之屬
惜抱軒全集十種 (清)姚鼐撰 清同治五年(1866)省心閣刻民國元年(1912)印本 二十册

330000－1781－0002912 3603 集部/别集類/漢魏六朝别集
顔光禄集一卷 (南朝宋)顔延之撰 清刻本 一册

330000－1781－0002913 3606 類叢部/叢書類/自著之屬
梨洲遺著彙刊二十七種首一卷 (清)黄宗羲撰 (清)薛鳳昌編次 清宣統二年(1910)上海時中書局鉛印本 十五册

330000－1781－0002914 3607 類叢部/叢書類/自著之屬
黄梨洲遺書十種 (清)黄宗羲撰 清光緒三十一年(1905)杭州羣學社石印本 十四册 存五種

330000－1781－0002915 3608 類叢部/類書類/通類之屬
欽定古今圖書集成一萬卷目録三十二卷 (清)蔣廷錫 (清)陳夢雷等輯 清光緒十年(1884)上海圖書集成書局鉛印本 十册 存四十七卷(文學典十四至二十一、二十七至五十四、一百二至一百六、一百十八至一百二十三)

330000－1781－0002916 3609 類叢部/叢書類/彙編之屬
國粹叢書四十九種 (清)國學保存會編 清光緒至宣統國學保存會鉛印本 一册 存一種

330000－1781－0002918 3611 集部/别集類/明别集
東甌先生文録十五卷補遺一卷 (明)陳遇春輯 清道光十四年(1834)梧竹山房刻本 十

六冊

330000－1781－0002919　3612　子部/小說家類/異聞之屬
閱微草堂筆記二十四卷　(清)紀昀撰　清光緒二十四年(1898)宏文閣鉛印本　四冊

330000－1781－0002922　3615　史部/傳記類/別傳之屬/事狀
鄂國金佗稡編二十八卷續編三十卷　(宋)岳珂編　清光緒九年(1883)浙江書局刻本　十二冊

330000－1781－0002923　3623　史部/傳記類/別傳之屬
諸葛忠武侯故事五卷附年譜一卷　(清)張澍輯　清嘉慶十七年(1812)刻本　二冊

330000－1781－0002924　3617　集部/別集類
藝風堂文集七卷外篇一卷續集八卷外集一卷　繆荃孫撰　清光緒二十六年至二十七年(1900－1901)、宣統二年(1910)刻民國二年(1913)印本　六冊　缺五卷(續集五至八、外集)

330000－1781－0002925　3618－1　集部/小說類/短篇之屬
劍俠傳一卷續傳一卷　清光緒十二年(1886)上海同文書局石印本　一冊

330000－1781－0002926　3618－2　集部/小說類/短篇之屬
劍俠傳一卷續傳一卷　清光緒十二年(1886)上海同文書局石印本　一冊

330000－1781－0002928　3622　子部/藝術類/書畫之屬/畫譜
任渭長四種　(清)任熊繪　清咸豐蕭山王氏養龢堂刻光緒三年(1877)張牧九補刻重訂本　二冊　存一種

330000－1781－0002929　3625　子部/雜著類/雜說之屬
北夢瑣言二十卷　(宋)孫光憲輯　清乾隆二十一年(1756)雅雨堂刻本　四冊

330000－1781－0002930　3626　史部/紀事本末類/斷代之屬
聖武記十四卷　(清)魏源撰　清光緒二十九年(1903)蜚英館鉛印本　六冊

330000－1781－0002934　3630　子部/雜著類/雜說之屬
風俗通義十卷　(漢)應劭撰　**人物志三卷**　(三國魏)劉邵撰　明刻本　二冊

330000－1781－0002935　3631　類叢部/叢書類/郡邑之屬
金華叢書六十八種　(清)胡鳳丹編　清同治七年至光緒八年(1868－1882)永康胡氏退補齋刻民國補刻本　一冊　存一種

330000－1781－0002937　3636　子部/小說家類/雜事之屬
世說新語六卷　(南朝宋)劉義慶撰　(南朝梁)劉孝標注　明吳中珩刻本　六冊

330000－1781－0002938　3637　類叢部/叢書類/自著之屬
春在堂全書三十六種　(清)俞樾撰　清同治至光緒刻光緒末彙印本　四冊　存一種

330000－1781－0002940　7376　史部/地理類/山川之屬
杭州寶石山諸勝圖不分卷　(清)張爾嘉等繪　清光緒刻本　一冊

330000－1781－0002941　7377　史部/地理類/山川之屬/山志
黃山圖一卷　(清)釋雪莊繪　清康熙吳荃刻本　黃賓虹跋　一冊

330000－1781－0002942　3633　集部/別集類/清別集
道古堂文集四十八卷詩集二十六卷集外文一卷集外詩一卷軼事一卷　(清)杭世駿撰　清乾隆四十一年(1776)刻光緒十四年(1888)錢塘汪氏振綺堂增修本　十六冊

330000－1781－0002943　3638　史部/叢編
明季稗史彙編十六種　(清)留雲居士輯　清都城琉璃廠刻本　八冊　存十四種

330000－1781－0002947　3643　集部/戲劇類/傳奇之屬

新編十錯認春燈謎記二卷　(明)阮大鋮撰　清夢鳳樓暖紅室影印本　二冊

330000－1781－0002949　3648　集部/小説類/長篇之屬

增訂精忠演義説本全傳二十卷八十回　(清)錢彩編　(清)金豐增訂　清咸豐五年(1855)海陵文成堂刻本　二十冊

330000－1781－0002950　3650　集部/戲劇類/傳奇之屬

芥子園繪像第七才子書六卷　(元)高明撰　清雍正十三年(1735)芥子園刻本　四冊　缺二卷(五至六)

330000－1781－0002952　3649　子部/小説家類/異聞之屬

夷堅志十集二十卷　(宋)洪邁著　清乾隆四十三年(1778)刻涇縣洪氏修補本　十冊

330000－1781－0002953　3652　子部/藝術類/書畫之屬/畫譜

點石齋畫報初集十卷二集十二卷三集八卷四集六卷五集四卷六集四卷後附淞隱漫錄十二卷續錄五卷漫遊隨錄三卷風箏誤一卷閨媛叢錄一卷點石齋叢鈔一卷乘龍佳話一卷藹園謎賸一卷　(清)尊聞閣主人輯　清光緒石印本　二冊　存一卷(風箏誤)

330000－1781－0002954　3653　集部/戲劇類/雜劇之屬

第六才子書八卷　(元)王德信　(元)關漢卿撰　(清)金人瑞評　清刻本　一冊

330000－1781－0002958　3669　史部/金石類/總志之屬/文字

金石萃編校字記一卷　羅振玉撰　清光緒十一年(1885)刻本　一冊

330000－1781－0002959　3660　集部/詞類/別集之屬

新蘅詞六卷外集一卷　(清)張景祁撰　清光緒九年(1883)百億梅花仙館刻本　一冊

330000－1781－0002960　3668　史部/金石類

學古齋金石叢書四集十二種　(清)葛元煦輯　清光緒崇川葛氏學古齋刻本　一冊　存一種

330000－1781－0002962　3670　子部/藝術類/書畫之屬

飛影閣士記畫冊不分卷　清光緒二十年(1894)石印本　一冊

330000－1781－0002964　3671　史部/目録類

葉氏存古叢書四種　葉銘編　清宣統二年(1910)西泠印社鉛印本　一冊　存一種

330000－1781－0002976　3686　類叢部/叢書類/彙編之屬

雲自在龕叢書五集十九種　繆荃孫編　清光緒江陰繆氏刻本　二冊　存一種

330000－1781－0002978　3692　史部/金石類/錢幣之屬/雜著

吉金所見錄十六卷首一卷末一卷　(清)初尚齡撰　清嘉慶二十四年(1819)萊陽初氏刻道光七年(1827)補刻本　四冊

330000－1781－0002980　3695　史部/金石類/總志之屬/文字

金石古文十四卷　(明)楊慎輯　清光緒八年(1882)刻本　一冊

330000－1781－0002981　3702C1　經部/小學類/訓詁之屬

稱謂錄三十二卷　(清)梁章鉅撰　清光緒元年至十年(1875－1884)福州梁恭辰刻本　八冊

330000－1781－0002982　3702　經部/小學類/訓詁之屬

稱謂錄三十二卷　(清)梁章鉅撰　清光緒元年至十年(1875－1884)福州梁恭辰刻本　八冊

330000－1781－0002984　3696　類叢部/叢書類/彙編之屬

惜陰軒叢書三十四種續編一種 （清）李錫齡輯 清光緒二十二年(1896)長沙刻本 一册 存一種

330000－1781－0002986 3697 史部/金石類/總志之屬/目録
東巡金石録八卷 （清）崔應階 （清）梁翥鴻輯 清乾隆刻本 二册

330000－1781－0002987 3705 史部/傳記類/别傳之屬
東坡事類二十二卷 （清）梁廷枏輯 清道光十年(1830)刻本 四册

330000－1781－0002988 3698 史部/金石類/總志之屬
山右金石録不分卷 （清）夏寶晉撰 清光緒八年(1882)歸安石宗建古歡閣刻本 一册

330000－1781－0002990 3707 類叢部/類書類/通類之屬
古香齋新刻袖珍淵鑑類函四百五十卷目録四卷 （清）張英等纂 清同治十三年至光緒六年(1874－1880)南海孔廣陶刻本 一百六十册

330000－1781－0002991 3701 類叢部/叢書類/彙編之屬
檀几叢書五十種 （清）王晫 （清）張潮輯 清康熙三十四年至三十六年(1695－1697)新安張氏霞舉堂刻本 六册

330000－1781－0002995 3714 史部/傳記類/别傳之屬
宜堂類編二十五卷 丁立中編 清光緒二十六年(1900)錢塘丁氏嘉惠堂刻本 八册

330000－1781－0002996 3714－8C 史部/傳記類/别傳之屬
宜堂類編二十五卷 丁立中編 清光緒二十六年(1900)錢塘丁氏嘉惠堂刻本 一册 存四卷(六十壽言、善舉記、箸書圖題詠、懿行録)

330000－1781－0002997 3715 類叢部/叢書類/彙編之屬
南菁書院叢書四十一種 王先謙 繆荃孫編 清光緒十四年(1888)江陰南菁書院刻本 四十册 缺十五卷(登科記考一至十五)

330000－1781－0002999 3716 類叢部/類書類/通類之屬
增補事類統編九十三卷首一卷 （清）黄葆真增輯 清末石印本 十册 缺二十一卷(一至八、十至二十二)

330000－1781－0003000 3719 類叢部/叢書類/彙編之屬
雲自在龕叢書五集十九種 繆荃孫編 清光緒江陰繆氏刻本 一册 存四種

330000－1781－0003001 3722 史部/目録類/總録之屬/私撰
百宋一廛賦一卷 （清）顧廣圻撰 （清）黄丕烈注 清光緒二十二年(1896)刻本 一册

330000－1781－0003003 3724 類叢部/叢書類/彙編之屬
鄦齋叢書二十種 徐乃昌編 清光緒二十六年(1900)南陵徐氏刻本 十六册 存十八種

330000－1781－0003004 6628 子部/醫家類/診法之屬/歷代脈學
診家正眼二卷 （明）李中梓撰 （清）尤乘增補 清上海緯文閣刻本 一册 存一卷(上)

330000－1781－0003005 6629 子部/醫家類
程氏易簡方論六卷首一卷 （清）程履新撰 清嘉慶二十三年(1818)石韞玉獨學廬刻本 一册 存一卷(三下)

330000－1781－0003006 6630 史部/雜史類/斷代之屬
二申野録八卷 （清）孫之騄輯 清刻本 一册 存二卷(三至四)

330000－1781－0003012 6677 史部/地理類/輿圖之屬/全國
歷代輿地沿革險要圖註一卷 楊守敬 饒敦秩撰 王尚德繪 清末石印本 一册

330000－1781－0003014　6680　集部/別集類/清別集

覞生雜著稿不分卷　(清)覞生撰　稿本　一冊

330000－1781－0003015　6681　集部/別集類/清別集

深廬隨筆不分卷哦松集不分卷　清光緒四年(1878)稿本　一冊

330000－1781－0003016　6682　子部/儒家類/儒學之屬/性理

餘山先生遺書二卷附餘山先生行狀一卷　(清)勞史撰　(清)桑調元　(清)沈廷芳編　清光緒七年(1881)戴凡抄本　一冊

330000－1781－0003018　6683　子部/宗教類/道教之屬/雜著

敬竈全書不分卷　清光緒十二年(1886)刻本　一冊

330000－1781－0003021　6639　子部/雜著類/雜纂之屬

孟晉錄一卷附錄一卷　清光緒十四年(1888)稿本　一冊

330000－1781－0003023　6641　集部/別集類/清別集

古榕書舍甲子稿一卷　(清)藥洲生撰　清同治三年(1864)秋畦稿本　一冊

330000－1781－0003025　6643　史部/傳記類/日記之屬

燕游日記不分卷(清同治七年閏四月二十三日至八月)　清同治七年(1868)回里述鄭堂稿本　一冊

330000－1781－0003026　6644　史部/傳記類/日記之屬

戊辰日記不分卷(清同治七年元旦至四月)附秋畦隨錄一卷　清同治七年(1868)稿本　一冊

330000－1781－0003027　6645　史部/傳記類/日記之屬

壬申日記不分卷(清同治十一年正月至六月)　清同治十一年(1872)稿本　一冊

330000－1781－0003030　6351　史部/政書類/律令之屬/律例

大清律例增修統纂集成四十卷督捕則例附纂二卷　(清)姚潤輯　(清)陶駿　(清)陶念霖增輯　清光緒六年(1880)刻本　沈曾植批　二十四冊

330000－1781－0003031　6350　子部/宗教類/佛教之屬/諸宗

指月錄三十二卷　(明)瞿汝稷輯　(明)嚴澂道校　清乾隆十年(1745)刻本　沈曾植批　十冊

330000－1781－0003032　6355－1　史部/金石類/總志之屬

山右金石錄不分卷　(清)夏寶晉撰　清光緒八年(1882)歸安石宗建古歡閣刻本　沈曾植批　一冊

330000－1781－0003033　6354　史部/傳記類/總傳之屬/仕宦

宋名臣言行錄前集十卷後集十四卷續集八卷別集二十六卷外集十七卷　(宋)□□輯　清道光元年(1821)歙縣洪氏績學堂刻二十二年(1842)丹徒包氏補版同治七年(1868)臨川桂氏重修印本　十二冊　缺十八卷(四朝名臣言行錄十四至二十六、五朝名臣言行錄六至十)

330000－1781－0003034　6355－2　類叢部/叢書類/彙編之屬

說郛一百二十弓一千二百八十種　(明)陶宗儀編　(明)陶珽等重編　明末刻清順治三年(1646)兩浙督學周南李際期宛委山堂印本　沈曾植批　沈熲題記　一冊　存四種

330000－1781－0003035　6358　類叢部/叢書類/自著之屬

得一齋雜著四種　(清)黃楙材撰　清光緒二十二年(1896)桐城江召棠刻本　一冊　存一種

330000－1781－0003036　6359　史部/傳記

類/總傳之屬/仕宦
元朝名臣事略十五卷 (元)蘇天爵撰 清刻本 五册

330000－1781－0003039 6373 經部/小學類/文字之屬/説文/專著
説文古籀補十四卷補遺一卷附録一卷 (清)吴大澂撰 清光緒十二年(1886)上海點石齋石印本 二册

330000－1781－0003040 6360 史部/地理類/外紀之屬
大唐西域記十二卷 (唐)釋玄奘譯 (唐)釋辯機撰 清宣統元年(1909)常州天寧寺刻本 沈曾植批 四册

330000－1781－0003041 6375 史部/史抄類
欽定執中成憲不分卷 清抄本 一册

330000－1781－0003042 6361 類叢部/叢書類/彙編之屬
宜稼堂叢書七種 (清)郁松年編 清道光二十年至二十二年(1840－1842)上海郁氏刻本 二册 存一種

330000－1781－0003043 6372 類叢部/叢書類/彙編之屬
武英殿聚珍版叢書 清乾隆浙江刻本 十六册 存一種

330000－1781－0003044 6361－1 子部/宗教類/佛教之屬
佛爾雅八卷 (清)周春撰 清嘉慶二十一年(1816)刻本 一册

330000－1781－0003045 6371 經部/叢編
沈穀成先生易學四種 (清)沈善登撰 清光緒桐鄉沈氏豫恕堂刻本 二册 存一種

330000－1781－0003046 6362 子部/醫家類/方書之屬/單方驗方
類證普濟本事方十卷 (宋)許叔微撰 (清)葉桂釋義 清嘉慶十九年(1814)葉種刻姑蘇掃葉山房印本 沈曾植題記 四册

330000－1781－0003047 6366 子部/宗教類/佛教之屬/論
十住毗婆沙論十五卷 (印度)龍樹菩薩造 (後秦)釋鳩摩羅什譯 清光緒二十一年(1895)江北刻經處刻本 三册

330000－1781－0003049 6363 史部/紀傳類/正史之屬
隋書八十五卷 (唐)魏徵等撰 明萬曆二十二年至二十三年(1594－1595)南京國子監明清遞修二十一史本 二十册 存八十卷(一至八十)

330000－1781－0003050 6367 子部/醫家類/類編之屬
潛齋醫學叢書八種 (清)王士雄編 清咸豐刻本 沈曾植跋 一册 存二種

330000－1781－0003051 6364－1 子部/宗教類/佛教之屬/諸宗
永覺和尚古轍二卷 (明)釋元賢撰 (清)釋道霖重編 清刻本 沈曾植跋 一册

330000－1781－0003052 6370 集部/詞類/別集之屬
夢窗甲乙丙丁稿四卷補遺一卷 (宋)吴文英撰 **重校夢窗詞札記一卷** 朱祖謀撰 清光緒三十四年(1908)歸安朱祖謀无著盦刻本 一册

330000－1781－0003053 6364－2 子部/宗教類/佛教之屬/經
解深密經五卷 (唐)釋玄奘譯 清同治十年(1871)金陵刻經處刻本 沈曾植批 一册

330000－1781－0003054 6364－3、6364－4 子部/宗教類/佛教之屬/論
成唯識論十卷 (天竺)護法等菩薩造 (唐)釋玄奘譯 清光緒二十二年(1896)金陵刻經處刻本 沈曾植批 二册

330000－1781－0003056 6364－5 子部/宗教類/佛教之屬/律
四分戒本一卷 (後秦)釋佛陀耶舍譯 (清)釋讀體重錄 清光緒十八年(1892)金陵刻經

處刻本　沈曾植跋　一册

330000－1781－0003058　6364－7　子部/宗教類/佛教之屬/論
中論六卷　(印度)龍樹菩薩造　(印度)青目菩薩釋　(後秦)釋鳩摩羅什譯　清刻本　沈曾植跋　二册

330000－1781－0003059　6365　集部/别集類/清别集
茗柯文初編一卷二編二卷三編一卷四編一卷　(清)張惠言撰　清嘉慶十四年(1809)刻本　沈曾植批　一册

330000－1781－0003060　6646　子部/雜著類/雜説之屬
課餘札記稿一卷　(清)戴穗孫撰　稿本　一册

330000－1781－0003061　6647　子部/雜著類/雜説之屬
龍泉札記二卷　(清)戴穗孫撰　清光緒十六年(1890)稿本　一册

330000－1781－0003062　6684　史部/史評類/史論之屬
讀史論畧一卷　清抄本　一册

330000－1781－0003063　6648　子部/小説家類/異聞之屬
横塾叢談二卷　(清)戴穗孫撰　清光緒六年(1880)稿本　一册

330000－1781－0003064　6649　子部/雜著類/雜説之屬
瀏覽雜志不分卷　稿本　一册

330000－1781－0003065　6685　史部/職官類/官箴之屬
附録各衙門官規等款一卷　清抄本　一册

330000－1781－0003066　6686　子部/儒家類/儒學之屬/性理
學廬自鏡語一卷　(清)陳錦撰　清光緒五年(1879)橘蔭軒刻橘蔭軒全集本　一册

330000－1781－0003068　6687　史部/目録類/通論之屬/藏書約
藏書紀要一卷　(清)孫從添筆　清毛鑫抄本　清戴穗孫跋　一册

330000－1781－0003069　6650　子部/醫家類/婦科之屬/産科
達生編不分卷　(清)亟齋居士撰　清刻本　一册

330000－1781－0003071　6688　史部/傳記類/日記之屬
駟隙録一卷(清光緒二十一年正月初一至二十三年二月初六)　(清)戴采孫撰　稿本　一册

330000－1781－0003072　6689　子部/雜著類/雜説之屬
定香亭筆談四卷　(清)阮元撰　清光緒二十五年(1899)浙江書局刻本　一册　存一卷(一)

330000－1781－0003074　6654　子部/醫家類/本草之屬/歷代綜合本草
本草從新十八卷　(清)吳儀洛輯　清末石印本　一册　存三卷(一至三)

330000－1781－0003075　6690　子部/雜著類/雜説之屬
佔畢偶記一卷　(清)戴采孫撰　清戴采孫稿本　一册

330000－1781－0003077　6656　子部/醫家類/婦科之屬/廣嗣
靈效求嗣得孕秘説一卷　(清)王維德撰　(清)馬文植評閲　(清)巴溪逸士録　清光緒十一年(1885)刻本　一册

330000－1781－0003078　6691　子部/藝術類/遊藝之屬/聯語
璧合珠聯一卷　(清)翁同書輯　清夢補福盦抄本　一册

330000－1781－0003079　6657　子部/醫家類/婦科之屬/産科
經效産寶三卷續編一卷　(唐)昝殷撰　清影宋刻本　一册　存一卷(下)

330000－1781－0003080　6692　子部/藝術類/遊藝之屬/聯語

嘉聯隨錄一卷　(清)秋畦輯　清抄本　一冊

330000－1781－0003081　6658　子部/醫家類/類編之屬

婦嬰至寶七卷　(清)亟齋居士編　(清)拜訂居士增訂　**產後編二卷**　(清)傅山撰　**隨緣便錄一卷**　清光緒元年(1875)刻本　一冊　存六卷(一至六)

330000－1781－0003082　6693　子部/雜著類/雜纂之屬

曾文正公雜著一卷　(清)曾國藩撰　(清)戴穗孫鈔　**容𥫗居瑣談一卷**　(清)戴穗孫撰　稿本　一冊

330000－1781－0003083　6659　子部/醫家類/婦科之屬/通論

女科二卷　(清)傅山撰　清道光二十八年(1848)刻本　一冊　存一卷(下)

330000－1781－0003084　6660　子部/醫家類/婦科之屬/產科

竹林寺產科一卷　(清)竹林寺僧撰　清光緒五年(1879)盛錦成綢莊刻本　一冊

330000－1781－0003085　6668　子部/醫家類/本草之屬

調疾飲食辨六卷附飲食諸方鍼綫一卷　(清)章杏雲纂　清嘉慶十八年(1813)刻本　一冊　存二卷(六、飲食諸方鍼綫)

330000－1781－0003087　6661　子部/醫家類/養生之屬/導引、氣功

陸地仙經一卷　(清)馬齊撰　**勿藥元詮一卷**　(清)汪昂撰　清抄本　一冊

330000－1781－0003088　6662　子部/醫家類/診法之屬/脈經脈訣

瀕湖脈訣一卷　(明)李時珍撰　**四言舉要二卷**　(宋)崔嘉彥撰　清抄本　一冊

330000－1781－0003089　6670　子部/醫家類/方書之屬/單方驗方

四科簡效方四卷　(清)王士雄撰　清光緒十一年(1885)越州徐樹蘭刻本　一冊　存一卷(乙集)

330000－1781－0003090　6671　子部/醫家類/類編之屬

中西匯通醫書五種　唐宗海撰　清光緒三十四年(1908)上海千頃堂書局石印本　一冊　存一種

330000－1781－0003093　6672　子部/醫家類/方書之屬/歷代方書

丹溪心法附餘二十四卷首一卷　(明)方廣輯　清光緒二十五年(1899)杭州衢樽書局徐氏石印本　一冊　存一卷(首)

330000－1781－0003099　6676　子部/醫家類/外科之屬/癰疽、疔瘡

瘡瘍經驗全書六卷　(宋)竇傑撰　清宣統二年(1910)上海掃葉山房石印本　一冊　存一卷(一)

330000－1781－0003100　6675　子部/醫家類/傷寒金匱之屬/金匱要略

金匱要略淺註十卷　(清)陳念祖撰　清刻本　一冊　存七卷(四至十)

330000－1781－0003101　6376　新學/游記

中亞洲俄屬遊記二卷附稿本二卷　(英國)蘭士德撰　(清)莫鎮藩　(清)楊樞譯　清光緒刻本　六冊

330000－1781－0003102　6377　子部/叢編

六子書　(明)顧春編　明嘉靖十二年(1533)顧春世德堂刻本民國補抄本　二冊　存一種

330000－1781－0003103　6379　經部/小學類/音韻之屬/韻書

佩文詩韻五卷　清道光四年(1824)刻本　二冊

330000－1781－0003105　6383　集部/總集類/選集之屬/通代

八代詩選二十卷　王闓運輯　清光緒二十年(1894)章經濟堂刻本　十冊

330000－1781－0003106　6394　類叢部/叢

書類/郡邑之屬

檇李遺書二十六種 (清)孫福清編 清光緒四年至五年(1878－1879)秀水孫氏望雲仙館刻本 一冊 存一種

330000－1781－0003107 6389－1 子部/宗教類/佛教之屬/論

阿毗達磨俱舍論三十卷 (印度)世親造 (唐)釋玄奘譯 清宣統三年(1911)常州天寧寺刻本 六冊

330000－1781－0003108 6386 集部/別集類/清別集

沈殿撰元洲先生遺稿不分卷 (清)沈廷文著 清光緒抄本 二冊

330000－1781－0003109 6389－2 子部/宗教類/佛教之屬/論

阿毗達磨法蘊足論十卷 (印度)大目乾連造 (唐)釋玄奘譯 清宣統二年(1910)常州天寧寺刻本 一冊

330000－1781－0003111 6388 集部/總集類/選集之屬/斷代

唐駢體文鈔十七卷 (清)陳均輯 清同治萃文堂刻本 沈曾植跋 四冊

330000－1781－0003112 6384 集部/別集類/宋別集

方韶卿集不分卷 (宋)方鳳撰 (清)沈叔埏校補 清沈叔埏抄本 沈曾植題記 二冊

330000－1781－0003113 6396 子部/宗教類/其他宗教之屬/基督教

古教彙參二卷 (英國)韋廉臣著 (清)董樹堂筆 清光緒七年(1881)益智書會刻本 張采田題記 二冊

330000－1781－0003114 6397 史部/地理類/防務之屬/江防

歷代河防類要六卷 (清)徐璈輯 清道光元年(1821)臥雲書屋刻本 一冊

330000－1781－0003116 6390 集部/別集類/清別集

衎石齋記事稾十卷 (清)錢儀吉撰 清道光十四年(1834)刻本 五冊

330000－1781－0003117 6391 經部/書類/傳說之屬

欽定書經圖說五十卷繪圖五百七十幅 (清)孫家鼐等撰 (清)詹秀林 (清)詹布魁繪圖 清光緒三十一年(1905)石印本 十六冊

330000－1781－0003118 6721 類叢部/類書類/通類之屬

淵鑑類函四十五卷 (清)張英等纂 清光緒二十一年(1895)上海點石齋石印本 十冊

330000－1781－0003120 6723 子部/藝術類/遊藝之屬/聯語

西湖楹聯四卷 (清)周慶祺輯 清光緒十五年(1889)知止軒刻本 一冊

330000－1781－0003122 6724 經部/小學類/音韻之屬/韻書

攷正增廣詩韻合璧五卷 (清)陳尺珊輯 清光緒十四年(1888)四明茹古書局鉛印本 五冊

330000－1781－0003124 6716 史部/金石類/石之屬/通考

語石十卷 葉昌熾撰 清宣統元年(1909)刻本 四冊

330000－1781－0003128 6701 類叢部/叢書類/彙編之屬

半厂叢書初編十種 (清)譚獻輯 清同治至光緒仁和譚氏刻本 一冊 存一種

330000－1781－0003132 6738 經部/群經總義類/文字音義之屬

經籍籑詁一百六卷首一卷 (清)阮元撰 清光緒上海文瑞樓石印本 十二冊

330000－1781－0003135 6734 經部/春秋左傳類/傳說之屬

讀左補義五十卷首一卷 (清)姜炳璋輯 (清)毛昇增椉 清乾隆三十八年(1773)三多堂刻本 十六冊

330000－1781－0003139 6741 經部/叢編

經學輯要二十四卷首一卷 （清）吳潁炎輯 清光緒十三年(1887)上海點石齋石印本 九册

330000－1781－0003140 6742 經部/小學類/文字之屬/説文

説文釋例二十卷 （清）王筠撰 清光緒十三年(1887)上海積山書局石印本 四册

330000－1781－0003141 6743 經部/小學類/文字之屬/説文

説文外編十六卷 （清）雷浚撰 **劉氏碎金一卷** （清）劉禧延撰 清光緒十四年(1888)上海同文書局石印本 二册

330000－1781－0003144 6747 經部/叢編

古經解彙函十六種附小學彙函十四種 （清）鍾謙鈞等輯 清光緒十四年(1888)上海蜚英館石印本 二十册

330000－1781－0003146 6763 經部/春秋左傳類/傳説之屬

評點春秋左傳綱目句解彙鐫四卷 （清）韓菼重訂 清光緒三十四年(1908)寧波鈞和印刷所鉛印本 四册

330000－1781－0003148 6748 經部/小學類/音韻之屬/韻書

詩韻合璧五卷 （清）湯祥瑟撰 清咸豐九年(1859)梁溪經德堂刻本 五册

330000－1781－0003176 6799 集部/别集類/清别集

紅韻閣學吟小草一卷 （清）闞壽坤撰 清光緒五年(1879)金閶刻本 一册

330000－1781－0003184 6805 經部/小學類/音韻之屬/韻書

集韻十卷 （宋）丁度等脩定 清康熙四十五年(1706)曹寅刻嘉慶十九年(1814)方葆巖補刻本 十册

330000－1781－0003186 6807 經部/四書類/論語之屬/傳説

論語古注集箋十卷論語考一卷 （清）潘維城學 清光緒七年(1881)江蘇書局刻本 六册

330000－1781－0003195 6826 經部/小學類/音韻之屬

音學五書五種三十八卷 （清）顧炎武撰 清光緒十一年(1885)四明觀稼樓刻本 十二册

330000－1781－0003197 6827 史部/紀傳類/正史之屬

五代史七十四卷 （宋）歐陽修撰 （宋）徐無黨注 清同治十一年(1872)湖北崇文書局刻二十四史本 清吳汝綸評 八册

330000－1781－0003198 6834 史部/金石類/總志之屬/文字

金石萃編一百六十卷 （清）王昶撰 **續編二十一卷首一卷** （清）陸耀遹撰 清光緒十九年(1893)上海醉六堂石印本 二十四册

330000－1781－0003199 6821－6822 史部/金石類/石之屬/文字

隸釋二十七卷隸續二十一卷 （宋）洪适撰 清乾隆四十二年至四十三年(1777－1778)汪日秀樓松書屋刻本 八册

330000－1781－0003205 6825 類叢部/叢書類/彙編之屬

金峨山館叢書(望三益齋叢書)十一種 （清）郭傳璞編 清光緒八年至十六年(1882－1890)鄞縣郭氏刻二十年(1894)鎮海邵氏彙印本 一册 存二種

330000－1781－0003208 6841 子部/藝術類/篆刻之屬/印譜

名印傳真六卷 （清）顧湘編 清道光三十年(1850)小石山房鈐拓本 六册

330000－1781－0003209 6824 子部/藝術類/篆刻之屬/印譜

缶廬印存二集不分卷 吳昌碩篆刻 清末鈐拓本 四册

330000－1781－0003213 6848 集部/别集類/明别集

黄石齋手寫詩卷不分卷 （明）黄道周撰並書 清光緒三十三年(1907)上海國粹學報館石印本 一册

330000－1781－0003246　6400　子部/法家類

商君書五卷　(清)嚴可均校　**附考一卷**　(清)嚴可均輯　清光緒二年(1876)浙江書局刻二十二子本　一册

330000－1781－0003247　6416－6419　類叢部/叢書類/彙編之屬

漢魏叢書三十八種　(明)程榮編　明萬曆二十年(1592)新安程氏刻本　四册　存四種

330000－1781－0003249　6401　子部/雜著類/雜纂之屬

意林五卷　(唐)馬總撰　清光緒三年(1877)湖北崇文書局刻崇文書局彙刻書本　二册

330000－1781－0003251　16419　集部/總集類/彙編之屬

韓柳文一百卷　(明)游居敬編　明嘉靖三十五年(1556)莫如士刻本　六册　存一種

330000－1781－0003252　6421　子部/法家類

商子五卷　(清)孫星衍　(清)孫馮校　清嘉慶八年(1803)問經堂刻本　一册

330000－1781－0003254　6422　史部/地理類/山川之屬/水志

水經注圖一卷附録一卷　(清)汪士鐸學　清咸豐十一年(1861)刻同治元年(1862)校印本　一册

330000－1781－0003255　6423　史部/目録類/專録之屬

遵依北藏字號編次畫一一卷續藏經值畫一一卷　清康熙刻本　一册

330000－1781－0003256　6405　子部/宗教類/佛教之屬/經

金剛經彙纂二卷心經彙纂一卷　(清)孫念劬纂　清光緒二十二年(1896)揚州藏經院刻本　一册

330000－1781－0003260　6408　集部/别集類/清别集

丁辛老屋集十二卷　(清)王又曾撰　清乾隆五十二年(1787)鄖陵官舍刻本　二册

330000－1781－0003262　6403－1　子部/藝術類/書畫之屬/法帖

館本十七帖一卷　(晉)陸機書　清刻本　沈曾植題記　一册

330000－1781－0003263　6403－2　子部/藝術類/書畫之屬/書法書品

書譜一卷　(唐)孫過庭撰　清刻本　一册

330000－1781－0003265　6426　史部/詔令奏議類/奏議之屬

南海先生戊戌奏稿一卷　康有為撰　清宣統三年(1911)鉛印本　康有為題記　一册

330000－1781－0003266　6409－1　集部/别集類/宋别集

白石道人歌曲六卷歌詞别集一卷　(宋)姜夔撰　清乾隆十四年(1749)刻本　許乃昌跋　一册

330000－1781－0003269　6415　史部/政書類/通制之屬

通志略五十二卷　(宋)鄭樵撰　明嘉靖二十九年(1550)陳宗夔等刻清乾隆十三年(1748)于敏中金匱山房印本　十八册　存四十八卷(氏族略一至二、六書略一至五、地理略、都邑略、七音略一至二、天文略一至二、樂略一至二、謚略、器服略一至二、藝文略一至八、刑法略、食貨略一至二、校讎略、圖譜略、金石略、選舉略一至二、職官略一至七、災祥略、草木蟲魚略一至二、禮略一至四)

330000－1781－0003270　6409－2　集部/别集類/宋别集

白石道人歌曲六卷歌曲别集一卷　(宋)姜夔撰　清刻本　一册

330000－1781－0003271　6414　子部/宗教類/佛教之屬/諸宗

大乘總持一卷　清道光二十七年(1847)抱古閣刻本　沈曾植批　一册

330000－1781－0003273　6413　子部/藝術類/書畫之屬/書法書品

法書要録十卷 （唐）張彥遠集 清嘉慶十年(1805)虞山張氏照曠閣刻學津討原本 清何焯批 孫德謙題簽 六冊

330000－1781－0003274 6407 子部/醫家類/醫經之屬/内經
黄帝内經靈樞十二卷 （清）黄以周校 清刻本 二冊

330000－1781－0003275 6410 史部/政書類/律令之屬/律例
故唐律疏議三十卷 （唐）長孫無忌等撰 **律音義一卷** （宋）孫奭等撰 清光緒十六年(1890)沈家本等京師敘雪堂刻本 沈曾植批 十二冊

330000－1781－0003277 6411 類叢部/叢書類/自著之屬
桐華閣叢書六種三十七卷 （清）杜貴墀撰 清光緒二十五年至三十三年(1899－1907)刻本 沈曾植批 一冊 存一種

330000－1781－0003279 6412 史部/叢編
大興徐氏三種 （明）趙南星撰 清道光刻本 徐松題記 三冊

330000－1781－0003287 6921 史部/金石類/璽印之屬
吉金齋古銅印譜六卷續譜一卷 （清）何昆玉輯 清同治八年(1869)刻鈐印本 二冊 存二卷(一、六)

330000－1781－0003291 3725 類叢部/叢書類/彙編之屬
隨盦徐氏叢書十種 徐乃昌編 清光緒至民國南陵徐乃昌刻本 十二冊

330000－1781－0003292 3728 類叢部/叢書類/彙編之屬
滂喜齋叢書五十種 （清）潘祖蔭輯 清同治至光緒吴縣潘氏京師刻本 三十四冊

330000－1781－0003293 3710 類叢部/叢書類/彙編之屬
聚學軒叢書六十種 劉世珩編 清光緒貴池劉氏刻本 二十二冊 存十種

330000－1781－0003294 3734 類叢部/類書類/通類之屬
子史精華一百六十卷 （清）允祿 （清）張廷玉等纂 清光緒十年(1884)上海同文書局石印本 八冊

330000－1781－0003295 3733 史部/金石類
學古齋金石叢書四集十二種 （清）葛元煦輯 清光緒崇川葛氏學古齋刻本 二十四冊

330000－1781－0003296 3732 類叢部/叢書類/彙編之屬
功順堂叢書十八種 （清）潘祖蔭輯 清光緒吴縣潘氏刻本 二十四冊

330000－1781－0003298 3729 類叢部/叢書類/彙編之屬
積學齋叢書二十種 徐乃昌輯 清光緒南陵徐乃昌刻本 十六冊

330000－1781－0003299 3735 類叢部/叢書類/郡邑之屬
檇李遺書二十六種 （清）孫福清編 清光緒四年至五年(1878－1879)秀水孫氏望雲仙館刻本 二十二冊

330000－1781－0003301 3730 類叢部/叢書類/彙編之屬
聚學軒叢書六十種 劉世珩編 清光緒貴池劉氏刻本 一百冊

330000－1781－0003302 6440 史部/政書類/邦計之屬/賦税
嘉興浮糧平議鈔畧不分卷 金甸丞撰 沈曾植等評定 清抄本 一冊

330000－1781－0003303 6430 集部/曲類/散曲之屬
新刊張小山北曲聯樂府三卷外集一卷 （元）張可久撰 清抄本 一冊

330000－1781－0003304 6429 集部/曲類/散曲之屬
張小山小令二卷 （元）張可久撰 （明）李開先編 清抄本 二冊

330000－1781－0003305　6431　集部/别集類/漢魏六朝别集

陶淵明詩一卷雜文一卷　(晉)陶潛撰　清光緒元年(1875)影宋紹熙曾集刻本　二册　存一卷(詩)

330000－1781－0003306　6437　新學/政治法律/刑法

法治國論四卷　(日本)蜷川新撰　清光緒三十二年(1906)抄本　沈曾植批　一册

330000－1781－0003307　6432　集部/詞類/别集之屬

十二蟲詞一卷　樊增祥撰　稿本　王存善評　一册

330000－1781－0003308　6428　子部/藝術類/書畫之屬/畫法畫品

宣和畫譜二十卷　(清)張海鵬編　清嘉慶十年(1805)虞山張氏照曠閣刻學津討原本　沈曾植校　一册　存十卷(一至十)

330000－1781－0003309　6439　史部/紀事本末類/斷代之屬

皇清開國方略三十二卷首一卷　(清)阿桂等撰　清内府抄本　一册　存二卷(二十九至三十)

330000－1781－0003310　6436　史部/政書類/邦計之屬

巡鄉問答一卷　勞乃宣撰　稿本　一册

330000－1781－0003312　6433　子部/儒家類/儒學之屬/性理

卓吾先生批評龍谿王先生語録鈔八卷　(明)王畿撰　(明)李贄評　明萬曆刻本　一册　存二卷(三至四)

330000－1781－0003313　6438　子部/儒家類/儒學之屬/性理

御製勸善要言一卷　(清)世祖福臨輯　清光緒浙江書局刻本　一册

330000－1781－0003314　6427　經部/小學類/文字之屬/説文

説文解字十五卷標目一卷　(漢)許慎記　(宋)徐鉉等校定　清光緒七年(1881)淮南書局刻本　五册

330000－1781－0003315　6444　子部/雜著類/雜品之屬

新增格古要論十三卷　(明)曹昭撰　(明)舒敏編　(明)王佐增補　明萬曆刻本　一册　存二卷(一至二)

330000－1781－0003316　6448　子部/儒家類/儒學之屬/性理

河南程氏遺書二十五卷附録一卷　(宋)程顥　(宋)程頤撰　明成化刻本　三册

330000－1781－0003317　6445　子部/雜著類/雜品之屬

雅尚齋遵生八牋十九卷　(明)高濂撰　明萬曆刻本　一册　存一卷(塵外遐舉一)

330000－1781－0003318　6447　經部/小學類/文字之屬/説文

説文解字十五卷標目一卷　(漢)許慎記　清嘉慶九年(1804)孫星衍五松書屋刻本　八册

330000－1781－0003319　6451　類叢部/叢書類/彙編之屬

格致叢書　(明)胡文焕編　明萬曆虎林胡氏文會堂刻本　二册　存二種

330000－1781－0003320　6446　史部/紀傳類/正史之屬

史記一百三十卷　(漢)司馬遷撰　(南朝宋)裴駰集解　(唐)司馬貞索隱　(唐)張守節正義　**補三皇本紀一卷**　(唐)司馬貞補撰并註　(明)張守約重修　明萬曆張守約刻本　十二册　存三十五卷(二至四、七至十六、二十一至三十、三十五至四十六)

330000－1781－0003321　6453　史部/紀傳類/正史之屬

史記一百三十卷　(漢)司馬遷撰　(南朝宋)裴駰集解　明崇禎元年至十七年(1628－1644)毛氏汲古閣刻本　一册　存十二卷(十九至三十)

330000－1781－0003322　6452　史部/紀傳

類/正史之屬

三國志六十五卷 (晉)陳壽撰 (南朝宋)裴松之注 明崇禎元年至十七年(1628-1644)毛氏汲古閣刻本 一冊 存六卷(一至六)

330000-1781-0003323 6450 類叢部/叢書類/彙編之屬

漢魏叢書三十八種 (明)程榮編 明萬曆二十年(1592)新安程氏刻本 二冊 存一種

330000-1781-0003324 6449 集部/總集類/彙編之屬

漢魏六朝百三名家集 (明)張溥編 明婁東張溥刻本 一冊 存一種

330000-1781-0003326 6454 集部/別集類/清別集

歸愚詩鈔二十卷矢音集三卷 (清)沈德潛撰 清乾隆刻本 八冊

330000-1781-0003335 3738-3739 類叢部/叢書類/彙編之屬

榆園叢刻十五種附一種 (清)許增編 清同治至光緒刻本 十七冊

330000-1781-0003338 6467 史部/詔令奏議類/奏議之屬

辜先生條陳時事奏稿一卷 (清)辜鴻銘撰 清光緒三十三年(1907)鉛印本 一冊

330000-1781-0003342 6469 類叢部/叢書類/彙編之屬

格致叢書 (明)胡文煥編 明萬曆虎林胡氏文會堂刻本 一冊 存一種

330000-1781-0003348 6468 史部/傳記類/科舉録之屬/歷科登科録

[光緒庚辰科]會試硃卷不分卷 沈曾植撰 清光緒刻本 一冊

330000-1781-0003349 6470 子部/藝術類/書畫之屬/書法書品

急就一卷 (漢)史游著 清道光十八年(1838)刻本 沈曾植批 一冊

330000-1781-0003351 6476 類叢部/叢書類/彙編之屬

學津討原一百七十三種 (清)張海鵬編 清嘉慶十年(1805)虞山張氏照曠閣刻本 一冊 存一種

330000-1781-0003353 6473 史部/地理類/總志之屬/斷代

元和郡縣補志九卷 (清)嚴觀輯 清乾隆四十年(1775)蒲盧學舍刻本 四冊

330000-1781-0003354 6478 經部/小學類/訓詁之屬/群雅

釋名八卷 (漢)劉熙撰 清道光璜川吳氏書塾刻本 二冊

330000-1781-0003355 6479 子部/宗教類/佛教之屬/論疏

大乘起信論疏記會本六卷 (印度)馬鳴菩薩造 (南朝陳)釋真諦譯 (新羅)釋元曉疏 清光緒二十五年(1899)金陵刻經處刻本 二冊

330000-1781-0003356 6480 子部/宗教類/佛教之屬/論疏

大乘起信論疏解彙集八種 清光緒十一年至民國十五年(1885-1926)金陵刻經處刻本 一冊 存一種

330000-1781-0003357 6472 史部/地理類/總志之屬/斷代

元和郡縣圖志四十卷闕卷逸文一卷 (唐)李吉甫撰 (清)孫星衍校 清嘉慶二年(1797)蘭陵孫氏刻本(卷三十三至四十配民國沈熲抄本) 八冊

330000-1781-0003358 6481 子部/宗教類/佛教之屬/經

大乘密嚴經三卷 (唐)釋不空譯 清光緒二十三年(1897)金陵刻經處刻本 一冊

330000-1781-0003359 6482 史部/地理類/總志之屬/斷代

太平寰宇記二百卷 (宋)樂史撰 清刻本 二冊 存十一卷(一百七十一至一百八十一)

330000-1781-0003360 6512 子部/儒家

類/儒學之屬/禮教/家訓

顏氏家訓二卷 (北齊)顔之推撰 (清)朱軾評點 清康熙五十八年(1719)朱軾刻本 二冊

330000－1781－0003361 6485 子部/叢編

桐城吴先生點勘諸子 (清)吴汝綸評點 清宣統二年(1910)衍星社鉛印本 二冊 存一種

330000－1781－0003362 6514 子部/藝術類/書畫之屬/書法書品

廣藝舟雙楫六卷首一卷 康有為撰 清光緒十九年(1893)南海康氏萬木艸堂刻本 二冊

330000－1781－0003363 6513 子部/宗教類/佛教之屬/論

般若燈論十五卷 (印度)龍樹菩薩偈本 (印度)分別明菩薩釋論 (唐)釋波羅頗蜜多羅譯 清光緒二十四年(1898)金陵刻經處刻本 三冊

330000－1781－0003364 6484 集部/總集類/選集之屬/斷代

御定全唐詩錄一百卷 (清)徐倬等輯 清刻本 沈曾植批 三冊 存十五卷(四十六至五十、七十一至八十)

330000－1781－0003365 6483 集部/别集類/宋别集

止齋先生文集五十二卷附録一卷 (宋)陳傅良撰 明刻本 一冊 存十卷(四十四至五十二、附録)

330000－1781－0003367 6521 集部/别集類/唐五代别集

杜工部集二十卷首一卷 (唐)杜甫撰 (清)鄭澐校 **唱酬題詠附錄一卷諸家詩話一卷** 清同治十一年(1872)致一齋刻本 沈曾植題記 十冊

330000－1781－0003369 6531 子部/醫家類/醫經之屬/内經

黄帝内經明堂一卷 (隋)楊上善撰注 **悉曇字記二卷** (唐)釋智廣撰 清刻朱印本 一冊

330000－1781－0003370 6524－6530 類叢部/叢書類/彙編之屬

粤雅堂叢書續編四十九種 (清)伍崇曜編 清道光二十九年至光緒十一年(1849－1885)南海伍氏刻彙印本 十四冊 存七種

330000－1781－0003372 6522 類叢部/叢書類/彙編之屬

粤雅堂叢書一百八十四種 (清)伍崇曜編 清道光二十九年至光緒十一年(1849－1885)南海伍氏刻彙印本 伍崇曜跋 一冊 存一種

330000－1781－0003374 6542 類叢部/叢書類/彙編之屬

粤雅堂叢書一百八十四種 (清)伍崇曜編 清道光二十九年至光緒十一年(1849－1885)南海伍氏刻彙印本 二冊 存一種

330000－1781－0003377 6533－6541 類叢部/叢書類/彙編之屬

粤雅堂叢書一百八十四種 (清)伍崇曜編 清道光二十九年至光緒十一年(1849－1885)南海伍氏刻彙印本 十九冊 存十種

330000－1781－0003381 6548 子部/法家類

鄧析子二卷 (春秋)鄧析子撰 清同治江山劉氏影宋刻本 沈曾植、沈熲題記 一冊

330000－1781－0003389 6504 類叢部/叢書類/自著之屬

得一齋雜著四種 (清)黄楙材撰 清光緒二十二年(1896)桐城江召棠刻本 一冊 存一種

330000－1781－0003392 6506 集部/總集類/選集之屬/通代

文選各家詩集四卷 (清)陳光明輯 清光緒五年(1879)醉經堂刻本 一冊 存二卷(一、四)

330000－1781－0003393 6552 史部/政書類/通制之屬

續文獻通考二百五十四卷 （明）王圻輯 明萬曆三十一年（1603）曹時聘、許維新刻本 三冊 存十四卷（二百二十五至二百三十八）

330000－1781－0003394 6509 子部/宗教類/佛教之屬/經

佛説七俱胝佛母准提大明陀羅尼經一卷 （唐）釋金剛智譯 **千手千眼觀世音菩薩廣大圓滿無礙大悲心陀羅尼經一卷** （唐）釋伽梵達摩譯 **穢跡金剛説神通大滿陀羅尼法術靈要門經一卷** （天竺）釋無能勝譯 清同治八年至光緒八年（1869－1882）金陵刻經處刻本 一冊

330000－1781－0003395 6550 史部/目録類/專録之屬

道藏目錄詳註四卷 （明）白雲霽撰 清刻本 一冊 存二卷（三至四）

330000－1781－0003396 6510 集部/別集類/清別集

定盦文集三卷續集四卷文集補五卷 （清）龔自珍撰 清同治七年至八年（1868－1869）吳煦刻本 三冊

330000－1781－0003397 6511 集部/別集類

抱潤軒文集十卷 馬其昶撰 清宣統元年（1909）安徽官紙印刷局石印本 一冊

330000－1781－0003399 6551 史部/目録類/專録之屬

佛藏輯要總目不分卷 清刻本 一冊

330000－1781－0003401 6551 史部/目録類/專録之屬

道藏輯要總目不分卷 清刻本 一冊

330000－1781－0003425 3753 類叢部/叢書類/自著之屬

坦園全集八種 （清）楊恩壽撰 清光緒長沙楊氏刻本 三十六冊

330000－1781－0003427 3752 類叢部/叢書類/彙編之屬

知不足齋叢書一百九十五種 （清）鮑廷博編 （清）鮑士恭續編 清乾隆三十七年至道光三年（1772－1823）長塘鮑氏刻彙印本 二百二十二冊 存一百八十六種

330000－1781－0003429 3749 類叢部/叢書類/彙編之屬

問經堂叢書二十七種 （清）孫馮翼編 清嘉慶二年至七年（1797－1802）承德孫氏刻本 十冊 存四種

330000－1781－0003437 3751 類叢部/叢書類/郡邑之屬

台州叢書（名山堂叢書）九種 （清）宋世犖編 清嘉慶至道光臨海宋氏刻本 十四冊 存六種

330000－1781－0003440 7003 史部/傳記類/總傳之屬/姓名

自號錄一卷 （宋）徐光溥編 清刻本 一冊

330000－1781－0003441 7009 史部/傳記類/總傳之屬/技藝

歷代畫史彙傳七十二卷首一卷目錄三卷附錄二卷 （清）彭蘊璨編 清道光五年（1825）彭氏尚志堂刻本 三十二冊

330000－1781－0003444 7010 史部/金石類

學古齋金石叢書四集十二種 （清）葛元煦輯 清光緒崇川葛氏學古齋刻本 四冊 存一種

330000－1781－0003445 7018（1－6） 子部/藝術類/書畫之屬/總論

湘管齋寓賞編六卷 （清）陳焯輯 清乾隆四十七年（1782）刻本 六冊

330000－1781－0003446 7011 子部/藝術類/書畫之屬/總論

庚子銷夏記八卷閒者軒帖考一卷 （清）孫承澤撰 清乾隆二十五年至二十六年（1760－1761）鮑廷博、鄭竺刻本 二冊

330000－1781－0003447 7018（7－12） 子部/藝術類/書畫之屬/總論

湘管齋寓賞續編六卷 （清）陳焯輯 清嘉慶

六年(1801)刻本　六冊

330000－1781－0003448　7019　子部/藝術類/書畫之屬/總論

澄蘭室古緣萃錄十八卷　邵松年輯　清光緒三十年(1904)上海鴻文書局石印本　姚大榮批　六冊

330000－1781－0003449　7012　子部/雜著類/雜說之屬

左庵一得初錄一卷續錄一卷　(清)李佳繼昌撰　清光緒三十四年(1908)鉛印本　二冊

330000－1781－0003451　7017　史部/傳記類/總傳之屬/技藝

墨林今話十八卷續編一卷　(清)蔣寶齡撰　清咸豐二年(1852)刻本　黄賓虹批　五冊　存十五卷(五至十八、續編)

330000－1781－0003452　7014　子部/藝術類/總論之屬

張氏書畫四表四卷　(明)張丑撰　清宣統元年(1909)鉛印本　一冊

330000－1781－0003453　7015　子部/藝術類/書畫之屬/畫録

畫錄識餘一卷　羅振鏞撰　清光緒十九年(1893)刻本　一冊

330000－1781－0003455　7020　集部/別集類/清別集

煮石齋稿一卷　(清)鮑家瑞撰　清光緒十八年(1892)刻本　黄賓虹批　一冊

330000－1781－0003456　7021　子部/藝術類/書畫之屬/畫法畫品

王氏畫苑十卷補益四卷　(明)王世貞輯　明刻本　四冊　存六卷(一至六)

330000－1781－0003458　7023　子部/藝術類/書畫之屬/總論

鐵網珊瑚書品十卷畫品六卷　(明)朱存理輯　清雍正六年(1728)年希堯澄鑒堂刻本(卷九原缺)　十五冊

330000－1781－0003459　7025　集部/總集類/題詠之屬

小鷗波館題畫詩四卷　(清)潘曾瑩撰　清光緒三十一年(1905)刻本　一冊

330000－1781－0003462　7027　類叢部/叢書類/彙編之屬

懷豳雜俎十二種　徐乃昌編　清光緒至宣統南陵徐氏刻本　一冊　存一種

330000－1781－0003464　7028　子部/藝術類/書畫之屬/題跋

繡菊齋遺畫題辭二卷　(清)孔憲彝輯　**孔君妻司馬孺人墓誌銘一卷**　(清)張世光撰　(清)張泰初書　(清)孫義鈞篆　清道光二十五年(1845)刻本　一冊

330000－1781－0003465　7053　史部/地理類/雜志之屬

揚州畫舫錄十八卷　(清)李斗撰　清乾隆六十年(1795)自然盦刻同治十一年(1872)重修本　四冊

330000－1781－0003468　7033　集部/總集類/選集之屬/通代

御定歷代題畫詩類一百二十卷　(清)陳邦彦輯　清嘉慶二十二年(1817)裕文堂刻本　二十四冊

330000－1781－0003471　7056　子部/藝術類/書畫之屬/畫譜

澹復虛齋畫緣錄一卷　(清)金鳳清撰　清咸豐八年(1858)澹復虛齋刻本　一冊

330000－1781－0003472　7058　類叢部/叢書類/自著之屬

黄勤敏公全集九種附一種　(清)黄鉞撰　清咸豐至同治刻本　一冊　存六種

330000－1781－0003480　7045　類叢部/叢書類/彙編之屬

存齋雜纂　(清)陸心源編　清光緒十二年(1886)刻本　一冊　存一種

330000－1781－0003481　7041　史部/金石類/玉之屬/通考

古玉圖攷不分卷　(清)吳大澂撰　清石印本

一冊

330000－1781－0003482　7046　史部/金石類/石之屬/文字

漢幽州刺史朱君碑不分卷　清刻本　一冊

330000－1781－0003484　7048　類叢部/叢書類/自著之屬

春雨樓叢書六種　(清)朱士端撰　清同治元年至四年(1862－1865)寶應朱氏刻本　二冊　存二種

330000－1781－0003489　6587　子部/儒家類/儒學之屬/性理

新刊性理大全七十卷　(明)胡廣等纂　明刻本　一冊　存三卷(一至三)

330000－1781－0003490　6580－6586　子部/宗教類/道教之屬

道言内外六卷　(明)彭好古輯　明萬曆吳勉學刻黄之寀重修本　七冊

330000－1781－0003491　6588　類叢部/類書類/通類之屬

居家必用事類全集十卷　明刻本　二冊　存一卷(五)

330000－1781－0003493　6589　子部/宗教類/佛教之屬

明刻藏文錄一卷　(明)釋僧可等撰　明萬曆二十九年(1601)刻本　一冊

330000－1781－0003495　6590　史部/史評類/史學之屬

史學綱領一卷　(明)袁舜臣撰　明天啓六年(1626)顧肇圻抄本　一冊

330000－1781－0003497　6591　集部/總集類/選集之屬/通代

六臣註文選六十卷　(南朝梁)蕭統撰　(唐)李善　(唐)呂延濟　(唐)劉良　(唐)張銑　(唐)李周翰　(唐)呂向注　明萬曆二年(1574)崔孔昕刻六年(1578)徐成位重修本　一冊　存二卷(八至九)

330000－1781－0003499　6592　史部/傳記類/別傳之屬/年譜

東坡先生[蘇軾]年譜一卷　(宋)王宗稷編　明刻本　一冊

330000－1781－0003500　6593　子部/道家類

古蒙莊子四卷　(明)吳宗儀校釋　明萬曆三十九年(1611)王繼賢蒙城縣學刻本　一冊　存一卷(二)

330000－1781－0003501　7071　類叢部/叢書類/自著之屬

春雨樓叢書六種　(清)朱士端撰　清同治元年至四年(1862－1865)寶應朱氏刻本　二冊　存一種

330000－1781－0003502　6594　類叢部/類書類/通類之屬

玉海二百卷辭學指南四卷詩攷一卷詩地理攷六卷漢藝文志攷證十卷通鑑地理通釋十四卷周書王會補注一卷漢制攷四卷踐阼篇集解一卷急就篇補注四卷姓氏急就篇二卷小學紺珠十卷六經天文編二卷周易鄭康成注一卷通鑑答問五卷　(宋)王應麟撰　元至元六年(1340)慶元路儒學刻元明遞修本　一冊　存三卷(五十七至五十九)

330000－1781－0003503　6595　集部/別集類/宋別集

歐陽文集五十卷　(宋)歐陽修撰　明嘉靖二十二年(1543)李冕刻本　二冊　存十二卷(一至六、四十至四十五)

330000－1781－0003504　6596　類叢部/叢書類/自著之屬

鄭端簡公全集八種　(明)鄭曉撰　明嘉靖至萬曆項篤壽萬卷堂刻本　一冊　存一種

330000－1781－0003505　6597　集部/總集類/彙編之屬

李杜全集　(明)許自昌編　明萬曆三十年(1602)長洲許自昌刻本　六冊　存一種

330000－1781－0003506　6598　子部/儒家類/儒學之屬/經濟

鹽鐵論十二卷 （漢）桓寬撰 （明）張之象注 （明）鍾惺評 明刻本 一册 存六卷（一至六）

330000－1781－0003507 7072 類叢部/叢書類/彙編之屬
古逸叢書二十六種 （清）黎庶昌編 清光緒八年至十年（1882－1884）遵義黎庶昌日本東京使署影刻本 二册 存一種

330000－1781－0003508 7073 經部/小學類/音韻之屬/韻書
唐寫本唐韻殘卷二卷 （唐）孫愐撰 清光緒三十四年（1908）上海國粹學報館影印本 一册

330000－1781－0003509 6599 集部/别集類/宋别集
龍雲先生文集三十二卷附録一卷 （宋）劉弇撰 明刻本 三册 缺十七卷（一至十四、二十至二十二）

330000－1781－0003510 6601 集部/别集類/唐五代别集
朱文公校昌黎先生文集四十卷外集十卷遺文一卷 （唐）韓愈撰 （宋）朱熹考異 （宋）王伯大音釋 **朱文公校昌黎先生集傳一卷** 明刻本 二册 存十一卷（一至二、二十四至三十二）

330000－1781－0003511 6616 子部/宗教類/佛教之屬/總録
釋迦譜十卷 （南朝梁）釋僧祐撰 清據明正統五年（1440）刻本影印本 十册

330000－1781－0003512 6600 經部/小學類/文字之屬/説文
説文解字十二卷 （漢）許慎撰 （宋）李燾重編 明萬曆二十六年（1598）陳大科刻毛氏汲古閣印本 四册 存八卷（三至四、七至十二）

330000－1781－0003513 6606 類叢部/叢書類/彙編之屬
漢魏叢書三十八種 （明）程榮編 明萬曆二十年（1592）新安程氏刻本 一册 存一種

330000－1781－0003514 6605 史部/紀傳類/正史之屬
史記題評一百三十卷 （明）李元陽輯 明嘉靖十六年（1537）胡有恆、胡瑞刻公文紙印本 二册 存五卷（十九至二十、二十三至二十五）

330000－1781－0003515 6613 經部/小學類/文字之屬/説文
説文解字十五卷標目一卷 （漢）許慎記 （宋）徐鉉等校定 明末汲古閣刻本 四册

330000－1781－0003516 6604 類叢部/叢書類/彙編之屬
漢魏叢書三十八種 （明）程榮編 明萬曆二十年（1592）新安程氏刻本 二册 存一種

330000－1781－0003517 6603 類叢部/叢書類/彙編之屬
漢魏叢書三十八種 （明）程榮編 明萬曆二十年（1592）新安程氏刻本 二册 存一種

330000－1781－0003518 6602 集部/總集類/選集之屬/斷代
明人文選不分卷 明刻本 三册

330000－1781－0003519 6607 類叢部/叢書類/彙編之屬
漢魏叢書三十八種 （明）程榮編 明萬曆二十年（1592）新安程氏刻本 三册 存一種

330000－1781－0003520 6608 史部/史抄類
昭代武功編十卷 （明）范景文輯 明崇禎刻本 二册 存三卷（一、七至八）

330000－1781－0003521 6609 類叢部/叢書類/彙編之屬
寶顔堂祕笈二百二十八種 （明）陳繼儒輯 明萬曆繡水沈氏刻本 一册 存二種

330000－1781－0003522 6610 子部/藝術類/書畫之屬/畫譜
劉雪湖梅譜二卷 （明）劉世儒撰 （明）王思

任輯　明萬曆二十三年(1595)刻清墨妙山房重修本　一册　存一卷(上)

330000－1781－0003523　6612　類叢部/叢書類/彙編之屬

尚白齋鐫陳眉公訂正祕笈二十一種　(明)陳繼儒編　明萬曆三十四年(1606)沈氏尚白齋刻本　一册　存一種

330000－1781－0003524　6611　史部/編年類/斷代之屬

新鍥李卓吾先生增補批點皇明正續合併通紀統宗十二卷首一卷　(明)陳建輯　(明)袁黄(明)卜大有補輯　明萬曆刻本　二册　存五卷(首,一至二、十一至十二)

330000－1781－0003525　6614　史部/傳記類/科舉録之屬

明鄉會試各科墨卷鈔本一卷　(明)王鏊等撰　明抄本　一册

330000－1781－0003526　6615　史部/傳記類/科舉録之屬/歷科登科録

宋紹興十八年會試殿試同年錄一卷　明抄本　一册

330000－1781－0003527　75661　史部/金石類/郡邑之屬/文字

兩浙金石志十八卷補遺一卷　(清)阮元撰　清光緒十六年(1890)浙江書局刻本　十二册

330000－1781－0003532　75675　史部/政書類/公牘檔册之屬

甯廠公事稿一卷　清抄本　一册

330000－1781－0003533　75677　史部/金石類/石之屬/通考

語石十卷　葉昌熾撰　清宣統元年(1909)刻本　四册

330000－1781－0003534　75689/3－2、75689/3－3　史部/傳記類/科舉録之屬/歷科鄉試録

[光緒癸卯恩科]湖北闈墨不分卷　清光緒衡鑒堂刻本　二册

330000－1781－0003536　75689/3－1　史部/傳記類/科舉録之屬/歷科鄉試録

[光緒辛卯科]湖北闈墨不分卷　清光緒衡鑒堂刻本　一册

330000－1781－0003537　6622　集部/總集類/選集之屬/通代

集錄真西山文章正宗三十卷　(宋)真德秀輯　明嘉靖二十三年(1544)孔天胤刻本　一册　存一卷(二十九)

330000－1781－0003538　75688　史部/傳記類/科舉録之屬/歷科鄉試録

[道光壬午正科庚子癸卯恩科]浙江鄉試硃卷一卷　(清)馮烈　(清)馮溎等撰　清刻本　一册

330000－1781－0003540　75681　史部/傳記類/科舉録之屬/歷科鄉試録

[同治癸酉科]浙江鄉試硃卷一卷　(清)李治鈞撰　清刻本　一册

330000－1781－0003541　75682　史部/傳記類/科舉録之屬/歷科鄉試録

[光緒己丑恩科]浙江鄉試硃卷一卷　(清)王恩溥撰　清刻本　一册

330000－1781－0003542　75683　史部/傳記類/科舉録之屬/歷科鄉試録

[同治庚午科]浙江鄉試硃卷一卷　(清)馮繼棠撰　清刻本　一册

330000－1781－0003543　75684　史部/傳記類/科舉録之屬/歷科鄉試録

[光緒己卯科]浙江鄉試硃卷一卷　(清)葛獻青撰　清刻本　一册

330000－1781－0003544　75685　史部/傳記類/科舉録之屬/歷科鄉試録

[光緒癸卯恩科]廣西鄉試硃卷一卷　(清)韋榮齡撰　清桂林楊尚文堂刻本　一册

330000－1781－0003545　75686　史部/傳記類/科舉録之屬/歷科鄉試録

光緒甲午科浙江鄉試硃卷一卷　(清)王廷揚撰　清刻本　一册

330000－1781－0003546　75687　史部/傳記類/科舉録之屬/諸貢録

光緒丁酉科浙江選拔貢卷一卷　(清)汪朝銓撰　清刻本　一冊

330000－1781－0003547　6619　經部/小學類/音韻之屬

韻經五卷　(南朝梁)沈約撰　(宋)夏竦集古　(明)楊慎轉注　明抄本　一冊　存三卷(三至五)

330000－1781－0003548　6618　集部/別集類/宋別集

閬風集十二卷　(宋)舒岳祥撰　清抄本　一冊

330000－1781－0003549　75680　史部/傳記類/科舉録之屬/歷科鄉試録

光緒辛卯科浙江鄉試硃卷一卷　(清)鄒壽祺撰　清刻本　一冊

330000－1781－0003550　6626　子部/小說家類/雜事之屬

世說新語六卷　(南朝宋)劉義慶撰　(南朝梁)劉孝標注　明刻本　一冊　存一卷(六)

330000－1781－0003551　75679　史部/傳記類/科舉録之屬/歷科鄉試録

光緒乙未科浙江鄉試硃卷一卷　(清)吳緯炳撰　清光緒刻本　一冊

330000－1781－0003553　6625　史部/地理類/雜志之屬

會稽三賦四卷首一卷　(宋)王十朋撰　(明)南逢吉注　(明)尹壇補注　(明)陶望齡評　明丁氏致遠堂刻本　二冊

330000－1781－0003554　6617　集部/別集類/清別集

都梁香閣詩錄一卷詞錄一卷　(清)鄭蘭孫撰　清鄭若洲抄本　一冊

330000－1781－0003555　6624　史部/金石類/錢幣之屬

古錢蛻影不分卷　(清)馬傳巖拓　清拓本　六冊

330000－1781－0003556　75692　史部/傳記類/科舉録之屬/歷科鄉試録

[光緒己丑恩科]浙江闈墨不分卷　清光緒十五年(1889)聚奎堂刻本　一冊

330000－1781－0003557　75690　史部/傳記類/科舉録之屬/總録

硃卷不分卷　(清)黎培敬等撰　清刻本　一冊

330000－1781－0003558　75692　史部/傳記類/科舉録之屬/歷科鄉試録

[光緒壬午正科]浙江闈墨不分卷　清光緒八年(1882)聚奎堂刻本　一冊

330000－1781－0003559　75691　史部/傳記類/科舉録之屬/歷科鄉試録

同治戊辰科至光緒辛卯科浙江鄉試硃卷不分卷　(清)許景澄等撰　清光緒刻本　三冊

330000－1781－0003560　75692　史部/傳記類/科舉録之屬/歷科鄉試録

[光緒癸巳恩科]浙江闈墨不分卷　清光緒十九年(1893)聚奎堂刻本　一冊

330000－1781－0003561　75692　史部/傳記類/科舉録之屬/歷科鄉試録

[光緒戊子科]浙江闈墨不分卷　清光緒十四年(1888)聚奎堂刻本　一冊

330000－1781－0003563　75692　史部/傳記類/科舉録之屬/歷科鄉試録

[光緒丁酉科]浙江闈墨不分卷　清光緒二十三年(1897)聚奎堂刻本　一冊

330000－1781－0003564　75692　史部/傳記類/科舉録之屬

浙江闈墨不分卷　清聚奎堂刻本　一冊

330000－1781－0003565　75692　史部/傳記類/科舉録之屬/歷科鄉試録

[光緒乙酉正科]浙江闈墨不分卷　清光緒十一年(1885)聚奎堂刻本　一冊

330000－1781－0003566　7085　集部/總集類/選集之屬/斷代

列朝詩集乾集二卷甲集前編十一卷甲集二十二卷乙集八卷丙集十六卷丁集十六卷閏集六卷　(清)錢謙益輯　清宣統二年(1910)上海國光社鉛印本　五十五册　缺一卷(閏集四)

330000-1781-0003569　7076　集部/總集類/選集之屬/斷代

湖海詩傳四十六卷　(清)王昶輯　清嘉慶八年(1803)青浦王氏三泖漁莊刻本　十册

330000-1781-0003574　7094　集部/總集類/彙編之屬

宋詩鈔初集八十四種　(清)吕留良　(清)吳之振　(清)吳爾堯編　清康熙十年(1671)吳氏鑑古堂刻本　三十一册　存八十二種

330000-1781-0003577　7088　類叢部/叢書類/彙編之屬

峭帆樓叢書十八種　趙詒琛輯　清宣統三年至民國八年(1911-1919)新陽趙氏峭帆樓刻本　四册　存一種

330000-1781-0003578　7089　集部/别集類/漢魏六朝别集

陶淵明集八卷首一卷末一卷　(晉)陶潛撰　清光緒五年(1879)廣州翰墨園刻朱墨套印本　二册

330000-1781-0003580　7090　集部/總集類/選集之屬/斷代

唐賢三昧集三卷　(清)王士禛輯　清光緒九年(1883)廣州翰墨園刻朱墨套印本　三册

330000-1781-0003581　7091　集部/别集類/唐五代别集

杜工部集二十卷首一卷　(唐)杜甫撰　(明)王世貞等評　(清)盧坤輯評　清光緒二年(1876)粤東翰墨園刻六色套印本　十册

330000-1781-0003582　7087　類叢部/叢書類/自著之屬

王漁洋遺書三十八種　(清)王士禛撰　清刻本　二册　存一種

330000-1781-0003583　7092　集部/别集類/清别集

留春草堂詩鈔七卷　(清)伊秉綬撰　清嘉慶十九年(1814)寧化伊秉綬秋水園廣州刻本　四册

330000-1781-0003584　7106　類叢部/叢書類/自著之屬

十二硯齋三種　(清)汪鋆撰　清同治至光緒儀徵汪氏刻本　一册　存一種

330000-1781-0003585　7095　集部/别集類/明别集

鄭少谷先生全集二十四卷首一卷　(明)鄭善夫撰　清道光四年(1824)鄭炳文桑苧古園刻本　十册

330000-1781-0003587　7108　集部/總集類/郡邑之屬

硤川詩續鈔十六卷詞續鈔一卷　(清)許仁沐　(清)蔣學堅輯　清光緒二十一年(1895)雙山講舍刻本　五册　缺二卷(一至二)

330000-1781-0003588　7096　子部/藝術類/書畫之屬/題跋

惲南田畫跋三卷題畫詩一卷　(清)惲格撰　(清)葉鍾進輯　清道光三十年(1850)遼海秀琨穗城怡雲館刻本　二册

330000-1781-0003589　7109　集部/别集類/清别集

聽雨齋詩集十四卷補編一卷　(清)吳照撰　清刻本　四册

330000-1781-0003592　7111　集部/别集類/明别集

高季迪先生大全集十八卷　(明)高啟撰　清康熙許氏竹素園刻本　四册

330000-1781-0003593　7098-7100　類叢部/叢書類/彙編之屬

津逮祕書十五集一百四十種　(明)毛晉編　明崇禎虞山毛氏汲古閣刻廣文堂印本　四册　存四種

330000-1781-0003594　7112　史部/傳記類/總傳之屬/文苑

國朝詩人徵略六十卷　(清)張維屏輯　清道

光刻本　九册　缺七卷（五至十一）

330000－1781－0003595　7114　類叢部/叢書類/彙編之屬

春暉堂叢書十二種　（清）徐渭仁編　清道光至咸豐上海徐渭仁刻同治九年至十年（1870－1871）徐允臨補刻彙印本　二册　存一種

330000－1781－0003597　7101　集部/總集類/彙編之屬

小重山房叢書十五種　（清）張祥河輯　清刻本　二册　存一種

330000－1781－0003599　7102　類叢部/叢書類/彙編之屬

小石山房叢書三十八種　（清）顧湘編　清道光刻同治十三年（1874）虞山顧氏補刻本　一册　存一種

330000－1781－0003601　7103－7104　類叢部/叢書類/彙編之屬

風雨樓叢書二十三種　鄧實編　清宣統順德鄧氏鉛印本　七册　存二種

330000－1781－0003602　7118　類叢部/叢書類/彙編之屬

得月簃叢書初刻十種次刻十種五十二卷　（清）榮譽編　清道光九年至十一年（1829－1831）長白榮氏刻本　一册　存一種

330000－1781－0003603　7105　子部/藝術類/書畫之屬/題跋

玉谿書畫題跋一卷　（清）齊學裘撰　清刻本　一册

330000－1781－0003607　7123　史部/傳記類/總傳之屬/技藝

國朝書人輯略十一卷首一卷　震鈞輯　清光緒三十四年（1908）金陵刻本　八册

330000－1781－0003612　7132　子部/雜著類/雜說之屬

蘇米志林三卷　（明）毛晉輯　明天啓元年（1621）毛氏緑君亭刻本　二册　存一卷（米元章）

330000－1781－0003613　7133　類叢部/叢書類/彙編之屬

津逮祕書十五集一百四十種　（明）毛晉編　明崇禎虞山毛氏汲古閣刻本　二册　存一種

330000－1781－0003614　7134　子部/藝術類/書畫之屬/總論

畫禪室隨筆四卷　（明）董其昌撰　（清）楊補輯　清康熙刻本　二册

330000－1781－0003615　7135　子部/藝術類/書畫之屬

夢幻居畫學簡明五卷首一卷　（清）鄭績著　清同治九曜聚賢堂刻本　二册

330000－1781－0003616　7136　類叢部/叢書類/彙編之屬

說郛續四十六弓五百三十八種　（明）陶宗儀編　（明）陶珽等重編　明末刻清順治三年（1646）兩浙督學周南李際期宛委山堂印本　一册　存四種

330000－1781－0003617　7137　類叢部/叢書類/彙編之屬

說郛續四十六弓五百三十八種　（明）陶宗儀編　（明）陶珽等重編　明末刻清順治三年（1646）兩浙督學周南李際期宛委山堂印本　一册　存五種

330000－1781－0003618　7139　子部/藝術類/書畫之屬/題跋

習苦齋畫絮十卷　（清）戴熙撰　（清）惠年編輯　清末上海文瑞樓石印本　四册

330000－1781－0003620　7141　集部/别集類/清别集

後村雜著三卷　（清）王文治撰　清康熙四十七年（1708）古墨齋刻本　三册

330000－1781－0003622　7143　集部/别集類/清别集

巢經巢遺文五卷　（清）鄭珍撰　清光緒十九年（1893）貴筑高培穀資州官署刻本　四册

330000－1781－0003625　7146　集部/别集類/清别集

錢南園先生遺集五卷 （清）錢灃撰 清光緒十九年（1893）浙江書局刻本 四冊

330000－1781－0003626 7147 集部/別集類/明別集

來禽館集二十九卷 （明）邢侗撰 明萬曆四十六年（1618）刻清康熙十九年（1680）鄭雍重修本 十二冊

330000－1781－0003627 7152 經部/群經總義類

通藝錄不分卷 （清）程瑤田撰 清嘉慶刻通藝錄叢書本 十冊

330000－1781－0003628 7148 類叢部/類書類/專類之屬

喻林一葉二十四卷 （明）王蘇輯 清乾隆刻本 十六冊

330000－1781－0003629 7149 集部/別集類/清別集

定盦文集三卷續集四卷文集補五卷 （清）龔自珍撰 清同治七年至八年（1868－1869）吳煦刻本 五冊

330000－1781－0003630 7153 經部/群經總義類

通藝錄不分卷 （清）程瑤田撰 清嘉慶刻通藝錄叢書本 五冊

330000－1781－0003631 7154 史部/傳記類/別傳之屬

宜堂類編二十五卷 丁立中編 清光緒二十六年（1900）錢塘丁氏嘉惠堂刻本 八冊

330000－1781－0003632 7155 類叢部/叢書類/郡邑之屬

海昌叢載三十二種 （清）羊復禮輯 清光緒海昌羊氏傳卷樓粤東刻本 二冊 存一種

330000－1781－0003633 7156 集部/詩文評類

藝概六卷 （清）劉熙載撰 清同治刻本 二冊

330000－1781－0003635 7158 集部/總集類/選集之屬/斷代

媚幽閣文娛八卷 （明）鄭元勳輯 明崇禎三年（1630）鄭元化刻清順治十年（1653）補刻本 四冊

330000－1781－0003636 7159 子部/雜著類/雜說之屬

蓉槎蠡說十二卷 （清）程哲撰 清康熙五十年（1711）程氏七略書堂刻本 四冊

330000－1781－0003637 7160 集部/別集類/清別集

復堂詩四卷詞一卷 （清）譚獻撰 **待堂文一卷** （清）吳懷珍撰 清咸豐九年（1859）福州刻同治四年（1865）補刻本 一冊

330000－1781－0003638 7151 類叢部/叢書類/彙編之屬

半厂叢書初編十種 （清）譚獻輯 清同治至光緒仁和譚氏刻本 二冊 存一種

330000－1781－0003639 7162 類叢部/叢書類/自著之屬

影山草堂六種 （清）莫友芝撰 清咸豐至光緒刻本 四冊 存一種

330000－1781－0003640 7168 子部/藝術類/書畫之屬/總論

佩文齋書畫譜一百卷 （清）孫岳頒等輯 清光緒九年（1883）上海同文書局石印本 十六冊

330000－1781－0003642 7163 史部/傳記類/科舉録之屬/總録

斗山文會錄五卷 （清）斗山文會編 清乾隆四年（1739）斗山書院刻本 六冊

330000－1781－0003643 7166 集部/別集類/清別集

戴東原集十二卷 （清）戴震撰 **戴東原先生年譜一卷附覆校札記一卷** （清）段玉裁撰 清宣統二年（1910）渭南嚴氏孝義家塾成都刻本 六冊

330000－1781－0003644 7164 集部/別集類/清別集

一輯集十八卷　(清)項淳撰　清乾隆五十五年(1790)殖蔭軒刻本　六册

330000－1781－0003645　7165　集部/别集類/清别集

綠滋館藁九卷考信編五卷　(清)吴士奇撰　清康熙刻本　四册

330000－1781－0003646　7170　子部/藝術類/書畫之屬

國朝畫識十七卷墨香居畫識十卷　(清)馮金伯撰　清乾隆刻道光十一年(1831)增補本　八册　存十七卷(國朝畫識一至十七)

330000－1781－0003648　7173　子部/藝術類/書畫之屬

書畫所見録一卷　(清)謝堃撰　清宣統二年(1910)掃葉山房刻本　二册

330000－1781－0003650　7175　子部/藝術類/書畫之屬/畫録

歸石軒畫談十卷　(清)楊翰撰　清刻本　一册　存二卷(七至八)

330000－1781－0003651　7176　子部/藝術類/書畫之屬/總論

古芬閣書畫記十八卷　(清)杜瑞聯輯　清光緒七年(1881)太古杜氏刻本　十三册　存十三卷(六至十八)

330000－1781－0003652　7177　子部/藝術類/書畫之屬

墨香居畫識十卷　(清)馮金伯撰　清江左書林刻本　四册

330000－1781－0003655　7180　類叢部/叢書類/彙編之屬

知不足齋叢書一百九十五種　(清)鮑廷博編　(清)鮑士恭續編　清乾隆三十七年至道光三年(1772－1823)長塘鮑氏刻彙印本　一册　存二種

330000－1781－0003656　7187　子部/藝術類/書畫之屬

書畫鑑影二十四卷首一卷　(清)李佐賢編　清同治刻本　八册

330000－1781－0003657　7181　類叢部/叢書類/彙編之屬

知不足齋叢書一百九十五種　(清)鮑廷博編　(清)鮑士恭續編　清乾隆三十七年至道光三年(1772－1823)長塘鮑氏刻彙印本　一册　存二種

330000－1781－0003658　7188　子部/藝術類/書畫之屬/總論

穰梨館過眼録四十卷續録十六卷　(清)陸心源編　清光緒十七年(1891)吳興陸氏家塾刻潛園總集本　十六册

330000－1781－0003659　7182　類叢部/叢書類/彙編之屬

讀畫齋叢書四十六種　(清)顧修輯　清刻本　六十三册　缺四卷(錦里老耆舊傳一至四)

330000－1781－0003661　7185　子部/藝術類/書畫之屬/畫録

虚齋名畫録十六卷　龐元濟撰　清宣統元年(1909)烏程龐氏申江刻本　十六册

330000－1781－0003662　7189　子部/藝術類/書畫之屬/總論

清河書畫舫十二卷鑒古百一詩一卷　(明)張丑撰　清乾隆二十八年(1763)仁和吳氏池北草堂刻本　十二册

330000－1781－0003663　7191　子部/藝術類/書畫之屬/總論

辛丑銷夏記五卷　(清)吳榮光撰　清光緒三十一年(1905)長沙葉德輝郋園刻本　五册

330000－1781－0003664　7192　子部/藝術類/書畫之屬

鐵網珊瑚二十卷　(明)都穆撰　清乾隆刻本　四册

330000－1781－0003665　7193　子部/藝術類/書畫之屬/總論

江邨銷夏録三卷　(清)高士奇輯　清康熙三十二年(1693)刻本　六册

330000－1781－0003666　7190　子部/藝術類/書畫之屬

書畫傳習錄四卷　(明)王紱輯　**書畫續錄一卷梁谿書畫徵一卷**　(清)嵇承咸輯　清嘉慶十九年(1814)嵇氏層雲閣刻本　十冊

330000－1781－0003670　7197　類叢部/叢書類/彙編之屬
峭帆樓叢書十八種　趙詒琛輯　清宣統三年至民國八年(1911－1919)新陽趙氏峭帆樓刻本　二冊　存一種

330000－1781－0003673　7204　子部/藝術類/書畫之屬/總論
甌鉢羅室書畫過目攷四卷首一卷附一卷　(清)李玉棻撰　清光緒二十三年(1897)文奎堂刻本　四冊

330000－1781－0003674　7205　子部/藝術類/書畫之屬/總論
夢園書畫錄二十五卷　(清)方濬頤撰　清光緒三年(1877)錦城柏署刻本　十二冊

330000－1781－0003675　7206　子部/藝術類/書畫之屬
過雲樓書畫記十卷附詩一卷　(清)顧文彬撰　(清)顧承編　清光緒八年(1882)顧氏過雲樓刻本　六冊

330000－1781－0003676　7200　子部/藝術類/書畫之屬/題跋
吳越所見書畫錄六卷書畫說鈐一卷　(清)陸時化輯並撰　清宣統二年(1910)順德鄧氏鉛印風雨樓叢書本　六冊

330000－1781－0003680　7202　子部/藝術類/書畫之屬/總論
紅豆樹館書畫記八卷　(清)陶樑編輯　清光緒八年(1882)吳趨潘氏韡園刻本　六冊

330000－1781－0003686　7211　子部/藝術類/書畫之屬/書法書品
隸法彙纂十卷　(清)項懷述編　清乾隆刻本　四冊

330000－1781－0003687　7213　子部/藝術類/書畫之屬/法帖
草字彙十二卷　(清)石梁輯　清光緒元年(1875)漁古山房刻本　六冊

330000－1781－0003688　7216　經部/小學類/文字之屬/字書/字體
隸辨八卷　(清)顧藹吉撰　清乾隆八年(1743)黄晟刻本　八冊

330000－1781－0003689　7214　子部/藝術類/書畫之屬/法帖
右軍書法十七帖一卷　(清)周亮登等書　清刻本　一冊

330000－1781－0003690　7217　類叢部/叢書類/彙編之屬
咫進齋叢書三十七種　(清)姚覲元編　清光緒九年(1883)歸安姚氏刻本　一冊　存一種

330000－1781－0003698　7226　史部/金石類/總志之屬/圖像
求古精舍金石圖四卷　(清)陳經撰　清嘉慶十八年至二十二年(1813－1817)烏程陳經說劍樓刻本　六冊

330000－1781－0003699　7227　類叢部/叢書類/彙編之屬
金峨山館叢書(望三益齋叢書)十一種　(清)郭傳璞編　清光緒八年至十六年(1882－1890)鄞縣郭氏刻二十年(1894)鎮海邵氏彙印本　二冊　存四種

330000－1781－0003710　7235　史部/金石類/陶之屬/圖像
簠齋拓印一卷　(清)陳介祺拓　清光緒七年(1881)拓本　一冊

330000－1781－0003723　7241　史部/金石類/金之屬/文字
積古齋鐘鼎彝器款識十卷　(清)阮元　(清)朱為弼撰　清嘉慶九年(1804)阮元刻文選樓叢書本　四冊

330000－1781－0003724　7242　史部/金石類/金之屬
陶齋吉金錄八卷　(清)端方輯　清光緒三十四年(1908)石印本　八冊

330000－1781－0003725　7274　經部/小學類/訓詁之屬/字詁

字說一卷　(清)吳大澂撰　清光緒十九年(1893)思賢講舍刻本　一冊

330000－1781－0003726　7243　史部/金石類/金之屬

陶齋吉金續錄二卷　(清)端方撰　清宣統元年(1909)石印本　二冊

330000－1781－0003729　7276　類叢部/叢書類/自著之屬

石屋書四種　(清)曹金籀撰　清同治仁和曹氏刻本　一冊　存一種

330000－1781－0003731　7277　類叢部/叢書類/郡邑之屬

永嘉叢書十二種　(清)孫衣言編　清同治至光緒瑞安孫氏詒善祠塾刻本　十冊　存一種

330000－1781－0003733　7252　經部/群經總義類/文字音義之屬

經籍籑詁一百六卷補遺一百六卷首一卷　(清)阮元撰　清嘉慶十七年(1812)揚州阮元琅嬛仙館刻光緒六年(1880)淮南書局補刻本　四十八冊

330000－1781－0003735　7278　經部/群經總義類/文字音義之屬

羣經字攷十卷　(清)吳東發撰　清嘉慶十一年(1806)吳本履刻本　二冊

330000－1781－0003737　7279　經部/群經總義類/文字音義之屬

羣經字詁七十二卷檢字一卷　(清)段謂廷撰　(清)黄本驥編訂　清道光二十九年(1849)黔陽楊氏刻本　十三冊

330000－1781－0003748　7281　經部/小學類/文字之屬/說文/專著

六書叚借經徵四卷　(清)朱駿聲撰　清光緒十八年(1892)元和朱氏金陵刻本　三冊

330000－1781－0003751　7285　類叢部/叢書類/彙編之屬

經訓堂叢書二十一種　(清)畢沅編　清乾隆至嘉慶鎮洋畢氏刻本　二冊　存一種

330000－1781－0003752　7286　經部/小學類/訓詁之屬/群雅

釋名疏證八卷釋名補遺一卷續釋名一卷　(漢)劉熙著　(清)畢沅疏證　清乾隆五十五年(1790)畢氏靈巖山館刻經訓堂叢書本　二冊

330000－1781－0003753　7287　史部/金石類/金之屬/文字

古文審八卷首一卷　(清)劉心源撰　清光緒十七年(1891)嘉魚劉氏龍江樓刻本　四冊

330000－1781－0003755　7322　經部/小學類/文字之屬/說文

說文解字注三十卷六書音均表五卷　(清)段玉裁注　**說文部目分韵一卷**　(清)陳煥編　清乾隆至嘉慶段氏經韻樓刻本　十六冊

330000－1781－0003756　7289　經部/小學類/文字之屬/字書/字體

六書通十卷　(清)閔齊伋撰　(清)畢弘述篆訂　清康熙五十九年(1720)基聞堂刻本　六冊

330000－1781－0003757　7324　類叢部/叢書類/自著之屬

春在堂全書三十六種　(清)俞樾撰　清同治至光緒刻光緒末彙印本　十二冊　存一種

330000－1781－0003758　7290　類叢部/叢書類/自著之屬

朱氏羣書六種　(清)朱駿聲撰　清光緒八年(1882)臨嘯閣刻本　四冊

330000－1781－0003759　7291　史部/金石類/石之屬/文字

碑別字補五卷　羅振玉輯　清光緒二十七年(1901)刻本　三冊

330000－1781－0003764　7325　經部/儀禮類/傳說之屬

儀禮鄭注句讀十七卷附監本正誤一卷石本誤字一卷　(清)張爾岐撰　清同治七年(1868)金陵書局刻十三經讀本本　四冊

330000－1781－0003766　7297　經部/詩類/文字音義之屬

詩小學三十卷補遺一卷　(清)吳樹聲撰　清同治七年(1868)壽光官廨刻本　十二册

330000－1781－0003767　7326　史部/傳記類/總傳之屬/姓名

奇姓通十四卷　(明)夏樹芳輯　(明)陳繼儒校　清末陶社刻本　四册

330000－1781－0003770　7327　子部/叢編

子書百家　(清)崇文書局輯　清光緒元年(1875)湖北崇文書局刻本　二册　存一種

330000－1781－0003772　7300　經部/小學類/文字之屬/説文/專著

説文古籀補十四卷附錄一卷　(清)吳大澂撰　清光緒二十四年(1898)刻本　二册

330000－1781－0003776　7302　經部/小學類

雷刻四種　(清)雷浚輯　清光緒二年至十年(1876－1884)吳縣雷氏刻本　一册　存二種

330000－1781－0003778　7303　經部/小學類/文字之屬/説文/傳説

説文辨疑一卷附條記一卷　(清)顧廣圻撰　清光緒九年(1883)鄦東耕雨樓刻本　一册

330000－1781－0003779　7304　經部/小學類/文字之屬/説文

説文新附攷六卷説文續攷一卷　(清)鈕樹玉撰　清同治十三年(1874)湖北崇文書局刻本　二册

330000－1781－0003780　7305　經部/小學類/文字之屬/説文

説文引經攷證七卷説文引經互異説一卷　(清)陳瑑撰　清同治十三年(1874)湖北崇文書局刻本　二册

330000－1781－0003781　7321　經部/小學類/文字之屬/説文

説文通訓定聲十八卷分部檢韻一卷説雅一卷古今韻準一卷　(清)朱駿聲撰　清道光刻本　二十四册

330000－1781－0003782　7306　經部/小學類/文字之屬/説文/專著

説文字原一卷　(漢)許慎撰　(宋)徐鉉切音　清乾隆四十四年(1779)福禮堂刻本　一册

330000－1781－0003784　7308　類叢部/叢書類/家集之屬

績溪胡氏叢書十種　(清)胡培系輯　清同治十年至光緒二年(1871－1876)世澤樓刻本暨木活字印本　一册　存一種

330000－1781－0003786　7309　經部/小學類/文字之屬/説文

説文逸字辨證二卷　(清)鄭珍撰　(清)李楨辨證　清光緒十一年(1885)善化李氏畹蘭室刻本　二册

330000－1781－0003787　7310　類叢部/叢書類/自著之屬

春雨樓叢書六種　(清)朱士端撰　清同治元年至四年(1862－1865)寶應朱氏刻本　一册　存一種

330000－1781－0003788　7311　經部/小學類/文字之屬/説文

汲古閣説文訂一卷　(清)段玉裁撰　清同治十一年(1872)湖北崇文書局刻本　一册

330000－1781－0003789　7312　經部/小學類/文字之屬/説文/傳説

説文發疑六卷　(清)張行孚撰　清光緒九年(1883)安吉張氏邗上寓廬刻本　二册

330000－1781－0003790　7313　史部/紀傳類/正史之屬

漢書引經異文錄證六卷　(清)繆祐孫撰　清光緒十一年(1885)刻本　一册

330000－1781－0003791　7314　經部/小學類/訓詁之屬/群雅

廣雅疏證補正一卷　(清)王念孫撰　清光緒二十六年(1900)黄氏借竹宧刻本　一册

330000－1781－0003792　7315　經部/小學類/訓詁之屬/群雅

五雅　(明)畢效欽輯　明嘉靖新安畢氏刻本

一冊　存二種

330000－1781－0003793　7316　經部/小學類/文字之屬/字書/字體
六書故三十三卷　(宋)戴侗撰　清乾隆三十九年(1774)綿州李鼎元刻本　十六冊

330000－1781－0003795　3776　類叢部/叢書類/彙編之屬
大亭山館叢書十三種　(清)楊葆彝編　清光緒陽湖楊氏刻本　四冊

330000－1781－0003796　3777　集部/別集類/清別集
養雲山館試帖四卷　(清)許球撰　清刻本　一冊　存二卷(三至四)

330000－1781－0003798　3832　史部/地理類/雜志之屬
暨陽風俗賦一卷　(清)石昭炳著　清道光二十三年(1843)鐵樵吟館刻本　一冊

330000－1781－0003800　3781　史部/紀傳類/正史之屬
漢書西域傳補注二卷　(清)徐松撰　清道光九年(1829)陽湖張琦刻本　一冊

330000－1781－0003801　3783　類叢部/叢書類/彙編之屬
邵武徐氏叢書二十三種　(清)徐榦編　清光緒邵武徐氏刻本　六冊　存一種

330000－1781－0003802　2833　類叢部/叢書類/郡邑之屬
武林掌故叢編一百九十種　(清)丁丙編　清光緒三年至二十六年(1877－1900)錢塘丁氏嘉惠堂刻本　二冊　存一種

330000－1781－0003803　3784　類叢部/叢書類/彙編之屬
邵武徐氏叢書二十三種　(清)徐榦編　清光緒邵武徐氏刻本　四冊　存一種

330000－1781－0003804　3785　類叢部/叢書類/郡邑之屬
武林掌故叢編一百九十種　(清)丁丙編　清光緒三年至二十六年(1877－1900)錢塘丁氏嘉惠堂刻本　一冊　存一種

330000－1781－0003805　3834　史部/地理類/專志之屬/古跡
越中名勝賦一卷　(清)李壽朋撰　清乾隆四十年(1775)刻本　一冊

330000－1781－0003806　3835　集部/總集類/郡邑之屬
蓮漪文鈔八卷　(清)汪曰楨輯　清咸豐九年至同治二年(1859－1863)刻本　二冊

330000－1781－0003807　3786　類叢部/叢書類/彙編之屬
文選樓叢書三十三種　(清)阮亨編　清嘉慶至道光阮元刻道光二十二年(1842)阮亨彙印本　二冊　存一種

330000－1781－0003811　3789　集部/別集類/清別集
三雁紀遊一卷東甌紀遊一卷　(清)戴啟文撰　清光緒二十五年(1899)刻本　一冊

330000－1781－0003812　3790　史部/地理類/專志之屬/書院
瀛山書院志十卷首一卷　(清)方季和輯　清道光十六年(1836)刻本　一冊　存二卷(七至八)

330000－1781－0003814　3830　類叢部/叢書類/彙編之屬
春暉堂叢書十二種　(清)徐渭仁編　清道光至咸豐上海徐渭仁刻同治九年至十年(1870－1871)徐允臨補刻彙印本　十二冊

330000－1781－0003818　3831　史部/地理類/方志之屬/郡縣志
[道光]海昌備志五十二卷附錄二卷　(清)錢泰吉等纂修　清道光二十六年至二十七年(1846－1847)刻本　十四冊

330000－1781－0003820　3791　史部/地理類/專志之屬/書院
瀛山書院志十卷首一卷　(清)方瑞等輯　清宣統二年(1910)木活字印本　一冊　存二卷

（首、一）

330000－1781－0003823　3793　類叢部/叢書類/彙編之屬
邵武徐氏叢書二十三種　（清）徐榦編　清光緒邵武徐氏刻本　一册　存二種

330000－1781－0003824　3801　類叢部/叢書類/郡邑之屬
金華叢書六十八種　（清）胡鳳丹編　清同治七年至光緒八年（1868－1882）永康胡氏退補齋刻民國補刻本　十二册　存一種

330000－1781－0003826　3802－3803　類叢部/叢書類/郡邑之屬
金華叢書六十八種　（清）胡鳳丹編　清同治七年至光緒八年（1868－1882）永康胡氏退補齋刻民國補刻本　五册　存二種

330000－1781－0003828　3808　類叢部/叢書類/彙編之屬
雲自在龕叢書五集十九種　繆荃孫編　清光緒江陰繆氏刻本　一册　存一種

330000－1781－0003831　3797　史部/地理類/專志之屬/祠墓
越中先賢祠目一卷　（清）李慈銘撰　清光緒十一年（1885）都門越祠刻本　一册

330000－1781－0003832　3812　類叢部/叢書類/彙編之屬
雲自在龕叢書五集十九種　繆荃孫編　清光緒江陰繆氏刻本　二册　存一種

330000－1781－0003833　3798　史部/地理類/輿圖之屬/全國
歷代輿地沿革險要圖說不分卷　楊守敬　饒敦秩撰　王尚德繪　清光緒三十年（1904）石印本　一册

330000－1781－0003834　3811　類叢部/叢書類/自著之屬
黄梨洲先生遺書二種　（清）黄宗羲撰　清光緒五年（1879）黄氏五桂樓刻本　一册　存一種

330000－1781－0003835　3813　類叢部/叢書類/彙編之屬
雲自在龕叢書五集十九種　繆荃孫編　清光緒江陰繆氏刻本　一册　存二種

330000－1781－0003836　3799　類叢部/叢書類/彙編之屬
雲自在龕叢書五集十九種　繆荃孫編　清光緒江陰繆氏刻本　二册　存一種

330000－1781－0003837　3800　類叢部/叢書類/郡邑之屬
金華叢書六十八種　（清）胡鳳丹編　清同治七年至光緒八年（1868－1882）永康胡氏退補齋刻民國補刻本　八册　存一種

330000－1781－0003841　3804　類叢部/叢書類/郡邑之屬
金華叢書六十八種　（清）胡鳳丹編　清同治七年至光緒八年（1868－1882）永康胡氏退補齋刻民國補刻本　八册　存一種

330000－1781－0003845　3824　類叢部/叢書類/郡邑之屬
武林掌故叢編一百九十種　（清）丁丙編　清光緒三年至二十六年（1877－1900）錢塘丁氏嘉惠堂刻本　一册　存一種

330000－1781－0003855　3846　集部/别集類/宋别集
宛陵先生文集六十卷　（宋）梅堯臣撰　清宣統二年（1910）上海據清康熙徐惇復白華書屋刻本影印本　十册

330000－1781－0003856　3847　集部/别集類/唐五代别集
杜工部集二十卷附録一卷年譜一卷諸家詩話一卷唱酬題詠附録一卷　（唐）杜甫撰　（清）錢謙益箋註　清康熙六年（1667）季氏靜思堂刻本　清汪琬、清查慎行、清俞犀月批　一册　存二卷（一至二）

330000－1781－0003857　3923－3924　集部/詞類/類編之屬
西泠詞萃六種　（清）丁丙編　清光緒錢塘丁

氏刻本　二册　存三種

330000－1781－0003858　3848　集部/别集類/清别集
道古堂詩集二十六卷　(清)杭世駿撰　清刻本　孫伯繩題記　六册

330000－1781－0003859　3849　史部/地理類/山川之屬/山志
金蓋山志四卷首一卷　(清)李宗蓮輯　**金蓋山志略一卷**　(清)閔苕敷撰　清光緒二十二年(1896)烏程潘錫春古書隱樓刻本　二册

330000－1781－0003860　3926　史部/雜史類/斷代之屬
平浙紀略十六卷　(清)秦緗業　(清)陳鍾英撰　清同治十三年(1874)浙江書局刻本　四册

330000－1781－0003863　3927　類叢部/叢書類/郡邑之屬
武林往哲遺箸五十二種後編十種　(清)丁丙編　清光緒二十年至二十六年(1894－1900)錢塘丁氏嘉惠堂刻本　二册　存一種

330000－1781－0003867　3928　類叢部/叢書類/自著之屬
蟄廬叢書　(清)陳虬撰　清光緒十九年至二十年(1893－1894)甌雅堂刻本　二册　存一種

330000－1781－0003868　3857　集部/别集類/清别集
養心光室詩稾八卷　(清)顧福仁撰　清光緒十四年(1888)刻本　一册　存四卷(五至八)

330000－1781－0003870　3929　類叢部/叢書類/彙編之屬
懷豳雜俎十二種　徐乃昌編　清光緒至宣統南陵徐氏刻本　一册　存一種

330000－1781－0003877　3911　史部/地理類/雜志之屬
都門竹枝詞一卷　(清)楊士安等撰　清光緒三年(1877)刻本　一册

330000－1781－0003882　3912　經部/小學類/訓詁之屬/方言
俗語指謬一卷　(清)醫俗道人撰　清光緒杭州白話報刻本　一册

330000－1781－0003883　3870　類叢部/叢書類/彙編之屬
申報館叢書正集五十七種附録三種續集一百四十二種　(清)尊聞閣主編　蔡爾康編續集　清同治至光緒上海申報館鉛印本　一册　存一種

330000－1781－0003884　3871　類叢部/叢書類/彙編之屬
申報館叢書正集五十七種附録三種續集一百四十二種　(清)尊聞閣主編　蔡爾康編續集　清同治至光緒上海申報館鉛印本　一册　存一種

330000－1781－0003888　3872　史部/紀傳類/正史之屬
二十四史附考證　清光緒十八年(1892)武林竹簡齋石印本　十二册　存一種

330000－1781－0003889　3915　史部/地理類/遊記之屬/紀行
凝香室鴻雪因緣圖記一集二卷二集二卷三集二卷　(清)麟慶撰　清光緒十二年(1886)上海點石齋石印本　六册

330000－1781－0003890　3873　史部/紀傳類/正史之屬
二十四史附考證　清光緒十八年(1892)武林竹簡齋石印本　八册　存一種

330000－1781－0003891　3916　集部/總集類/尺牘之屬
依樣葫蘆四卷　(清)畏壘山人撰　(清)香湖居士輯　清嘉慶九年(1804)刻本　一册

330000－1781－0003893　3875　史部/紀傳類/正史之屬
二十四史附考證　清光緒竹簡齋石印本　八册　存一種

330000－1781－0003894　3876　史部/紀傳

類/正史之屬

二十四史附考證　清光緒十八年(1892)武林竹簡齋石印本　四冊　存一種

330000－1781－0003895　3881－3910　類叢部/叢書類/彙編之屬

嘯園叢書五十七種　(清)葛元煦編　清光緒二年至七年(1876－1881)仁和葛氏刻本　三十五冊　存五十四種

330000－1781－0003899　3919　子部/藝術類/篆刻之屬

西泠印社印學叢書　清宣統至民國刻本暨木活字印本　一冊　存一種

330000－1781－0003901　3877　子部/農家農學類/總論之屬

農政全書六十卷　(明)徐光啓撰　清宣統元年(1909)上海求學齋局石印本　八冊

330000－1781－0003904　3880　集部/總集類/選集之屬/斷代

兩漢策要十二卷　(宋)陶叔獻輯　(元)趙孟頫書　清光緒十三年(1887)上海同文書局石印本(卷三原缺)　八冊

330000－1781－0003905　3880C1　集部/總集類/選集之屬/斷代

兩漢策要十二卷　(宋)陶叔獻輯　(元)趙孟頫書　清光緒十三年(1887)上海同文書局石印本(卷三原缺)　八冊

330000－1781－0003906　4005　類叢部/叢書類/郡邑之屬

武林往哲遺箸五十二種後編十種　(清)丁丙編　清光緒二十年至二十六年(1894－1900)錢塘丁氏嘉惠堂刻本　六冊　存一種

330000－1781－0003908　3936　子部/叢編

子書百家　(清)崇文書局編　清光緒元年(1875)湖北崇文書局刻民國元年(1912)鄂官書處重印本　四冊　存一種

330000－1781－0003910　4006　類叢部/叢書類/郡邑之屬

武林往哲遺箸五十二種後編十種　(清)丁丙編　清光緒二十年至二十六年(1894－1900)錢塘丁氏嘉惠堂刻本　二冊　存一種

330000－1781－0003912　4007　史部/傳記類/總傳之屬/斷代

昭代名人尺牘續集小傳二十四卷　陶湘撰　清宣統三年(1911)天寶石印局石印本　十五冊　存十五卷(四至五、七至八、十至十二、十四至十六、十九至二十、二十二至二十四)

330000－1781－0003913　3941　集部/詞類/類編之屬

西泠詞萃六種　(清)丁丙編　清光緒錢塘丁氏刻本　一冊　存一種

330000－1781－0003914　3942　集部/詞類/類編之屬

西泠詞萃六種　(清)丁丙編　清光緒錢塘丁氏刻本　一冊　存二種

330000－1781－0003917　4000　類叢部/叢書類/彙編之屬

邵武徐氏叢書二十三種　(清)徐榦編　清光緒邵武徐氏刻本　二冊　存一種

330000－1781－0003918　3944　史部/地理類/專志之屬/書院

瀛山書院志十卷首一卷　(清)方瑞等輯　清宣統二年(1910)木活字印本　四冊

330000－1781－0003919　4002　類叢部/叢書類/彙編之屬

邵武徐氏叢書二十三種　(清)徐榦編　清光緒邵武徐氏刻本　一冊　存一種

330000－1781－0003920　4003　史部/雜史類/斷代之屬

明季北略二十四卷明季南略十八卷　(清)計六奇撰　清都城琉璃廠半松居士木活字印本　八冊　存十八卷(明季南略一至十八)

330000－1781－0003922　4004　類叢部/叢書類/郡邑之屬

武林掌故叢編一百九十種　(清)丁丙編　清光緒三年至二十六年(1877－1900)錢塘丁氏嘉惠堂刻本　二冊　存一種

330000－1781－0003923　4001　類叢部/叢書類/彙編之屬
邵武徐氏叢書二十三種　（清）徐幹編　清光緒邵武徐氏刻本　二册　存一種

330000－1781－0003926　3948　類叢部/叢書類/郡邑之屬
金華叢書六十八種　（清）胡鳳丹編　清同治七年至光緒八年（1868－1882）永康胡氏退補齋刻民國補刻本　二册　存一種

330000－1781－0003928　3950　史部/地理類/總志之屬/通代
歷代地理志韻編今釋二十卷皇朝輿地韻編二卷　（清）李兆洛輯　清葦學齋刻本　十册

330000－1781－0003929　3951　類叢部/叢書類/郡邑之屬
武林往哲遺箸五十二種後編十種　（清）丁丙編　清光緒二十年至二十六年（1894－1900）錢塘丁氏嘉惠堂刻本　一册　存一種

330000－1781－0003930　3952　類叢部/叢書類/郡邑之屬
武林掌故叢編一百九十種　（清）丁丙編　清光緒三年至二十六年（1877－1900）錢塘丁氏嘉惠堂刻本　二册　存二種

330000－1781－0003931　3997　史部/紀事本末類/通代之屬
繹史一百六十卷世系圖一卷年表一卷　（清）馬驌撰　清光緒十五年（1889）金匱浦氏刻本　四十册

330000－1781－0003932　3953　史部/雜史類/斷代之屬
明季北略二十四卷　（清）計六奇撰　清都城琉璃廠半松居士木活字印本　十册

330000－1781－0003934　3954　類叢部/叢書類/郡邑之屬
武林往哲遺箸五十二種後編十種　（清）丁丙編　清光緒二十年至二十六年（1894－1900）錢塘丁氏嘉惠堂刻本　一册　存一種

330000－1781－0003936　3955　史部/目録類/總録之屬/私撰
華延年室題跋二卷殘明大統歷一卷殘明宰輔年表一卷　（清）傅以禮撰　清宣統元年（1909）餘杭俞人蔚鉛印本　一册　存二卷（殘明大統歷、殘明宰輔年表）

330000－1781－0003940　3957　史部/政書類/軍政之屬/兵制
杭州八旗駐防營志略二十五卷　（清）張大昌輯　清光緒十九年（1893）浙江書局刻本　六册

330000－1781－0003941　3983　經部/詩類/傳説之屬
監本詩經全文□□卷　（宋）朱熹章句　清鼎邑文成堂刻本　一册　存三卷（三至五）

330000－1781－0003942　3958　類叢部/叢書類/郡邑之屬
武林掌故叢編一百九十種　（清）丁丙編　清光緒三年至二十六年（1877－1900）錢塘丁氏嘉惠堂刻本　二册　存一種

330000　1781－0003943　3985　類叢部/叢書類/彙編之屬
邵武徐氏叢書二十三種　（清）徐幹編　清光緒邵武徐氏刻本　一册　存一種

330000－1781－0003944　3959－3968　類叢部/叢書類/郡邑之屬
武林掌故叢編一百九十種　（清）丁丙編　清光緒三年至二十六年（1877－1900）錢塘丁氏嘉惠堂刻本　二十二册　存九種

330000－1781－0003945　3987　類叢部/叢書類/彙編之屬
槐廬叢書四十六種　（清）朱記榮編　清光緒三年至十五年（1877－1889）吴縣朱氏槐廬家塾刻本　一册　存三種

330000－1781－0003948　3972　史部/政書類/律令之屬/律例
欽定大清商律破產律一卷　（清）商部制訂　清光緒三十二年（1906）杭州拱宸橋商務分會鉛印本　一册

330000－1781－0003949　3989　子部/雜著類/雜說之屬

談天一卷　(清)獨頭山人撰　清光緒杭州白話報刻本　一冊

330000－1781－0003950　3994　集部/別集類/清別集

西泠閨詠十六卷　(清)陳文述撰　(清)龔玉晨編　清光緒十三年(1887)西泠翠螺閣刻本　二冊

330000－1781－0003952　3971　史部/政書類/通制之屬

杭州城北商會慶祝立憲儀式頌詞演說文告不分卷　(清)杭州城北商會輯　清光緒三十二年(1906)永豐牲鉛石印書館鉛印本　一冊

330000－1781－0003953　3996　類叢部/叢書類/郡邑之屬

武林往哲遺箸五十二種後編十種　(清)丁丙編　清光緒二十年至二十六年(1894－1900)錢塘丁氏嘉惠堂刻本　四冊　存一種

330000－1781－0003954　3971C1　史部/政書類/通制之屬

杭州城北商會慶祝立憲儀式頌詞演說文告不分卷　(清)杭州城北商會輯　清光緒三十二年(1906)永豐牲鉛石印書館鉛印本　一冊

330000－1781－0003955　3969　類叢部/叢書類/郡邑之屬

武林往哲遺箸五十二種後編十種　(清)丁丙編　清光緒二十年至二十六年(1894－1900)錢塘丁氏嘉惠堂刻本　一冊　存一種

330000－1781－0003956　3970　類叢部/叢書類/郡邑之屬

武林往哲遺箸五十二種後編十種　(清)丁丙編　清光緒二十年至二十六年(1894－1900)錢塘丁氏嘉惠堂刻本　一冊　存一種

330000－1781－0003957　3975　類叢部/叢書類/郡邑之屬

武林掌故叢編一百九十種　(清)丁丙編　清光緒三年至二十六年(1877－1900)錢塘丁氏嘉惠堂刻本　一冊　存一種

330000－1781－0003958　3980　類叢部/叢書類/彙編之屬

邵武徐氏叢書二十三種　(清)徐榦編　清光緒邵武徐氏刻本　一冊　存一種

330000－1781－0003959　3976　集部/別集類/宋別集

新注朱淑真斷腸詩集十卷後集七卷補遺一卷　(宋)朱淑真撰　(宋)鄭元佐注　清光緒二十三年(1897)翠螺閣刻本　一冊

330000－1781－0003960　3977　史部/金石類/璽印之屬/通考

封泥攷略十卷　(清)吳式芬　(清)陳介祺藏並輯　清光緒三十年(1904)海豐吳氏濰縣陳氏上海石印本　十冊

330000－1781－0003961　3973　類叢部/叢書類/郡邑之屬

武林掌故叢編一百九十種　(清)丁丙編　清光緒三年至二十六年(1877－1900)錢塘丁氏嘉惠堂刻本　一冊　存一種

330000－1781－0003962　3974　類叢部/叢書類/郡邑之屬

武林掌故叢編一百九十種　(清)丁丙編　清光緒三年至二十六年(1877－1900)錢塘丁氏嘉惠堂刻本　一冊　存一種

330000－1781－0003964　4011　史部/金石類/璽印之屬/通考

封泥攷略十卷　(清)吳式芬　(清)陳介祺藏並輯　清光緒三十年(1904)海豐吳氏濰縣陳氏上海石印本　十冊

330000－1781－0003966　4012　史部/傳記類/總傳之屬/技藝

藝林悼友錄初集一卷二集一卷附錄一卷　(清)郭容光編　清光緒十八年(1892)鐵如意室刻本　二冊

330000－1781－0003967　4013　集部/別集類/清別集

金源紀事詩八卷　(清)湯運泰撰　(清)湯顯

業　(清)湯顯斡注　清同治十二年(1873)淮南書局刻本　四冊

330000－1781－0003970　4015　類叢部/叢書類/郡邑之屬

武林往哲遺箸五十二種後編十種　(清)丁丙編　清光緒二十年至二十六年(1894－1900)錢塘丁氏嘉惠堂刻本　二冊　存一種

330000－1781－0003971　4009　史部/傳記類/科舉録之屬/歷科鄉試録

道光庚子鄉試同年齒錄不分卷　清刻本　一冊

330000－1781－0003972　4021　史部/編年類/斷代之屬

明紀六十卷　(清)陳鶴輯　(清)陳克家補　清光緒十六年(1890)上海積山書局石印本　六冊

330000－1781－0003974　4024　類叢部/叢書類/自著之屬

桂馨堂集八種　(清)張廷濟撰　清道光至咸豐刻本　一冊　存一種

330000－1781－0003975　4025　史部/傳記類/總傳之屬/技藝

國朝畫徵錄三卷續錄二卷　(清)張庚撰　**明人附錄一卷**　(明)黎遂球　(明)袁樞撰　清光緒十九年(1893)上海積山書局石印本　一冊

330000－1781－0003977　4027　史部/傳記類/日記之屬

求闕齋日記類鈔二卷　(清)曾國藩撰　清末文瑞樓石印本　二冊

330000－1781－0003981　4019　史部/雜史類/斷代之屬

國語二十一卷　(三國吳)韋昭解　**校刊明道本韋氏解國語札記一卷**　(清)黄丕烈撰　清光緒二十七年(1901)上海鴻寶齋石印本　三冊

330000－1781－0003983　4020　史部/雜史類/斷代之屬

戰國策三十三卷　(漢)高誘注　**重刻剡川姚氏本戰國策札記三卷**　(清)黄丕烈撰　清光緒二十七年(1901)上海鴻寶齋石印本　五冊

330000－1781－0003986　4042　子部/醫家類/本草之屬/歷代綜合本草

重修政和經史證類備用本草三十卷　(宋)唐慎微撰　(宋)寇宗奭衍義　明萬曆刻本　一冊　存一卷(十四)

330000－1781－0003990　4048　史部/政書類/邦交之屬

大喘噢國哪喊國條約一卷　清末刻本　一冊

330000－1781－0003991　4049　史部/政書類/邦計之屬/俸餉

陸軍營制餉章不分卷　奕劻等編　清光緒刻本　一冊

330000－1781－0003993　4051　史部/政書類/邦計之屬

卹典須知一卷　清同治十二年(1873)錬之氏刻本　一冊

330000－1781－0003994　4050　史部/詔令奏議類/奏議之屬

奏定文學堂冠服章程不分卷　清光緒三十三年(1907)刻本　一冊

330000－1781－0003996　4123　史部/金石類

學古齋金石叢書四集十二種　(清)葛元煦輯　清光緒崇川葛氏學古齋刻本　一冊　存一種

330000－1781－0003997　4105　史部/雜史類/斷代之屬

周書斠補四卷　(清)孫詒讓撰　清光緒二十六年(1900)刻本　一冊

330000－1781－0003998　4125　子部/農家農學類/總論之屬

齊民要術十卷　(北魏)賈思勰撰　清石印本　四冊

330000－1781－0004000　4128　史部/金石

類/金之屬/文字

積古齋鐘鼎彝器款識十卷 （清）阮元 （清）朱為弼撰 清嘉慶九年（1804）阮元刻文選樓叢書本 二册 存五卷（一至五）

330000－1781－0004002 4079 新學/學校

蒙學書報一卷 清末石印本 一册

330000－1781－0004003 4081 史部/雜史類/斷代之屬

周書斠補四卷 （清）孫詒讓撰 清光緒二十六年（1900）刻本 一册

330000－1781－0004007 4090 史部/傳記類/日記之屬

入剡日記一卷（清光緒元年二月五日至二十九日） （清）陶濬宣撰 清光緒元年（1875）稿本 余紹宋題記 一册

330000－1781－0004008 4078 集部/別集類/清別集

雜著一卷 （清）黃體芳撰 清黃體芳稿本 一册

330000－1781－0004009 4083 集部/別集類/清別集

御製避暑山莊詩二卷 （清）聖祖玄燁撰（清）揆敘等注 清康熙五十一年（1712）內府刻朱墨套印本 一册 存一卷（上）

330000－1781－0004010 4082 集部/別集類/元別集

木訥齋文集五卷附錄一卷 （元）王毅著 清乾隆二十七年（1762）蘇遇龍刻本 一册

330000－1781－0004014 4092 集部/總集類/郡邑之屬

湖墅叢書六種 （清）王麟輯 清光緒五年（1879）錢塘王氏刻本 一册 存一種

330000－1781－0004015 4087 史部/金石類/總志之屬/圖像

求古精舍金石圖四卷 （清）陳經撰 清嘉慶十八年至二十二年（1813－1817）烏程陳經說劍樓刻本 三册

330000－1781－0004017 4095－1、2、3、5 子部/藝術類/書畫之屬/題跋

習苦齋畫絮十卷 （清）戴熙撰 （清）惠年編輯 清光緒十九年（1893）刻本 四册

330000－1781－0004018 4097C1 史部/傳記類/總傳之屬/技藝

國朝書人輯略十一卷首一卷 震鈞輯 清光緒三十四年（1908）金陵刻本 八册

330000－1781－0004019 4097C2 史部/傳記類/總傳之屬/技藝

國朝書人輯略十一卷首一卷 震鈞輯 清光緒三十四年（1908）金陵刻本 八册

330000－1781－0004020 4095C 子部/藝術類/書畫之屬/題跋

習苦齋畫絮十卷 （清）戴熙撰 （清）惠年編輯 清光緒十九年（1893）刻本 六册

330000－1781－0004021 4096 子部/藝術類/篆刻之屬/印譜

補羅迦室印譜不分卷 （清）趙之琛篆 清宣統二年（1910）西泠印社重編鈐印本 二十册

330000－1781－0004022 4098 史部/傳記類/總傳之屬/技藝

國朝書畫家筆錄四卷 竇鎮輯 清宣統三年（1911）木活字印本 八册

330000－1781－0004024 4101 子部/藝術類/書畫之屬/總論

澄蘭室古緣萃錄十八卷 邵松年輯 清光緒三十年（1904）上海鴻文書局石印本 酈承銓批 六册

330000－1781－0004028 4104 類叢部/叢書類/彙編之屬

元和江氏靈鶼閣叢書五十六種 （清）江標編 清光緒元和江氏湖南使院刻蘇州振新書社印本 十二册 存一種

330000－1781－0004030 4106 經部/詩類/傳說之屬

詩經旁訓四卷 （清）徐立綱撰 （清）俞質仁輯 清黃巖俞大西山房刻本 一册

330000－1781－0004032　4120　史部/傳記類/别傳之屬/事狀

皇清增貢生鄂士府君[戴邦棣]行狀一卷　(清)戴以恒　(清)戴其恒撰　清末武林寶晉齋刻本　一册

330000－1781－0004035　4107　經部/易類/傳説之屬

易經增訂旁訓三卷　(清)徐立綱輯　清文奎堂刻本　一册

330000－1781－0004038　4122　類叢部/叢書類/自著之屬

劉端臨先生遺書八種八卷　(清)劉台拱撰　清道光十四年(1834)揚州阮恩海刻本　二册

330000－1781－0004039　4109－1/4109－2　經部/群經總義類/傳説之屬

五經旁訓辨體合訂　(清)徐立綱輯　清乾隆五十四年(1789)上虞徐氏循陔堂刻本　二册　存一種

330000－1781－0004040　4109(2)　經部/詩類/傳説之屬

詩經增訂旁訓四卷　(清)徐立綱撰　清刻本　一册　存一卷(二)

330000－1781－0004042　4110　經部/詩類/傳説之屬

詩集傳八卷　(宋)朱熹撰　清光緒二年(1876)慎詒堂刻本　一册　存一卷(三)

330000－1781－0004043　4111　史部/傳記類/總傳之屬/郡邑

甌海軼聞五十八卷　(清)孫衣言撰　清光緒刻本　一册　存二卷(六至七)

330000－1781－0004045　4319－4320　史部/地理類/方志之屬/通志

[乾隆]山西志輯要十卷首一卷　(清)雅德修　(清)汪本直纂　**清涼山志輯要二卷**　(清)汪本直輯　清乾隆四十五年(1780)刻本　十二册

330000－1781－0004047　4324　史部/地理類/方志之屬/郡縣志

[正德]武功縣志三卷首一卷　(明)康海纂　(清)孫景烈評註　清光緒十三年(1887)刻本　一册

330000－1781－0004049　4325　史部/地理類/山川之屬/水志

莫愁湖志六卷首一卷　(清)馬士圖撰　清光緒八年(1882)刻本　一册

330000－1781－0004051　4327　類叢部/叢書類/郡邑之屬

台州叢書(名山堂叢書)九種　(清)宋世犖編　清嘉慶至道光臨海宋氏刻本　二册　存一種

330000－1781－0004053　4315　史部/地理類/方志之屬/郡縣志

[正德]朝邑縣志二卷　(明)王道修　(明)韓邦靖纂修　清刻本　一册

330000－1781－0004055　4318　史部/地理類/山川之屬/山志

金山志十卷　(清)盧見曾錄　**續金山志二卷**　(清)釋秋崖撰　清光緒二十七年(1901)刻本　六册

330000－1781－0004057　4307　史部/地理類/方志之屬/郡縣志

[淳熙]新安志十卷　(宋)羅願纂　清光緒十四年(1888)黟邑李宗煝刻本　四册

330000－1781－0004064　4306　史部/地理類/方志之屬/通志

[光緒]皖志便覽六卷　(清)李應珏撰　清光緒二十四年(1898)刻本　四册

330000－1781－0004068　4301　史部/地理類/方志之屬/郡縣志

同治上海縣志三十二卷首一卷末一卷　(清)應寶時等修　(清)俞樾　(清)方宗誠纂　清同治十年(1871)吳門臬署刻十一年(1872)南園志局重校印本　十六册

330000－1781－0004070　4300　史部/地理類/方志之屬/郡縣志

[同治]蘇州府志一百五十卷首三卷　(清)李

銘皖　(清)譚鈞培修　(清)馮桂芬纂　清光緒八年(1882)江蘇書局刻本　八十册

330000－1781－0004074　4350　史部/地理類/方志之屬/郡縣志

[乾隆]續修臺灣府志二十六卷首一卷　(清)六十七　(清)范咸同修　(清)覺羅四明　(清)余文儀續修　清乾隆三十九年(1774)刻光緒補刻本　十二册

330000－1781－0004075　4403　史部/地理類/方志之屬/郡縣志

光緒蘭溪縣志八卷首一卷附補遺一卷　(清)秦簧　(清)朱鑑章　(清)邵秉經修　(清)唐壬森纂　清光緒十三年至十五年(1887－1889)刻本　十册

330000－1781－0004076　4351　史部/地理類/輿圖之屬/郡縣

臺灣輿圖不分卷　(清)夏獻綸等纂　清光緒五年至六年(1879－1880)福建臺灣道刻本　二册

330000－1781－0004077　4403C1　史部/地理類/方志之屬/郡縣志

光緒蘭溪縣志八卷首一卷附補遺一卷　(清)秦簧　(清)朱鑑章　(清)邵秉經修　(清)唐壬森纂　清光緒十三年至十五年(1887－1889)刻本　十册

330000－1781－0004078　4403C2　史部/地理類/方志之屬/郡縣志

光緒蘭溪縣志八卷首一卷附補遺一卷　(清)秦簧　(清)朱鑑章　(清)邵秉經修　(清)唐壬森纂　清光緒十三年至十五年(1887－1889)刻本　八册　存七卷(一至五上、六至七)

330000－1781－0004079　4352　史部/地理類/輿圖之屬/郡縣

臺灣輿圖不分卷　(清)夏獻綸等纂　清光緒五年至六年(1879－1880)福建臺灣道刻本　二册

330000－1781－0004080　4403C3　史部/地理類/方志之屬/郡縣志

光緒蘭溪縣志八卷首一卷附補遺一卷　(清)秦簧　(清)朱鑑章　(清)邵秉經修　(清)唐壬森纂　清光緒十三年至十五年(1887－1889)刻本　一册　存一卷(五上)

330000－1781－0004081　4353　史部/地理類/方志之屬/郡縣志

[同治]淡水廳志十六卷　(清)陳培桂纂修　清同治十年(1871)刻本　八册

330000－1781－0004083　4356　史部/地理類/山川之屬/山志

武夷山志二十四卷首一卷　(清)董天工撰　清道光二十七年(1847)五夫尺木軒刻本　八册

330000－1781－0004084　4355　史部/地理類/山川之屬/山志

焦山志二十六卷首一卷　(清)吳雲輯　**焦山續志八卷**　(清)陳任暘輯　清同治十三年(1874)刻本　十册

330000－1781－0004086　4401　史部/地理類/方志之屬/郡縣志

[康熙]金華府志三十卷　(清)張藎修　(清)沈麟趾等纂　清宣統元年(1909)嵩連石印本　十二册

330000－1781－0004087　4405　史部/地理類/方志之屬/郡縣志

[道光]東陽縣志二十八卷首一卷　(清)党金衡纂修　清道光八年(1828)刻本　三册　存六卷(十八至二十一、二十六至二十七)

330000－1781－0004091　4409　史部/地理類/方志之屬/郡縣志

[乾隆]湯溪縣志十卷首一卷　(清)陳鍾炅修　(清)馮宗城等纂　清乾隆四十八年(1783)刻本　六册

330000－1781－0004094　4411　史部/地理類/方志之屬/郡縣志

[光緒]浦江縣志十五卷首一卷附殉難錄二卷　(清)善廣修　(清)張景青纂　清光緒二十

三年(1897)刻三十一年(1905)金國錫木活字增補本　十四册

330000－1781－0004098　4414　史部/地理類/方志之屬/郡縣志

[光緒]永康縣志十六卷首一卷　(清)李汝為　(清)郭文翹修　(清)潘樹棠　(清)陳憲超　(清)陳汝平纂　清光緒十八年(1892)刻本　十二册

330000－1781－0004099　4416　史部/地理類/方志之屬/郡縣志

[嘉慶]武義縣志十二卷首一卷　(清)張營堠修　(清)周家駒纂　清宣統二年(1910)石印本　六册

330000－1781－0004106　4427　史部/地理類/方志之屬/郡縣志

[嘉慶]西安縣志四十八卷首一卷　(清)姚寶煃修　(清)范崇楷等纂　清嘉慶十六年(1811)刻本　十二册

330000－1781－0004107　4426　史部/地理類/方志之屬/郡縣志

[康熙]衢州府志四十卷首一卷　(清)楊廷望　(清)金玉衡纂修　清光緒八年(1882)劉國光刻本　十二册

330000－1781－0004112　4446　史部/地理類/方志之屬/郡縣志

光緒分水縣志十卷首一卷末一卷　(清)陳常鏵　(清)馮圻修　(清)臧承宣等纂　清光緒三十二年(1906)刻民國三十年(1941)印本　六册

330000－1781－0004114　4421　史部/地理類/方志之屬/郡縣志

[同治]江山縣志十二卷首一卷末一卷　(清)王彬　(清)孫晉梓修　(清)朱寶慈等纂　清同治十二年(1873)文溪書院刻本　八册

330000－1781－0004115　4448　史部/地理類/方志之屬/郡縣志

光緒分水縣志十卷首一卷末一卷　(清)陳常鏵　(清)馮圻修　(清)臧承宣等纂　清光緒三十二年(1906)刻本　二册　存五卷(首,一、四至六)

330000－1781－0004116　4430　史部/地理類/方志之屬/郡縣志

[康熙]龍游縣誌十二卷首一卷　(清)盧燦修　(清)余恂纂　清康熙二十年(1681)刻本　五册

330000－1781－0004117　4450　史部/地理類/方志之屬/郡縣志

[光緒]淳安縣志十六卷首一卷　(清)劉世寧原本　(清)李詩續修　(清)陳中元　(清)竺士彥續纂　清光緒十年(1884)刻本　八册

330000－1781－0004119　4432　史部/地理類/方志之屬/郡縣志

[光緒]常山縣志六十八卷首一卷末一卷　(清)李瑞鍾修　(清)朱昌泰等纂　(清)徐起潮繪　清光緒十二年(1886)刻本　十二册

330000－1781－0004120　4433　史部/地理類/方志之屬/郡縣志

[光緒]開化縣志十四卷首一卷　(清)徐名立　(清)潘紹詮修　(清)潘樹棠纂　清光緒二十四年(1898)刻本　八册　缺二卷(十至十一)

330000－1781－0004122　4444－1、4、5、6　史部/地理類/方志之屬/郡縣志

[乾隆]桐廬縣志十六卷　(清)嚴正身等修　(清)金嘉琰等纂　清乾隆二十一年(1756)刻本　四册　存九卷(一至二、五至十一)

330000－1781－0004123　4439　史部/地理類/方志之屬/郡縣志

[光緒]嚴州府志三十八卷首一卷　(清)吳士進原本　(清)吳世榮續修　(清)鄒柏森　(清)馬斯臧等續纂　清光緒八年至九年(1882－1883)刻十六年(1890)鶴山增刻二十三年(1897)賀良樾再增刻民國二十六年(1937)重印本　二册　存四卷(一至四)

330000－1781－0004124　4440　史部/地理類/方志之屬/郡縣志

[光緒]嚴州府志三十八卷首一卷 (清)吳士進原本 (清)吳世榮續修 (清)鄒柏森(清)馬斯臧等續纂 清光緒八年至九年(1882－1883)刻本 二十二冊 缺七卷(二十一至二十七)

330000－1781－0004125 4434 史部/地理類/山川之屬/山志
爛柯山志十三卷補録一卷 (清)鄭永禧輯 清光緒三十三年(1907)不其山館刻本 四冊

330000－1781－0004126 4440C1 史部/地理類/方志之屬/郡縣志
[光緒]嚴州府志三十八卷首一卷 (清)吳士進原本 (清)吳世榮續修 (清)鄒柏森(清)馬斯臧等續纂 清光緒八年至九年(1882－1883)刻本 十三冊 存十七卷(首,一至二、五至七、九至十二、十八至十九、二十一、二十六至二十七、三十至三十一)

330000－1781－0004128 4434C 史部/地理類/山川之屬/山志
爛柯山志十三卷補録一卷 (清)鄭永禧輯 清光緒三十三年(1907)不其山館刻本 四冊

330000－1781－0004131 4437 類叢部/叢書類/彙編之屬
漸西村舍彙刊(漸西村舍叢刻)四十四種 (清)袁昶編 清光緒十六年至二十四年(1890－1898)桐廬袁氏刻本 二冊 存一種

330000－1781－0004132 4438 類叢部/叢書類/彙編之屬
漸西村舍彙刊(漸西村舍叢刻)四十四種 (清)袁昶編 清光緒十六年至二十四年(1890－1898)桐廬袁氏刻本 二冊 存一種

330000－1781－0004133 4438C1 類叢部/叢書類/彙編之屬
漸西村舍彙刊(漸西村舍叢刻)四十四種 (清)袁昶編 清光緒十六年至二十四年(1890－1898)桐廬袁氏刻本 二冊 存一種

330000－1781－0004134 4444－2、3 史部/地理類/方志之屬/郡縣志
[乾隆]桐廬縣志十六卷 (清)嚴正身等修(清)金嘉琰等纂 清乾隆二十一年(1756)刻本 二冊 存二卷(三至四)

330000－1781－0004137 4452 史部/地理類/方志之屬/郡縣志
[乾隆]遂安縣志十卷首一卷 (清)鄒錫疇(清)孫斯盛修 (清)方引彥等纂 清光緒十六年(1890)桂林唐濟木活字印本(卷十補配清乾隆刻本) 八冊

330000－1781－0004138 4452C1 史部/地理類/方志之屬/郡縣志
[乾隆]遂安縣志十卷首一卷 (清)鄒錫疇(清)孫斯盛修 (清)方引彥等纂 清光緒十六年(1890)桂林唐濟木活字印本 二冊 存二卷(七、十)

330000－1781－0004143 4501 史部/地理類/方志之屬/通志
[雍正]勅修浙江通志二百八十卷首三卷 (清)嵇曾筠 (清)李衛等修 (清)沈翼機 (清)傅王露等纂 清光緒二十五年(1899)浙江書局刻本 一百二十冊

330000－1781－0004145 4500 史部/地理類/方志之屬/通志
[雍正]勅修浙江通志二百八十卷首三卷 (清)嵇曾筠 (清)李衛等修 (清)沈翼機 (清)傅王露等纂 清光緒二十五年(1899)浙江書局刻本 一百二十冊

330000－1781－0004148 4513 史部/地理類/方志之屬/通志
浙志便覽七卷 (清)李應珏撰 清光緒十七年(1891)杭城吏隱齋刻本 四冊

330000－1781－0004149 4505 史部/地理類/雜志之屬
浙江全省輿圖並水陸道里記不分卷 (清)宗源瀚等纂 清光緒二十年(1894)石印本 二十冊

330000－1781－0004151 4510 史部/政書類/邦計之屬/賦稅

浙江全省官有建築物價額及租金收益分類總計表不分卷　清抄本　一冊

330000－1781－0004152　4509　史部/地理類/水利之屬

浙西水利備考不分卷　(清)王鳳生撰　清光緒四年(1878)浙江書局刻本　四冊

330000－1781－0004153　4505C　史部/地理類/雜志之屬

浙江全省輿圖並水陸道里記不分卷　(清)宗源瀚等纂　清光緒二十年(1894)石印本　十五冊

330000－1781－0004154　4509C1　史部/地理類/水利之屬

浙西水利備考不分卷　(清)王鳳生撰　清光緒四年(1878)浙江書局刻本　四冊

330000－1781－0004156　4505C2　史部/地理類/雜志之屬

浙江全省輿圖並水陸道里記不分卷　(清)宗源瀚等纂　清光緒二十年(1894)石印本　二冊

330000－1781－0004158　4507　史部/地理類/專志之屬/祠墓

兩浙防護陵寢祠墓錄一卷　(清)阮元輯　清光緒十五年(1889)浙江書局刻本　二冊

330000－1781－0004159　4506　史部/地理類/方志之屬/通志

[康熙]浙江通志五十卷首一卷　(清)王國安等修　(清)黃宗羲等纂　清康熙二十三年(1684)刻本　二十六冊　缺十卷(四十一至五十)

330000－1781－0004160　16364　史部/雜史類/斷代之屬

欽定蒙古源流八卷　清刻本　沈曾植校　張爾田題識　四冊

330000－1781－0004163　16373　子部/藝術類/篆刻之屬

印品八集　(明)朱簡摹輯　明萬曆三十九年(1611)刻鈐印本　二冊　存二集(一至二)

330000－1781－0004164　16375　子部/藝術類/書畫之屬/畫譜

竹譜不分卷　(明)程大憲撰　明萬曆三十一年(1603)刻本　二冊

330000－1781－0004165　16372　子部/藝術類/篆刻之屬/印譜

蟫藻閣摹印不分卷　清鈐印本　二冊

330000－1781－0004166　16376　子部/藝術類/篆刻之屬/印譜

明臣印譜不分卷　(明)詹荷篆　明萬曆三十六年(1608)鈐印本　二冊

330000－1781－0004167　16370　子部/藝術類/篆刻之屬/印譜

西泠六家印存六卷　(清)傅栻輯　清光緒十八年(1892)刻鈐印本　四冊

330000－1781－0004168　16360　史部/紀傳類/別史之屬

藏書六十八卷續藏書二十七卷　(明)李贄撰　(明)陳仁錫評正　明末刻本　五冊　存十一卷(續藏書一至四、六至十二)

330000－1781－0004169　16365　類叢部/類書類/通類之屬

增訂二三場羣書備考四卷　(明)袁黃著　(明)袁儼註　(明)沈昌世增　(明)徐行敏訂　明崇禎五年(1632)刻本　四冊

330000－1781－0004170　16366　子部/叢編

六子書　(明)顧春編　明嘉靖十二年(1533)顧春世德堂刻本　三冊　存一種

330000－1781－0004171　16367　集部/詩文評類/制藝之屬

新刊子史群書論策全備摘題雲龍便覽四卷　(明)郝孔昭輯　明隆慶四年(1570)金陵唐廷仁刻本　一冊

330000－1781－0004172　16361　史部/政書類/軍政之屬/邊政

籌海圖編十三卷　(明)鄭若曾撰　明天啓四年(1624)胡維極刻本　八冊　缺四卷(六至八、十一)

330000－1781－0004173　4514　史部/地理類/專志之屬/祠墓

兩浙防護陵寢祠墓錄一卷　(清)阮元輯　清光緒十五年(1889)浙江書局刻本　二册

330000－1781－0004174　4514C1　史部/地理類/專志之屬/祠墓

兩浙防護陵寢祠墓錄一卷　(清)阮元輯　清光緒十五年(1889)浙江書局刻本　二册

330000－1781－0004175　4519B　史部/地理類/水利之屬

海塘新志六卷續四卷　(清)琅玕撰　清刻本　四册

330000－1781－0004176　4516　史部/地理類/方志之屬/通志

浙志便覽七卷　(清)李應珏撰　清光緒十七年(1891)杭城吏隱齋刻本　四册

330000－1781－0004177　4514C2　史部/地理類/專志之屬/祠墓

兩浙防護陵寢祠墓錄一卷　(清)阮元輯　清光緒十五年(1889)浙江書局刻本　二册

330000－1781－0004182　4519　史部/地理類/水利之屬

海塘新志六卷　(清)琅玕撰　清乾隆徐綬刻本　十二册

330000－1781－0004183　4519C1　史部/地理類/水利之屬

海塘新志六卷　(清)琅玕撰　清道光刻本　四册

330000－1781－0004184　4520　史部/地理類/方志之屬/郡縣志

[乾隆]杭州府志一百十卷首六卷　(清)鄭澐修　(清)邵晉涵等纂　清乾隆四十九年(1784)刻本　四十四册　缺十四卷(三至十二、五十二至五十五)

330000－1781－0004189　4521B　史部/地理類/方志之屬/郡縣志

[乾隆]杭州府志一百十卷首六卷　(清)鄭澐修　(清)邵晉涵等纂　清乾隆四十九年(1784)刻本　一册　存三卷(五十七至五十九)

330000－1781－0004190　4525　史部/地理類/方志之屬/郡縣志

咸淳臨安志一百卷　(宋)潛說友纂　**校栞咸淳臨安志札記三卷**　(清)黄士珣撰　清道光十年(1830)錢塘汪氏振綺堂刻同治六年(1867)、光緒十六年(1890)補刻本(卷九十、九十八至一百原缺)　二十四册

330000－1781－0004191　4522　史部/地理類/方志之屬/郡縣志

乾道臨安志十五卷　(宋)周淙纂　清光緒二十年(1894)孫氏壽松堂刻本(卷四至十五原缺)　二册

330000－1781－0004192　4525C1　史部/地理類/方志之屬/郡縣志

咸淳臨安志一百卷　(宋)潛說友纂　**校栞咸淳臨安志札記三卷**　(清)黄士珣撰　清道光十年(1830)錢塘汪氏振綺堂刻同治六年(1867)補刻本(卷九十、九十八至一百原缺)　二十四册

330000－1781－0004193　4525C2　史部/地理類/方志之屬/郡縣志

咸淳臨安志一百卷　(宋)潛說友纂　**校栞咸淳臨安志札記三卷**　(清)黄士珣撰　清道光十年(1830)錢塘汪氏振綺堂刻同治六年(1867)補刻本(卷九十、九十八至一百原缺)　二十四册

330000－1781－0004194　4522C1　史部/地理類/方志之屬/郡縣志

乾道臨安志十五卷　(宋)周淙纂　清光緒二十年(1894)孫氏壽松堂刻本(卷四至十五原缺)　一册

330000－1781－0004195　4525C3　史部/地理類/方志之屬/郡縣志

咸淳臨安志一百卷　(宋)潛說友纂　**校栞咸淳臨安志札記三卷**　(清)黄士珣撰　清道光十年(1830)錢塘汪氏振綺堂刻同治六年(1867)、光緒十六年(1890)補刻本(卷九十、

九十八至一百原缺） 二十二冊 缺五卷（一至五）

330000－1781－0004196 4522C2 史部/地理類/方志之屬/郡縣志
［乾道］臨安志十五卷 （宋）周淙撰 清光緒二十年（1894）孫氏壽松堂刻本（卷四至十五原缺） 一冊

330000－1781－0004197 4526 史部/地理類/方志之屬/郡縣志
乾道臨安志十五卷 （宋）周淙纂 清抄本（卷四至十五原缺） 清向善跋 二冊

330000－1781－0004198 4523 史部/地理類/方志之屬/郡縣志
［乾道］臨安志十五卷 （宋）周淙撰 清光緒竹書堂刻本（卷四至十五原缺） 一冊

330000－1781－0004199 4527 史部/地理類/方志之屬/郡縣志
［乾道］臨安志十五卷 （宋）周淙撰 清光緒竹書堂刻本（卷四至十五原缺） 一冊

330000－1781－0004200 4524 史部/地理類/方志之屬/郡縣志
淳祐臨安志不分卷 （宋）施諤撰 清抄本 二冊

330000－1781－0004201 4528 類叢部/叢書類/郡邑之屬
武林掌故叢編一百九十種 （清）丁丙編 清光緒三年至二十六年（1877－1900）錢塘丁氏嘉惠堂刻本 四冊 存一種

330000－1781－0004202 4529 類叢部/叢書類/郡邑之屬
武林掌故叢編一百九十種 （清）丁丙編 清光緒三年至二十六年（1877－1900）錢塘丁氏嘉惠堂刻本 六冊 存一種

330000－1781－0004203 2529C1 類叢部/叢書類/郡邑之屬
武林掌故叢編一百九十種 （清）丁丙編 清光緒三年至二十六年（1877－1900）錢塘丁氏嘉惠堂刻本 六冊 存一種

330000－1781－0004204 4530－4637 類叢部/叢書類/郡邑之屬
武林掌故叢編一百九十種 （清）丁丙編 清光緒三年至二十六年（1877－1900）錢塘丁氏嘉惠堂刻本 二百八冊

330000－1781－0004206 4641 類叢部/叢書類/郡邑之屬
武林掌故叢編一百九十種 （清）丁丙編 清光緒三年至二十六年（1877－1900）錢塘丁氏嘉惠堂刻本 二冊 存一種

330000－1781－0004207 4641C1 類叢部/叢書類/郡邑之屬
武林掌故叢編一百九十種 （清）丁丙編 清光緒三年至二十六年（1877－1900）錢塘丁氏嘉惠堂刻本 二冊 存一種

330000－1781－0004210 4644 史部/政書類/軍政之屬/兵制
杭州八旗駐防營志略二十五卷 （清）張大昌輯 清光緒十九年（1893）浙江書局刻本 六冊

330000－1781－0004211 4645 史部/地理類/遊記之屬/紀勝
湖山便覽十二卷 （清）翟灝 （清）翟瀚輯 清光緒元年（1875）杭州王維翰槐蔭堂刻本 六冊

330000－1781－0004212 4646 類叢部/叢書類/郡邑之屬
武林掌故叢編一百九十種 （清）丁丙編 清光緒三年至二十六年（1877－1900）錢塘丁氏嘉惠堂刻本 四冊 存一種

330000－1781－0004213 4647 類叢部/叢書類/郡邑之屬
武林掌故叢編一百九十種 （清）丁丙編 清光緒三年至二十六年（1877－1900）錢塘丁氏嘉惠堂刻本 一冊 存一種

330000－1781－0004214 4648 史部/傳記類/總傳之屬/文苑
西湖三祠名賢考畧三卷首一卷 （清）戴啟文

撰　清光緒三十年(1904)刻本　二册

330000－1781－0004215　4649　類叢部/叢書類/郡邑之屬
武林掌故叢編一百九十種　(清)丁丙編　清光緒三年至二十六年(1877－1900)錢塘丁氏嘉惠堂刻本　一册　存一種

330000－1781－0004216　4560　類叢部/叢書類/郡邑之屬
武林掌故叢編一百九十種　(清)丁丙編　清光緒三年至二十六年(1877－1900)錢塘丁氏嘉惠堂刻本　四册　存一種

330000－1781－0004217　4651　類叢部/叢書類/郡邑之屬
武林掌故叢編一百九十種　(清)丁丙編　清光緒三年至二十六年(1877－1900)錢塘丁氏嘉惠堂刻本　三册　存一種

330000－1781－0004218　4652　史部/地理類/雜志之屬
湖墅小志四卷　(清)高鵬年輯　清光緒二十二年(1896)石印本　二册

330000－1781－0004220　4654　史部/地理類/專志之屬/寺觀
杭州上天竺講寺誌十五卷　(明)釋廣賓纂　清順治刻本　四册

330000－1781－0004222　4656　類叢部/叢書類/郡邑之屬
武林掌故叢編一百九十種　(清)丁丙編　清光緒三年至二十六年(1877－1900)錢塘丁氏嘉惠堂刻本　二册　存一種

330000－1781－0004223　4657　類叢部/叢書類/郡邑之屬
武林掌故叢編一百九十種　(清)丁丙編　清光緒三年至二十六年(1877－1900)錢塘丁氏嘉惠堂刻本　一册　存一種

330000－1781－0004224　4657C1　類叢部/叢書類/郡邑之屬
武林掌故叢編一百九十種　(清)丁丙編　清光緒三年至二十六年(1877－1900)錢塘丁氏嘉惠堂刻本　一册　存一種

330000－1781－0004225　4658　類叢部/叢書類/郡邑之屬
武林掌故叢編一百九十種　(清)丁丙編　清光緒三年至二十六年(1877－1900)錢塘丁氏嘉惠堂刻本　三册　存一種

330000－1781－0004226　4659　史部/地理類/專志之屬/寺觀
武林靈隱寺誌八卷　(清)孫治輯　(清)徐增重修　(清)釋戒顯校　清康熙刻本　四册

330000－1781－0004227　4660　史部/地理類/專志之屬/祠墓
吴山伍公廟志六卷首一卷附一卷　(清)金文淳等纂輯　清光緒二年(1876)刻本　一册

330000－1781－0004228　4661　史部/地理類/專志之屬/寺觀
吴山城隍廟志八卷首一卷　(清)朱文藻等輯　清光緒四年(1878)錢塘丁氏刻本　四册

330000－1781－0004231　4665　史部/地理類/山川之屬/水志
西湖志纂十五卷首一卷　(清)沈德潛　(清)傅王露　(清)梁詩正纂　清乾隆二十年(1755)賜經堂刻二十七年(1762)增刻本　五册　缺四卷(首、五至七)

330000－1781－0004232　4667　類叢部/叢書類/郡邑之屬
武林掌故叢編一百九十種　(清)丁丙編　清光緒三年至二十六年(1877－1900)錢塘丁氏嘉惠堂刻本　一册　存一種

330000－1781－0004233　4669　類叢部/叢書類/郡邑之屬
武林掌故叢編一百九十種　(清)丁丙編　清光緒三年至二十六年(1877－1900)錢塘丁氏嘉惠堂刻本　四册　存一種

330000－1781－0004234　4669C1　類叢部/叢書類/郡邑之屬
武林掌故叢編一百九十種　(清)丁丙編　清光緒三年至二十六年(1877－1900)錢塘丁氏

嘉惠堂刻本　二册　存一種

330000－1781－0004235　4670　史部/地理類/專志之屬/寺觀

辯利院志三卷　(清)翟灝撰　(清)吳樹虚增訂　清乾隆刻道光十年(1830)印本　一册

330000－1781－0004240　4675　類叢部/叢書類/郡邑之屬

武林掌故叢編一百九十種　(清)丁丙編　清光緒三年至二十六年(1877－1900)錢塘丁氏嘉惠堂刻本　四册　存一種

330000－1781－0004241　4676　類叢部/叢書類/郡邑之屬

武林掌故叢編一百九十種　(清)丁丙編　清光緒三年至二十六年(1877－1900)錢塘丁氏嘉惠堂刻本　一册　存一種

330000－1781－0004242　4677　類叢部/叢書類/郡邑之屬

武林掌故叢編一百九十種　(清)丁丙編　清光緒三年至二十六年(1877－1900)錢塘丁氏嘉惠堂刻本　一册　存一種

330000－1781－0004243　4678　類叢部/叢書類/郡邑之屬

武林掌故叢編一百九十種　(清)丁丙編　清光緒三年至二十六年(1877－1900)錢塘丁氏嘉惠堂刻本　一册　存一種

330000－1781－0004244　4679　史部/地理類/方志之屬/郡縣志

[光緒]唐棲志二十卷　(清)王同輯　清光緒十五年至十六年(1889－1890)刻本　八册

330000－1781－0004246　4681　類叢部/叢書類/郡邑之屬

武林掌故叢編一百九十種　(清)丁丙編　清光緒三年至二十六年(1877－1900)錢塘丁氏嘉惠堂刻本　三册　存一種

330000－1781－0004247　4682　類叢部/叢書類/郡邑之屬

武林掌故叢編一百九十種　(清)丁丙編　清光緒三年至二十六年(1877－1900)錢塘丁氏嘉惠堂刻本　二册　存一種

330000－1781－0004248　4683　類叢部/叢書類/郡邑之屬

武林掌故叢編一百九十種　(清)丁丙編　清光緒三年至二十六年(1877－1900)錢塘丁氏嘉惠堂刻本　三册　存一種

330000－1781－0004249　4683C1　類叢部/叢書類/郡邑之屬

武林掌故叢編一百九十種　(清)丁丙編　清光緒三年至二十六年(1877－1900)錢塘丁氏嘉惠堂刻本　三册　存一種

330000－1781－0004250　4684　類叢部/叢書類/郡邑之屬

武林掌故叢編一百九十種　(清)丁丙編　清光緒三年至二十六年(1877－1900)錢塘丁氏嘉惠堂刻本　二册　存一種

330000－1781－0004251　16416　集部/總集類/彙編之屬

秦淮四美人詩四卷　(明)馬守真等撰　明萬曆四十六年(1618)刻本　酈承銓題記　一册

330000－1781－0004252　4685　史部/地理類/專志之屬/祠墓

岳廟志略十卷首一卷　(清)馮培輯　清光緒五年(1879)浙江書局刻本　四册

330000－1781－0004253　4686　史部/地理類/遊記之屬/紀勝

湖山便覽十二卷　(清)翟灝　(清)翟瀚輯　清光緒元年(1875)杭州王維翰槐蔭堂刻本　六册

330000－1781－0004255　4704　史部/地理類/山川之屬/水志

西湖志四十八卷　(清)李衛　(清)程元章修　(清)傅王露纂　清光緒四年(1878)浙江書局刻本　二十册

330000－1781－0004257　4690　類叢部/叢書類/郡邑之屬

武林掌故叢編一百九十種　(清)丁丙編　清光緒三年至二十六年(1877－1900)錢塘丁氏

嘉惠堂刻本　一册　存一種

330000－1781－0004259　4702　史部/地理類/山川之屬/水志

西湖志四十八卷　(清)李衛　(清)程元章修　(清)傅王露纂　清乾隆刻本　二十四册

330000－1781－0004260　4692　史部/地理類/專志之屬/寺觀

玉皇山廟誌不分卷　(清)卓炳森輯　清光緒七年(1881)刻本　一册

330000－1781－0004261　4692C1　史部/地理類/專志之屬/寺觀

玉皇山廟誌不分卷　(清)卓炳森輯　清光緒七年(1881)刻本　一册

330000－1781－0004262　4693　類叢部/叢書類/郡邑之屬

武林掌故叢編一百九十種　(清)丁丙編　清光緒三年至二十六年(1877－1900)錢塘丁氏嘉惠堂刻本　八册　存一種

330000－1781－0004263　4694　集部/總集類/題詠之屬

西湖韓蘄王翠微亭題名攷一卷集字詩一卷附一卷　(清)汪繼壕等撰　清齏臼盦刻本　一册

330000－1781－0004264　4695　類叢部/叢書類/郡邑之屬

武林掌故叢編一百九十種　(清)丁丙編　清光緒三年至二十六年(1877－1900)錢塘丁氏嘉惠堂刻本　一册　存一種

330000－1781－0004265　4703　史部/地理類/山川之屬/水志

西湖志四十八卷　(清)李衛　(清)程元章修　(清)傅王露纂　清雍正十三年(1735)兩浙鹽驛道庫刻本　十四册

330000－1781－0004268　4700　史部/地理類/專志之屬/祠墓

汪王廟志畧一卷　(清)汪文炳輯　清光緒三十一年(1905)刻本　一册

330000－1781－0004271　4701C　類叢部/叢書類/郡邑之屬

武林掌故叢編一百九十種　(清)丁丙編　清光緒三年至二十六年(1877－1900)錢塘丁氏嘉惠堂刻本　二册　存一種

330000－1781－0004272　4695A　史部/地理類/專志之屬/園林

約園志一卷　(清)徐樹銘輯　清光緒二十三年(1897)刻本　一册

330000－1781－0004273　4696　類叢部/叢書類/郡邑之屬

武林掌故叢編一百九十種　(清)丁丙編　清光緒三年至二十六年(1877－1900)錢塘丁氏嘉惠堂刻本　一册　存一種

330000－1781－0004274　16413　類叢部/叢書類/彙編之屬

廣漢魏叢書八十種　(明)何允中編　明刻本　沈曾植批　二册　存一種

330000－1781－0004275　16412　史部/金石類/郡邑之屬/目録

京畿金石考二卷　(清)孫星衍撰　清乾隆孫氏問字堂木活字印本　沈曾植批　二册

330000－1781－0004276　16421　子部/藝術類/總論之屬

平生壯觀十卷　(清)顧復著　清抄本　沈曾植批跋　四册

330000－1781－0004277　16408　史部/職官類/官箴之屬

實政録七卷　(明)吕坤撰　明萬曆二十六年(1598)趙文炳刻本　一册　存一卷(明職)

330000－1781－0004278　16414　集部/别集類/宋别集

晞髮集六卷　(宋)謝翱撰　明隆慶六年(1572)邵廉、凌琯刻本　二册

330000－1781－0004279　16415　子部/小説家類/雜事之屬

客舍偶聞一卷　(清)彭貽孫撰　清乾隆抄本　沈漱石、沈熲跋　一册

330000－1781－0004280　16417　集部/别集類/唐五代别集

白氏文集七十一卷　(唐)白居易撰　明嘉靖十七年(1538)吳郡伍忠光龍池草堂刻本　三冊　存五卷(七至八、十九至二十一)

330000－1781－0004281　16417　集部/總集類/彙編之屬

元白長慶集一百四十一卷　(明)馬元調編　明萬曆三十二年至三十四年(1604－1606)松江馬元調魚樂軒刻本　十一冊　存三十七卷(白氏長慶集三十一至五十八、六十三至七十一)

330000－1781－0004282　16402　子部/宗教類/佛教之屬

法藏一勺錄一卷　沈曾植撰　稿本　一冊

330000－1781－0004283　16404　子部/雜著類/雜考之屬

古今氏族雜證二卷　(清)趙佑撰　清乾隆稿本　二冊

330000－1781－0004284　16407　類叢部/叢書類/彙編之屬

武英殿聚珍版叢書　清乾隆武英殿木活字印本　四冊　存一種

330000－1781－0004285　16409　史部/金石類/石之屬

寶刻類編八卷　清初抄本　四冊

330000－1781－0004286　16410　史部/金石類/總志之屬/題跋

求古精舍金石圖題辭一卷　(清)阮元　(清)潘世恩等題　稿本　一冊

330000－1781－0004287　16437　史部/地理類/外紀之屬

諸蕃志二卷　(宋)趙汝适撰　清嘉慶十年(1805)虞山張氏照曠閣刻學津討原本　沈曾植批　二冊

330000－1781－0004288　16411　史部/金石類/錢幣之屬/雜著

歷代鐘官圖經八卷　(清)陳萊孝撰　清抄本　八冊

330000－1781－0004289　16424　子部/雜著類/雜考之屬

東觀餘論二卷　(宋)黄伯思撰　清嘉慶十年(1805)虞山張氏照曠閣刻學津討原本　沈曾植批　四冊

330000－1781－0004290　16422　子部/叢編

五子書　(明)歐陽清編　明嘉靖二十三年(1544)歐陽清刻本　三冊　存一種

330000－1781－0004292　16389　子部/藝術類/書畫之屬/書法書品

墨池瑣錄四卷　(明)楊慎撰　清乾隆陳殿揚刻本　清沈叔埏批　一冊

330000－1781－0004293　16392　史部/雜史類/斷代之屬

平定粵寇紀略不分卷　(清)李圭撰　稿本　一冊

330000－1781－0004294　16384　史部/地理類/雜志之屬

佛國記一卷　(晉)釋法顯撰　清嘉慶十年(1805)虞山張氏照曠閣刻學津討原本　沈曾植批　一冊

330000－1781－0004295　16383　經部/三禮總義類/通禮雜禮之屬

禮書一百五十卷　(宋)陳祥道撰　明崇禎張溥刻本　十二冊

330000－1781－0004296　16393　史部/傳記類/别傳之屬/年譜

葉信國公[夢鼎]年譜不分卷　(元)葉應友　(元)葉夢鼎撰　清抄本　章梫校　一冊

330000－1781－0004297　16386　史部/史評類/史論之屬

史懷十七卷　(明)鍾惺撰　(明)陶珽評　明崇禎刻本　五冊

330000－1781－0004298　16395　類叢部/叢書類/彙編之屬

重訂欣賞編五十三種　(明)沈津編　(明)茅

一相續編　明刻本　二冊　存一種

330000－1781－0004299　16390　子部/藝術類/書畫之屬/書法書品

法書要錄十卷　(唐)張彥遠集　明刻本　三冊　存四卷(一至二、九至十)

330000－1781－0004300　16368　類叢部/類書類/通類之屬

錦繡萬花谷前集四十卷後集四十卷續集四十卷　(宋)□□撰　明嘉靖刻本　十二冊　存六十六卷(前集十九至三十六、後集三十三至四十、續集一至四十)

330000－1781－0004301　16381　子部/天文曆算類/曆法之屬

大明嘉靖十九年歲次庚子大統曆一卷　(明)欽天監編　明嘉靖欽天監刻本　一冊

330000－1781－0004302　16382　子部/天文曆算類/曆法之屬

大明嘉靖十年歲次辛卯大統曆一卷　(明)欽天監編　明嘉靖欽天監刻本　一冊

330000－1781－0004303　16388　子部/道家類

解莊十二卷　(明)陶望齡撰　(明)郭正域評　明天啓元年(1621)茅兆和刻套印本　四冊　存七卷(一至七)

330000－1781－0004304　16394　史部/地理類/遊記之屬/紀行

長春真人西遊記二卷　(元)李志常撰　清道光二十七年(1847)刻連筠簃叢書本　沈曾植批　一冊

330000－1781－0004305　16391　史部/政書類/律令之屬/法驗

宋元檢驗三錄　(清)吳鼒輯　清嘉慶十七年(1812)吳鼒刻本　沈曾植批校　四冊

330000－1781－0004306　16378　經部/小學類/訓詁之屬/字詁

助字辨略五卷　(清)劉淇撰　清康熙五十年(1711)刻本　清錢泰吉跋　五冊

330000－1781－0004307　16385　經部/易類/正文之屬

周易不分卷　明刻本　一冊

330000－1781－0004308　16379　子部/雜著類/雜說之屬

風俗通義十卷　(漢)應劭撰　清道光六年(1826)廣州喜聞過齋刻本　沈曾植批　二冊

330000－1781－0004309　16377　子部/雜著類/雜考之屬

日知錄三十二卷　(清)顧炎武撰　清康熙三十四年(1695)潘耒遂初堂刻本　清何焯批校　二十冊

330000－1781－0004310　16362　經部/群經總義類/傳說之屬

五經大全　(明)胡廣等輯　明內府刻本　十二冊　存一種

330000－1781－0004311　16380　子部/雜著類/雜說之屬

穀山筆麈十八卷　(明)于慎行撰　(明)郭應寵編　明萬曆四十一年(1613)東阿于緯刻本　二冊　存十二卷(四至十五)

330000－1781－0004312　16359　史部/紀傳類/別史之屬

藏書六十八卷　(明)李贄撰　(明)陳仁錫評正　明天啓元年(1621)刻本　十三冊　存六十三卷(一至二、四至三十一、三十六至六十八)

330000－1781－0004313　16371　子部/藝術類/篆刻之屬/印譜

程氏印譜二卷　(明)程大憲著　明萬曆三十六年(1608)滋蕃館鈐刻本　二冊

330000－1781－0004314　16363　史部/地理類/山川之屬/水志

水經二卷　題(漢)桑欽撰　明末刻本　一冊

330000－1781－0004315　7328　經部/儀禮類/傳說之屬

儀禮正義四十卷　(清)胡培翬撰　(清)楊大堉補　清咸豐二年(1852)刻本　二十冊

330000－1781－0004318　7331　類叢部/叢書類/自著之屬

武陵山人遺書十種續刊二種　(清)顧觀光撰　清光緒九年(1883)獨山莫祥芝上海刻本　八冊

330000－1781－0004319　7332　史部/叢編

顧氏式種八卷　(清)顧觀光撰　清光緒五年(1879)刻二十八年(1902)印本　四冊

330000－1781－0004320　7333　經部/春秋總義類/專著之屬

春秋地名攷略十四卷　(清)高士奇撰　清康熙刻本　四冊

330000－1781－0004321　7334　經部/易類/圖說之屬

易圖解一卷　(清)德沛撰　清刻本　一冊

330000－1781－0004322　7335　經部/易類/傳說之屬

周易本義四卷圖說一卷新增圖說一卷卦歌一卷　(宋)朱熹撰　清光緒三年(1877)永康胡氏退補齋刻本　二冊

330000－1781－0004323　7336　經部/儀禮類/傳說之屬

儀禮釋官九卷首一卷　(清)胡匡衷撰　清同治八年(1869)績谿胡肇智刻本　四冊

330000－1781－0004324　7382　史部/地理類/雜志之屬

龍井見聞錄十卷附宋僧元淨外傳二卷　(清)汪孟鋗纂　清乾隆刻本　四冊

330000－1781－0004325　7338(9)　子部/叢編

十子全書　(清)王子興編　清嘉慶九年(1804)姑蘇王氏聚文堂刻本　四冊　存一種

330000－1781－0004326　7380(1)、(2)　類叢部/叢書類/郡邑之屬

武林掌故叢編一百九十種　(清)丁丙編　清光緒三年至二十六年(1877－1900)錢塘丁氏嘉惠堂刻本　五冊　存二種

330000－1781－0004327　7337　類叢部/叢書類/彙編之屬

漢魏叢書三十八種　(明)程榮編　明萬曆新安程氏刻本　一冊　存二種

330000－1781－0004328　7381　類叢部/叢書類/郡邑之屬

武林掌故叢編一百九十種　(清)丁丙編　清光緒三年至二十六年(1877－1900)錢塘丁氏嘉惠堂刻本　四冊　存一種

330000－1781－0004329　7338(8)　子部/叢編

十子全書　(清)王子興編　清嘉慶九年(1804)姑蘇王氏聚文堂刻本　一冊　存一種

330000－1781－0004330　7338(1)－(7)、7338(10)　子部/叢編

十子全書　(清)王子興編　清嘉慶九年(1804)姑蘇王氏聚文堂刻本　二十三冊　存七種

330000－1781－0004331　7350　經部/叢編

通志堂經解一百三十九種　(清)納蘭成德輯　清康熙十九年(1680)納蘭成德刻本　二冊　存一種

330000－1781－0004332　7351　經部/三禮總義類/通禮雜禮之屬

禮箋三卷　(清)金榜撰　清乾隆五十九年(1794)方起泰、胡國輔游文齋刻本　二冊

330000－1781－0004333　7352　經部/群經總義類/文字音義之屬

經傳釋詞十卷　(清)王引之撰　清嘉慶二十四年(1819)高郵王氏刻本　四冊

330000－1781－0004334　7353　子部/藝術類/書畫之屬/畫譜

古歙山川圖一卷　(清)吳逸繪　清刻本　一冊

330000－1781－0004338　7354　史部/地理類/方志之屬/郡縣志

[道光]歙縣志十卷首一卷　(清)勞逢源修　(清)沈伯棠等纂　清道光八年(1828)刻本

十二册

330000－1781－0004339　7388　史部/傳記類/總傳之屬/忠孝

杭州府節孝全録不分卷續録不分卷　清光緒刻本　一册

330000－1781－0004340　7355　史部/地理類/方志之屬/郡縣志

[康熙]歙縣志十二卷　（清）靳治荆修（清）吴苑　（清）程濬纂　清康熙二十九年（1690）刻本　八册

330000－1781－0004341　7389　類叢部/叢書類/郡邑之屬

武林掌故叢編一百九十種　（清）丁丙編　清光緒三年至二十六年（1877－1900）錢塘丁氏嘉惠堂刻本　二册　存一種

330000－1781－0004342　7375　類叢部/叢書類/彙編之屬

漸西村舍彙刊（漸西村舍叢刻）四十四種（清）袁昶編　清光緒十六年至二十四年（1890－1898）桐廬袁氏刻本　二册　存一種

330000－1781－0004344　7378　史部/地理類/方志之屬/郡縣志

[光緒]蓬州志十五卷　（清）方旭修　（清）張禮杰等纂　清光緒二十三年（1897）刻本三册

330000－1781－0004347　7340　經部/詩類/傳説之屬

毛詩禮徵十卷　（清）包世榮撰　清道光七年（1827）包世臣小倦游閣刻八年（1828）印本六册

330000－1781－0004348　7341　類叢部/叢書類/自著之屬

朱子遺書初刻八種二刻七種　（宋）朱熹撰　清康熙禦兒吕氏寶誥堂刻本　一册　存一種

330000－1781－0004350　7342　子部/儒家類/儒學之屬/經濟

朱子議政録一卷　（清）邢廷莢纂　清光緒二十九年（1903）桐鄉勞乃宣鉛印本　一册

330000－1781－0004352　7345　類叢部/叢書類/自著之屬

石屋書四種　（清）曹金籀撰　清同治仁和曹氏刻本　一册　存一種

330000－1781－0004353　7346　子部/墨家類

墨子閒詁十五卷目録一卷附録一卷後語二卷（清）孫詒讓撰　（清）王景羲校　清光緒三十三年（1907）瑞安孫氏刻本　八册

330000－1781－0004354　7361　史部/地理類/山川之屬/山志

廣雁蕩山誌二十八卷首一卷末一卷　（清）曾唯輯　清乾隆五十五年（1790）刻同治補刻本八册

330000－1781－0004355　7347　經部/四書類/總義之屬

論語書法一卷孟子書法一卷讀四書一卷（清）張瑛撰　清光緒十年（1884）江蘇臯署石印本　一册

330000－1781－0004357　7348　經部/春秋總義類/專著之屬

春秋世族輯畧二卷　（清）王文源撰　清道光二十五年（1845）陳氏敏求軒刻本　二册

330000－1781－0004358　7363　史部/地理類/雜志之屬

篁墩辯二卷黄墩説一卷　（清）黄琯撰　清刻本　一册

330000－1781－0004360　7364　史部/地理類/遊記之屬

流沙訪古記一卷　羅振玉撰　清宣統元年（1909）誦芬室鉛印本　一册

330000－1781－0004361　7356（1）　史部/地理類/方志之屬/郡縣志

[天啓]歙縣志三十六卷　（明）戴東旻纂修明天啓四年（1624）刻本　一册　存一卷（二十）

330000－1781－0004363　7356（2）　史部/地理類/方志之屬/郡縣志

[順治]歙縣志十四卷　(清)宋希肅修　(清)吳孔嘉等纂　清順治四年(1647)刻本　黃賓虹題記　二册　存三卷(十一至十三)

330000－1781－0004364　7356(3)　史部/地理類/方志之屬/郡縣志

[乾隆]歙縣志二十卷首一卷　(清)張佩芳修　(清)劉大櫆等纂　清乾隆三十六年(1771)刻本　一册　存一卷(首)

330000－1781－0004366　7356(5)　史部/地理類/方志之屬/郡縣志

歙縣志□□卷　清刻本　一册　存五卷(四至八)

330000－1781－0004367　7356(4)　史部/地理類/方志之屬/郡縣志

[道光]歙縣志十卷首一卷　(清)勞逢源修　(清)沈伯棠等纂　清道光八年(1828)刻本　一册　存二卷(首、一)

330000－1781－0004370　7371　史部/地理類/山川之屬/山志

黃山志二卷　(清)張佩芳撰　清乾隆三十六年(1771)刻本　二册

330000－1781－0004372　7367　類叢部/叢書類/郡邑之屬

武林掌故叢編一百九十種　(清)丁丙編　清光緒三年至二十六年(1877－1900)錢塘丁氏嘉惠堂刻本　二册　存一種

330000－1781－0004373　7372　集部/別集類/清別集

芙蓉池館詩草一卷賦草一卷　(清)羅辰撰　清道光十一年(1831)刻本　二册　存桂林山水圖

330000－1781－0004375　7369　史部/地理類/山川之屬/山志

黃山志定本七卷首一卷　(清)閔麟嗣纂　清康熙十八年(1679)刻本　一册　存一卷(四)

330000－1781－0004376　7368　類叢部/叢書類/彙編之屬

說郛一百二十号一千二百八十種　(明)陶宗儀編　(明)陶珽等重編　明末刻清順治三年(1646)兩浙督學周南李際期宛委山堂印本　一册　存三種

330000－1781－0004377　7390　史部/地理類/雜志之屬

粤西筆述一卷　(清)張祥河輯　清光緒二十二年(1896)大興謝光綺刻本　一册

330000－1781－0004378　7419　類叢部/類書類/通類之屬

鑄史駢言十二卷　(清)孫玉田編　清光緒二年(1876)四明陳氏銀藤花館刻本　二册　存六卷(七至十二)

330000－1781－0004379　7391　史部/傳記類/別傳之屬/事狀

奇烈編一卷續編一卷　(清)曹貞吉撰　清康熙刻本　一册

330000－1781－0004380　7392　史部/地理類/雜志之屬

黔書二卷　(清)田雯撰　清康熙刻本　一册

330000－1781－0004381　7420　經部/叢編

皇清經解一千四百八卷首一卷　(清)阮元輯　清道光九年(1829)廣東學海堂刻咸豐十一年(1861)補刻本　一册　存四卷(一千一百六十六至一千一百六十九)

330000－1781－0004382　7393　類叢部/叢書類/郡邑之屬

武林掌故叢編一百九十種　(清)丁丙編　清光緒三年至二十六年(1877－1900)錢塘丁氏嘉惠堂刻本　三册　存一種

330000－1781－0004383　7394　集部/別集類/元別集

師山先生文集八卷遺文五卷附錄一卷　(元)鄭玉撰　**濟美錄四卷**　(明)鄭燭輯　明嘉靖十四年(1535)鄭氏家塾刻清道光二十三年(1843)善道堂修補印本　一册　存四卷(濟美錄一至四)

330000－1781－0004384　7395　史部/地理類/山川之屬/山志

黃山志續集八卷　(清)汪士鋐等撰　清康熙刻本　四册

330000－1781－0004385　7396　史部/地理類/方志之屬/郡縣志
巖鎮誌艸四卷　(清)佘華瑞撰　清乾隆刻本　四册

330000－1781－0004386　7397　類叢部/叢書類/郡邑之屬
貴池先哲遺書二十種附刻一種續刊一種附一種　劉世珩輯　清光緒二十四年至民國九年(1898－1920)貴池劉氏唐石簃刻民國十五年(1926)續刻彙印本　八册　存一種

330000－1781－0004389　7403　史部/地理類/方志之屬/郡縣志
[道光]徽州府志十六卷首一卷　(清)馬步蟾纂修　清道光七年(1827)刻本　三十册

330000－1781－0004390　7404　史部/紀傳類/別史之屬
季漢書六十卷正論一卷答問一卷　(明)謝陛撰　明末錢塘鍾人傑刻本　二十四册

330000－1781－0004393　7400　史部/地理類/方志之屬/郡縣志
[康熙]徽州府志十八卷　(清)丁廷楗　(清)范惟霖　(清)盧詢修　(清)趙吉士等纂　清康熙三十八年(1699)刻本　二十册

330000－1781－0004394　7422　經部/四書類/總義之屬/傳說
四書說略□□卷　(清)王筠撰　清道光至咸豐刻本　一册　存一卷(四)

330000－1781－0004395　7405　史部/地理類/總志之屬
示我周行(周行備覽)六卷　(清)賴盛遠輯　清光緒英德堂刻本　三册　缺二卷(五至六)

330000－1781－0004396　7421　經部/叢編
十三經古注　(明)金蟠　(明)葛鼒校　明崇禎永懷堂刻本　一册　存一種

330000－1781－0004397　7406　史部/傳記類/職官録之屬/總録
[清光緒二十八年□季]大清搢紳全書四卷　清光緒二十八年(1902)榮錄堂刻本　四册

330000－1781－0004399　7407　類叢部/叢書類/彙編之屬
宋劉須溪先生較書(合刻宋劉須溪點校書)九種附一種　(宋)劉辰翁評　(明)楊人駒編　明天啓四年(1624)楊人駒刻本　四册　存一種

330000－1781－0004400　7424　子部/道家類
莊子因六卷　(清)林雲銘撰　清康熙二十七年(1688)三山林雲銘刻本　一册　存二卷(一至二)

330000－1781－0004401　7408　史部/傳記類/總傳之屬/儒林
國朝漢學師承記八卷國朝經師經義目錄一卷國朝宋學淵源記二卷附記一卷　(清)江藩纂　清光緒九年(1883)山西書局刻本　四册

330000－1781－0004402　7425　史部/雜史類/斷代之屬
戰國策三十三卷　(漢)高誘注　清刻本　一册　存二卷(四至五)

330000－1781－0004405　7426　經部/春秋左傳類/傳說之屬
春秋左氏傳補注十二卷春秋左氏傳地名補注十二卷　(清)沈欽韓撰　清咸豐九年(1859)刻本　二册　存八卷(五至十二)

330000－1781－0004406　7412－7413　類叢部/叢書類/彙編之屬
經策通纂二種　(清)吳熲炎輯　清光緒二十六年(1900)上海點石齋石印本　八十册

330000－1781－0004407　7427　經部/易類/傳說之屬
易經精華六卷末一卷　(清)薛嘉穎輯　清道光元年(1821)光韙堂刻本　一册　存三卷(五至六、末)

330000－1781－0004408　7414　經部/四書

類/總義之屬/傳說

四書集註 (宋)朱熹撰 清刻本 一冊 存一種

330000－1781－0004409 7428 集部/詩文評類/文評之屬

文心雕龍十卷 (南朝梁)劉勰撰 (清)黃叔琳輯注 (清)紀昀評 清道光十三年(1833)兩廣節署刻朱墨套印本 二冊 存六卷(五至十)

330000－1781－0004410 7417 經部/周禮類/傳說之屬

周禮政要二卷 (清)孫詒讓撰 清光緒二十九年(1903)上海書局石印本 二冊

330000－1781－0004412 7429 集部/總集類/選集之屬/通代

賦學正鵠集釋十一卷 (清)李元度輯 清刻本 一冊 存一卷(一)

330000－1781－0004413 7430 類叢部/類書類/通類之屬

三才圖會一百六卷 (明)王圻輯 (明)王思義續輯 明萬曆刻本 三冊 存四卷(地理一、十六,時令一至二)

330000－1781－0004414 7431 集部/總集類/選集之屬/通代

文章練要左傳評十卷 (清)王源評訂 清康熙至雍正刻本 一冊 存二卷(一至二)

330000－1781－0004415 16420 集部/總集類/彙編之屬

韓柳文一百卷 (明)游居敬編 明嘉靖三十五年(1556)莫如士刻本 六冊 存一種

330000－1781－0004416 16396 子部/小說家類/雜事之屬

李卓吾批點世說新語補二十卷 (南朝宋)劉義慶撰 (南朝梁)劉孝標注 (宋)劉辰翁批 (明)何良俊增 (明)王世貞刪定 (明)王世懋批釋 (明)李贄批點 (明)張文柱校注 **附釋名一卷** 明萬曆刻本 四冊 存十四卷(一至九、十七至二十,附)

330000－1781－0004417 16400 子部/兵家類/兵法之屬

孫子十三篇不分卷 (春秋)孫武撰 (唐)杜牧註 明末刻本 雲泉居士題記 一冊

330000－1781－0004419 16397 子部/雜著類/雜說之屬

論衡三十卷 (漢)王充撰 (明)劉光斗評 明天啓六年(1626)閻光表刻本 五冊

330000－1781－0004420 7418 史部/史評類/史學之屬

文史通義八卷校讐通義三卷 (清)章學誠撰 清光緒十九年(1893)東菁華閣刻本 八冊

330000－1781－0004421 16418 史部/政書類/公牘檔冊之屬

寧波府文獻不分卷(明弘治年間) 明稿本 一冊

330000－1781－0004422 16387 史部/金石類/總志之屬

金石萃編補跋二十四卷 王仁俊輯 清光緒二十七年(1901)稿本 七冊

330000－1781－0004423 16401 集部/別集類/明別集

陶學士先生文集二十卷 (明)陶安撰 (明)張祐校編 明弘治十三年(1500)嘉興項經刻遞修本 四冊 存十一卷(三至十、十四至十六)

330000－1781－0004424 16399 子部/雜著類/雜說之屬

夢溪筆談二十六卷補筆談三卷續筆談一卷 (宋)沈括撰 明崇禎四年(1631)汲古閣刻本 八冊

330000－1781－0004425 16398 子部/雜著類/雜纂之屬

陔餘錄不分卷 (清)沈叔埏輯 清乾隆五十三年(1788)稿本 四冊

330000－1781－0004426 7432 經部/叢編

皇清經解續編二百九種一千四百三十卷 王先謙撰 清光緒十四年(1888)南菁書院刻本

二十三册　存十種

330000－1781－0004427　7484　類叢部/類書類/通類之屬

增補事類統編九十三卷首一卷　(清)黄葆真增輯　清光緒十二年(1886)石印本　十册

330000－1781－0004428　7486　集部/别集類/清别集

新安竹枝詞一卷　(清)方士疇撰　清刻本　一册

330000－1781－0004429　7435　集部/總集類/選集之屬/通代

古文析義六卷二編八卷　(清)林雲銘輯注　清經國堂刻本　十三册　缺一卷(六)

330000－1781－0004430　7488　集部/别集類/清别集

蓼陔堂詩集三十五卷　(清)黄承吉撰　清道光十二年至十三年(1832－1833)江都黄承吉刻本　八册

330000－1781－0004432　7433　經部/四書類/孟子之屬

孟子釋疑一卷　(清)汪宗沂撰　清光緒二十一年(1895)刻本　一册

330000－1781－0004433　7489　集部/别集類

消夏百一詩二卷　葉德輝撰　清光緒三十三年(1907)鉛印本　一册

330000－1781－0004435　7437　集部/别集類

輓詩□□卷　清刻本　一册　存二卷(四至五)

330000－1781－0004436　7472　類叢部/叢書類/自著之屬

隨園三十種　(清)袁枚撰　清乾隆至嘉慶刻本　一册　存一種

330000－1781－0004437　7473　類叢部/叢書類/自著之屬

隨園三十種　(清)袁枚撰　清乾隆至嘉慶刻本　二册　存一種

330000－1781－0004440　7476　史部/傳記類/總傳之屬/技藝

無聲詩史七卷　(清)姜紹書撰　清石印本　一册　存一卷(二)

330000－1781－0004441　7438　集部/别集類/清别集

古樹詩續集七卷附刻二卷　(清)邱學勄撰　清乾隆刻本　一册　存二卷(五至六)

330000－1781－0004444　7440　類叢部/叢書類/自著之屬

靈芬館集十種　(清)郭麐撰　清嘉慶至道光刻本　三册　存二種

330000－1781－0004446　7441　集部/别集類/清别集

滄州先生詩鈔十卷補遺一卷　(清)陳鵬年撰　清刻本　一册　存四卷(六至九)

330000－1781－0004447　7442　集部/别集類/清别集

練江詩鈔八卷　(清)程之鵕撰　清乾隆刻本　二册　存五卷(一至五)

330000－1781－0004448　7443　集部/别集類/清别集

御製詩餘集十二卷目錄二卷　(清)宣宗旻寧撰　清道光刻本　一册　存二卷(一至二)

330000－1781－0004449　7444　集部/别集類/清别集

茶村詩鈔八卷　(清)杜濬撰　清道光二十三年(1843)刻本　一册

330000－1781－0004451　7445　集部/别集類/清别集

南邨草堂詩鈔二十四卷　(清)鄧顯鶴撰　清道光九年(1829)刻咸豐元年(1851)補刻本　一册　存五卷(六至十)

330000－1781－0004452　7481　集部/總集類/郡邑之屬

國朝杭郡詩輯三十二卷姓氏韻編一卷　(清)

吳顥輯 （清）吳振棫重輯 **國朝杭郡詩續輯四十六卷姓氏韻編一卷** （清）吳振棫輯 清同治十三年（1874）、光緒二年（1876）錢塘丁氏刻本 四冊 存十一卷（一至五、姓氏韻編，國朝杭郡詩續輯四十一至四十二、四十四至四十六）

330000－1781－0004454 7503 類叢部/叢書類/郡邑之屬
武林掌故叢編一百九十種 （清）丁丙編 清光緒三年至二十六年（1877－1900）錢塘丁氏嘉惠堂刻本 一冊 存三種

330000－1781－0004455 7447 集部/總集類/課藝之屬
同館經進賦鈔不分卷 （清）黃紹箕等撰 清光緒十二年（1886）京都琉璃廠松竹齋刻本 一冊

330000－1781－0004456 7448 集部/別集類/清別集
石鼓硯齋文鈔二十卷詩鈔三十二卷試帖二卷直廬集八卷 （清）曹文埴撰 清嘉慶五年（1800）曹振鏞刻本 三冊 存十六卷（詩鈔十二至二十七）

330000－1781－0004458 7483 集部/詩文評類/詩評之屬
詩話類編三十二卷 （明）王昌會輯 明萬曆刻本 一冊 存三卷（一至三）

330000－1781－0004461 7449 集部/別集類/清別集
忠雅堂集三十卷 （清）蔣士銓撰 清刻本 十二冊

330000－1781－0004462 7462 集部/別集類/清別集
帶經堂集九十二卷 （清）王士禛撰 （清）程哲編 清康熙四十九年至五十年（1710－1711）程哲七略書堂刻本 一冊 存五卷（漁洋詩十至十四）

330000－1781－0004463 7451 集部/詩文評類/詩評之屬
詩塵二卷 （清）黃生撰 清刻本 一冊

330000－1781－0004464 7463 經部/詩類/傳說之屬
詩經增訂旁訓四卷 （清）徐立綱撰 清末浙紹明達書莊石印本 三冊 存三卷（二至四）

330000－1781－0004465 7454 集部/別集類/清別集
海嶽紀遊一卷 （清）程芝雲撰 清道光二十二年（1842）刻本 一冊

330000－1781－0004466 7464 集部/別集類/清別集
卷施閣詩集二十卷文甲集十卷文乙集十卷附鮚軒詩八卷 （清）洪亮吉撰 清乾隆六十年（1795）至嘉慶初貴陽節署刻本 二冊 存四卷（附鮚軒詩一至四）

330000－1781－0004467 7455 集部/別集類/清別集
寒松閣詩一卷 （清）張鳴珂撰 清光緒三十年（1904）石印本 一冊

330000－1781－0004469 7465 集部/別集類/清別集
一木堂詩稿十二卷 （清）黃生撰 清康熙二十二年（1683）刻本 一冊 存五卷（七至十一）

330000－1781－0004471 7466 集部/詞類/別集之屬
憶雲詞甲稾一卷乙稾一卷丙稾一卷丁稾一卷刪存一卷補遺一卷 （清）項廷紀撰 清光緒刻本 一冊 存二卷（丙稾、丁稾）

330000－1781－0004473 7467 集部/別集類/清別集
賴古堂詩集四卷 （清）周亮工撰 清康熙刻本 一冊 存三卷（一至三）

330000－1781－0004475 7469 類叢部/叢書類/郡邑之屬
武林掌故叢編一百九十種 （清）丁丙編 清光緒三年至二十六年（1877－1900）錢塘丁氏嘉惠堂刻本 一冊 存二種

330000－1781－0004476　7471　集部/別集類/明別集
眉公先生晚香堂小品二十四卷　(明)陳繼儒撰　明刻本　一册　存四卷(一至四)

330000－1781－0004478　7550－7551　史部/紀傳類/正史之屬
二十四史附考證　清光緒二十八年(1902)史學會社石印本　八册　存二種

330000－1781－0004479　7554　史部/紀傳類/正史之屬
二十四史附考證　清光緒二十八年(1902)史學會社石印本　一册　存一種

330000－1781－0004480　7552　史部/紀傳類/正史之屬
二十四史附考證　清光緒二十八年(1902)史學會社石印本　四册　存一種

330000－1781－0004481　7557　史部/紀傳類/正史之屬
二十四史附考證　清光緒二十八年(1902)史學會社石印本　二册　存一種

330000－1781－0004482　7553　史部/紀傳類/正史之屬
二十四史附考證　清光緒二十八年(1902)史學會社石印本　二册　存一種

330000－1781－0004483　7556　史部/紀傳類/正史之屬
二十四史附考證　清光緒二十八年(1902)史學會社石印本　十六册　存一種

330000－1781－0004484　7555　史部/紀傳類/正史之屬
二十四史附考證　清光緒二十八年(1902)史學會社石印本　六册　存一種

330000－1781－0004485　7558　史部/紀傳類/正史之屬
二十四史附考證　清光緒二十八年(1902)史學會社石印本　八册　存一種

330000－1781－0004486　7559　史部/紀傳類/正史之屬
二十四史附考證　清光緒二十八年(1902)史學會社石印本　六册　存一種

330000－1781－0004487　7502　類叢部/叢書類/郡邑之屬
武林掌故叢編一百九十種　(清)丁丙編　清光緒三年至二十六年(1877－1900)錢塘丁氏嘉惠堂刻本　三册　存二種

330000－1781－0004488　7549　史部/紀傳類/正史之屬
二十四史附考證　清光緒二十八年(1902)史學會社石印本　十六册　存一種

330000－1781－0004489　7490　集部/別集類/清別集
壬申消夏詩一卷　(清)潘祖蔭撰　清刻本　一册

330000－1781－0004490　7535　類叢部/叢書類/郡邑之屬
粟香室叢書五十九種　金武祥編　清光緒至民國江陰金氏刻本　一册　存一種

330000－1781－0004491　7491　集部/總集類/選集之屬/通代
增補重訂千家詩註解二卷　(宋)謝枋得選　(清)王相註　清同治元年(1862)文成堂刻本　一册　存一卷(一)

330000－1781－0004494　7494　類叢部/叢書類
百尺樓叢書　陳去病編　清光緒至民國鉛印本　一册　存二種

330000－1781－0004496　7496　類叢部/叢書類/自著之屬
琴志樓叢書四十六種　易順鼎撰　清光緒刻本　二册　存一種

330000－1781－0004498　7497　類叢部/叢書類/彙編之屬
風雨樓祕笈留真十種　鄧實編　清宣統元年(1909)至民國順德鄧氏風雨樓影印本　一册　存一種

330000－1781－0004501　7499　類叢部/叢書類/自著之屬
大鶴山房全書十種　鄭文焯撰　清光緒至民國刻民國九年(1920)蘇州交通圖書館彙印本　一册　存一種

330000－1781－0004504　7540　集部/詩文評類/詩評之屬
昭昧詹言十卷續八卷續錄二卷　(清)方東樹撰　清光緒十七年(1891)刻本　四册

330000－1781－0004505　7501　集部/別集類/清別集
守閒堂詩一卷懷歸草堂詩一卷課耕樓詩一卷　(清)呂潛撰　清光緒十五年(1889)歐陽紹刻本　一册

330000－1781－0004506　7504　集部/詞類/別集之屬
藕絲詞四卷　(清)汪淵撰　清光緒七年(1881)新安茹古堂刻本　一册

330000－1781－0004508　7505　集部/別集類/清別集
笏庵詩鈔二十五卷　(清)吳清鵬撰　清道光刻本　四册　存十八卷(一至十八)

330000－1781－0004509　7542　集部/別集類/清別集
雲起軒詩錄一卷　(清)文廷式撰　清光緒三十四年(1908)鉛印本　一册

330000－1781－0004510　7506　集部/別集類
己巳紀游草一卷附錄一卷　汪兆鏞撰　清同治九年(1870)刻本　一册

330000－1781－0004511　7543　集部/總集類/題詠之屬
百美新詠集詠一卷百美新詠題詞一卷　(清)顔希源輯　清嘉慶十年(1805)刻本　一册　存一卷(題詞)

330000－1781－0004512　7507　集部/別集類/清別集
翠螺閣詩稾四卷詞稾一卷　(清)凌祉媛撰

舞鏡集一卷　(清)丁丙撰　清咸豐四年(1854)丁氏延慶堂刻本　一册

330000－1781－0004513　7508　集部/詞類/別集之屬
雨屋深鐙詞一卷續稿一卷　汪兆鏞撰　清宣統三年(1911)、民國十七年(1928)鉛印本　一册

330000－1781－0004515　7545　類叢部/叢書類/彙編之屬
風雨樓叢書二十三種　鄧實編　清宣統順德鄧氏鉛印本　一册　存一種

330000－1781－0004516　7544　集部/別集類/清別集
冬心先生集四卷　(清)金農撰　清同治七年(1868)錢唐丁氏當歸草堂刻本　一册

330000－1781－0004527　7529　集部/總集類/郡邑之屬
徽郡詩八卷　(明)李敏輯　明嘉靖三十八年(1559)刻本　三册　存三卷(一至三)

330000－1781－0004528　7510　集部/總集類/題詠之屬
吟紅閣題辭一卷詩餘一卷　(清)留餘主人輯　清道光刻本　一册

330000－1781－0004529　7530　集部/總集類/選集之屬/斷代
唐詩摘鈔四卷　(清)黄生選評　清康熙六十一年(1722)是亦山房刻本　一册

330000－1781－0004531　7531　集部/別集類/清別集
虚船詩集二卷　(清)黄筏撰　清嘉慶十五年(1810)刻本　二册

330000－1781－0004533　7532　類叢部/叢書類/彙編之屬
懷豳雜俎十二種　徐乃昌編　清光緒至宣統南陵徐氏刻本　一册　存一種

330000－1781－0004536　7533　集部/別集類/清別集

菊莊自刪詩二卷 (清)余其鈞撰 清乾隆二十五年(1760)松露軒刻本 一册

330000－1781－0004538 7534 類叢部/叢書類/彙編之屬

文選樓叢書三十三種 (清)阮亨編 清嘉慶至道光阮元刻道光二十二年(1842)阮亨彙印本 三册 存一種

330000－1781－0004539 7516 集部/別集類/清別集

壺園試帖課存一卷附七言排律一卷壺園試帖二刻課存一卷 (清)徐寶善撰 (清)徐志導 (清)徐志恭注釋 清光緒十九年(1893)浙江書局刻本 二册

330000－1781－0004542 7518 集部/總集類/郡邑之屬

硤川詩續鈔十六卷詞續鈔一卷 (清)許仁沐 (清)蔣學堅輯 清光緒二十一年(1895)雙山講舍刻本 一册 存二卷(一至二)

330000－1781－0004543 7519 集部/別集類/清別集

傳紅寫翠生吟草一卷 (清)鄔詮撰 **西泠漁子吟草一卷** (清)金昌年撰 **夢花仙子吟草一卷** (清)張宗延撰 **惜花仙館吟草一卷** (清)吳夢庚撰 **拾翠生詩草一卷** (清)趙宏濟撰 清同治十三年(1874)刻本 一册

330000－1781－0004544 7574 子部/叢編

二十二子 (清)浙江書局輯 清光緒元年至三年(1875－1877)浙江書局刻本 四册 存一種

330000－1781－0004545 7575 類叢部/叢書類/自著之屬

郝氏遺書三十三種 (清)郝懿行撰 清嘉慶至光緒刻彙印本 二册 存一種

330000－1781－0004549 7582 史部/傳記類/總傳之屬/姓名

史姓韻編二十四卷 (清)汪輝祖撰 清光緒二十九年(1903)上海文瀾書局石印本 黄賓虹批 四册

330000－1781－0004550 7583 史部/史抄類

南北史捃華八卷 (清)周嘉猷輯 清光緒二年(1876)永康胡氏退補齋刻本 四册

330000－1781－0004551 7560－7562 史部/紀傳類/正史之屬

二十四史附考證 清光緒二十八年(1902)史學會社石印本 十二册 存三種

330000－1781－0004552 7563 史部/紀傳類/正史之屬

二十四史附考證 清光緒二十八年(1902)史學會社石印本 八册 存一種

330000－1781－0004553 7564 史部/紀傳類/正史之屬

二十四史附考證 清光緒二十八年(1902)史學會社石印本 八册 存一種

330000－1781－0004554 7565－7566 史部/紀傳類/正史之屬

二十四史附考證 清光緒二十八年(1902)史學會社石印本 三十八册 存二種

330000－1781－0004555 7567 史部/紀傳類/正史之屬

二十四史附考證 清光緒二十八年(1902)史學會社石印本 三十二册 存一種

330000－1781－0004557 7570 史部/紀傳類/正史之屬

二十四史附考證 清光緒二十八年(1902)史學會社石印本 六册 存一種

330000－1781－0004558 7569 史部/紀傳類/正史之屬

二十四史附考證 清光緒二十八年(1902)史學會社石印本 八册 存一種

330000－1781－0004559 7571 史部/紀傳類/正史之屬

二十四史附考證 清光緒二十八年(1902)史學會社石印本 八册 存一種

330000－1781－0004560 7572 史部/紀傳

類/正史之屬

二十四史附考證 清光緒二十八年(1902)史學會社石印本 三冊 存一種

330000－1781－0004561 7573 史部/紀傳類/正史之屬

二十四史附考證 清光緒二十八年(1902)史學會社石印本 八冊 存一種

330000－1781－0004563 7592 子部/雜著類/雜說之屬

文餘必閱不分卷 清抄本 六冊

330000－1781－0004564 7584 史部/紀傳類

南唐書合刻二種 (清)蔣國祥 (清)蔣國祚校 清五峰閣刻本 三冊 存一種

330000－1781－0004565 7585(2) 集部/別集類/清別集

米友堂詩集不分卷 (清)許友撰 清抄本 一冊

330000－1781－0004569 7594 集部/別集類

水鏡齋吟稿不分卷 韓玉棨撰 稿本 心泉氏題記 一冊

330000－1781－0004572 7595 集部/別集類

詠史詩初稿不分卷 鄭城撰 稿本 一冊

330000－1781－0004574 7591 史部/傳記類/雜傳之屬

函泉草堂雜記一卷 (清)黃崇惺撰 清咸豐至同治稿本 一冊

330000－1781－0004576 7598 子部/儒家類/儒學之屬

感興詩翼不分卷 (清)吳曰慎編 清康熙十一年(1672)稿本 一冊

330000－1781－0004577 7597 集部/總集類/選集之屬/斷代

白雲編二十卷 (清)朱象賢編 清康熙五十八年(1719)稿本 二冊

330000－1781－0004579 7608 集部/別集類/清別集

一木堂詩稿十二卷 (清)黃生撰 清抄本 一冊

330000－1781－0004580 7600 集部/別集類/清別集

雨窗絕句不分卷 (清)程壎撰 清抄本 一冊

330000－1781－0004582 7601 集部/別集類

遺甦賸稿一卷 拜經齋主人撰 清抄本 一冊

330000－1781－0004584 7602 集部/別集類/清別集

補竹軒詩集不分卷 (清)鮑源深撰 清抄本 一冊

330000－1781－0004585 7611 史部/地理類/遊記之屬

遊黃山紀一卷 (清)汪灝撰 稿本 一冊

330000－1781－0004586 7603 史部/傳記類/總傳之屬/斷代

漢書傳記節錄不分卷 清抄本 二冊

330000－1781－0004588 7612 史部/地理類/遊記之屬

雁黃布衲黃山遊草一卷 (清)釋大涵撰 清抄本 一冊

330000－1781－0004590 7613 集部/別集類/清別集

草香堂集二卷草香堂近集一卷 (清)龔賢撰 清抄本 一冊

330000－1781－0004593 7628 子部/雜著類

鐵如意館墨緣錄不分卷 (清)百遲道人輯 清抄本 一冊

330000－1781－0004596 7615 類叢部/叢書類/自著之屬

陶菴雜著一卷假菴褋著一卷歸安蜀公傳畧一

卷遺墨一卷大易約義一卷大易餘論一卷　(明)歸子慕撰　(清)歸曾祁編　清光緒三十四年(1908)靜寄東軒抄本　一冊

330000－1781－0004609　7639　子部/藝術類/書畫之屬/畫法畫品
畫解隨筆一卷　(清)張桂嚴撰　(清)張春雷輯　清抄本　一冊

330000－1781－0004623　7645　經部/小學類/文字之屬/字書
字書摘要不分卷　清抄本　二冊

330000－1781－0004626　7650　經部/小學類/文字之屬/字書
六書故三十三卷六書通釋一卷　(宋)戴侗撰　清抄本　四冊　存十三卷(一至三、十一至十六、二十五至二十八)

330000－1781－0004627　7647　史部/金石類/錢幣之屬/雜著
歷代鐘官圖經八卷　(清)陳萊孝撰　清抄本　二冊

330000－1781－0004630　7653(1)　史部/編年類/通代之屬
資治通鑑目錄三十卷　(宋)司馬光撰　清刻本　四冊

330000－1781－0004631　7653(2)　史部/編年類/通代之屬
資治通鑑二百九十四卷　(宋)司馬光撰　(元)胡三省音註　清光緒二十二年(1896)上海蜚英館石印本　三十六冊

330000－1781－0004632　7653(4)　史部/編年類/斷代之屬
明通鑑一百卷首一卷前編四卷附編六卷　(清)夏燮撰　清光緒二十六年(1900)上海掃葉山房石印本　十六冊　缺十卷(九十一至一百)

330000－1781－0004633　7648　史部/金石類/總志之屬/目録
寒山金石林部目一卷時地考一卷　(明)趙均撰　清抄本　二冊

330000－1781－0004635　7653(3)　史部/編年類/通代之屬
續資治通鑑二百二十卷　(清)畢沅撰　清光緒二十五年(1899)上海蜚英館石印本　二十冊

330000－1781－0004636　7654(1)　史部/地理類/總志之屬/通代
李氏五種合刊　(清)李兆洛撰　清光緒十四年(1888)上海埽葉山房刻本　十二冊　存二種

330000－1781－0004637　7657　史部/傳記類/總傳之屬/仕宦
貳臣傳十二卷逆臣傳四卷　(清)國史館編　清都城琉璃廠半松居士刻本　八冊

330000－1781－0004638　7654(2)　史部/地理類/總志之屬/通代
李氏五種合刊　(清)李兆洛撰　清同治九年至十一年(1870－1872)李鴻章刻本　三冊　存一種

330000－1781－0004639　7655　史部/紀傳類/正史之屬
史記一百三十卷　(漢)司馬遷撰　(南朝宋)裴駰集解　明崇禎元年至十七年(1628－1644)毛氏汲古閣刻本　十二冊

330000－1781－0004640　7658　史部/政書類/通制之屬
光緒政要三十四卷　沈桐生輯　清宣統元年(1909)上海崇義堂石印本　三十冊

330000－1781－0004641　7659　史部/雜史類/斷代之屬
蜀碧四卷　(清)彭遵泗撰　清刻本　二冊

330000－1781－0004642　7660　史部/傳記類/總傳之屬/仕宦
貳臣傳十二卷　(清)國史館編　清刻本　四冊　存四卷(九至十二)

330000－1781－0004643　7668　集部/別集類/清別集
蘭脩館賦稿一卷　(清)顧元熙撰　清刻本

一册

330000－1781－0004646　7662　史部/雜史類/斷代之屬
先撥志始二卷　(明)文秉撰　清同治二年(1863)當塗夏燮江西省寓刻本　二册

330000－1781－0004648　7667　史部/紀傳類/正史之屬
二十四史附考證　清光緒石印本　二十六册　存一種

330000－1781－0004649　7670　類叢部/叢書類/彙編之屬
申報館叢書正集五十七種附錄三種續集一百四十二種　(清)尊聞閣主編　蔡爾康編續集　清同治至光緒上海申報館鉛印本　二册　存一種

330000－1781－0004653　7673　類叢部/叢書類/郡邑之屬
粟香室叢書五十九種　金武祥編　清光緒至民國江陰金氏刻本　一册　存二種

330000－1781－0004655　7682　類叢部/叢書類/自著之屬
潛研堂全書十六種　(清)錢大昕撰　清乾隆至嘉慶刻本　四册　存二種

330000－1781－0004657　7685　集部/別集類/清別集
牧齋全集一百六十三卷　(清)錢謙益撰　(清)錢曾箋註　清宣統二年(1910)邃漢齋鉛印本　三十九册

330000－1781－0004660　7683　類叢部/叢書類/彙編之屬
廣雅書局叢書一百五十九種　徐紹棨編　清光緒廣雅書局刻民國九年(1920)番禺徐紹棨彙編重印本　十六册　存一種

330000－1781－0004661　7676　集部/別集類/清別集
袁文箋正十六卷補注一卷　(清)袁枚撰　(清)石韞玉箋　清同治四年(1865)松壽山房刻本　十册

330000－1781－0004662　7686－7687　類叢部/叢書類/自著之屬
覆瓿集十三種附一種　(清)張文虎撰　清同治至光緒刻本　二册　存一種

330000－1781－0004663　7677　史部/地理類/方志之屬/郡縣志
乾道臨安志十五卷　(宋)周淙纂　清抄本(卷四至十五原缺)　一册

330000－1781－0004664　7688(1)、7689　類叢部/叢書類/自著之屬
覆瓿集十三種附一種　(清)張文虎撰　清同治至光緒刻本　三册　存一種

330000－1781－0004665　7688(2)　類叢部/叢書類/自著之屬
覆瓿集十三種附一種　(清)張文虎撰　清同治至光緒刻本　一册　存一種

330000－1781－0004666　7678　史部/地理類/方志之屬/郡縣志
郡志辨證一卷　(清)黄崇惺撰　稿本　一册

330000－1781－0004667　16431　史部/地理類/方志之屬/郡縣志
[康熙]西安縣志十二卷首一卷　(清)陳鵬年修　(清)徐之凱纂　清康熙三十九年(1700)刻乾隆重修本　十册

330000－1781－0004668　16432　史部/地理類/方志之屬/郡縣志
[康熙]金華府志三十卷　(清)張藎修　(清)沈麟趾等纂　清康熙二十二年(1683)刻本　十二册

330000－1781－0004669　16433　史部/地理類/方志之屬/郡縣志
[康熙]新脩武義縣志十二卷首一卷　(清)江留篇纂修　清康熙三十七年(1698)刻本　六册

330000－1781－0004670　6385　史部/地理類/輿圖之屬/全國
大清中外壹統輿圖(皇朝中外壹統輿圖)三十一卷首一卷　(清)胡林翼輯　清刻本　十册

存二十六卷(南圖二至十、北圖一至十七)

330000－1781－0004671　16434　史部/地理類/方志之屬/郡縣志

[嘉慶]錢塘縣志補不分卷　(清)吳允嘉纂　清抄本　六冊

330000－1781－0004672　16439　史部/地理類/方志之屬/郡縣志

[乾隆]嵊縣志十八卷首一卷末一卷　(清)李以琰修　(清)王瀚等纂　(清)陸振宗繪圖　清乾隆七年(1742)刻本　六冊

330000－1781－0004674　6374　史部/地理類/外紀之屬

俄游彙編十二卷　(清)繆祐孫纂　清光緒二十一年(1895)上海江左書林石印本　沈曾植批　四冊

330000－1781－0004675　16435　史部/地理類/方志之屬/郡縣志

[乾隆]桐廬縣志十六卷　(清)嚴正身等修　(清)金嘉琰等纂　清乾隆二十一年(1756)刻本　八冊

330000－1781－0004676　6392　類叢部/叢書類/彙編之屬

嘯園叢書五十七種　(清)葛元煦編　清光緒二年至七年(1876－1881)仁和葛氏刻本　一冊　存二種

330000－1781－0004678　6477　子部/宗教類/佛教之屬/諸宗

顯密圓通成佛心要集二卷　(遼)釋道㲀輯　清同治十一年(1872)金陵刻經處刻本　沈曾植批　一冊

330000－1781－0004679　16436　史部/地理類/方志之屬/郡縣志

[乾隆]諸暨縣志四十四卷首一卷末一卷　(清)沈椿齡修　(清)樓卜瀍等纂　清乾隆三十八年(1773)刻本(卷三至五、十三至十五配抄本)　十冊　存三十六卷(首、一至三十五)

330000－1781－0004680　6395　集部/別集類/宋別集

慧日永明智覺壽禪師山居詩一卷　(宋)釋延壽撰　(宋)布衲雍禪師　(宋)鏡中圓禪師次韻　清道光二十三年(1843)西湖閒地庵刻本　沈曾植題記　一冊

330000－1781－0004681　16426　史部/地理類/方志之屬/郡縣志

[康熙]仁和縣志二十八卷　(清)趙世安修　(清)顧豹文　(清)邵遠平纂　清康熙二十六年(1687)刻本(卷三至五、十三至十五配抄本)　二十四冊

330000－1781－0004682　6553　史部/紀傳類/正史之屬

二十四史附考證　清乾隆武英殿刻本　沈曾植批　四冊　存一種

330000－1781－0004683　16427　史部/地理類/方志之屬/郡縣志

[雍正]處州府志二十卷　(清)曹掄彬修　(清)朱肇濟等纂　清雍正十一年(1733)刻本　十六冊

330000－1781－0004684　16428　史部/地理類/方志之屬/郡縣志

[康熙]樂清縣志八卷　(清)徐化民修　(清)林允楫　(清)鮑易纂　清康熙二十四年(1685)刻本　四冊

330000－1781－0004685　6382　子部/宗教類/佛教之屬/經疏

楞伽阿跋多羅寶經會譯四卷　(南朝宋)釋求那跋陀羅初譯　(北魏)釋菩提留支再譯　(唐)釋實叉難陀後譯　(明)釋員珂會合　清光緒三十四年(1908)金陵刻經處刻本　沈曾植批　四冊

330000－1781－0004686　16429　史部/地理類/方志之屬/郡縣志

[順治]開化縣志十卷　(清)朱鳳台修　(清)徐世蔭纂　清順治九年(1652)刻本　八冊

330000－1781－0004687　16425　集部/總集類/選集之屬/通代

文選纂註評林十二卷 （南朝梁）蕭統輯 （明）張鳳翼輯注 明萬曆刻本 清沈叔埏校 十二冊

330000－1781－0004688 16430 史部/地理類/方志之屬/郡縣志
[乾隆]永嘉縣志二十六卷 （清）崔錫修 （清）齊召南 （清）汪沆纂 清乾隆三十年（1765）施廷燦刻本 八冊

330000－1781－0004690 16463 集部/總集類/郡邑之屬
沈南疑先生檇李詩繫四十二卷 （清）沈季友輯 清康熙四十九年（1710）金南鍈敦素堂刻本 十六冊

330000－1781－0004691 16464 集部/總集類/選集之屬/通代
樂府詩集一百卷目錄二卷 （宋）郭茂倩編 元至正元年（1341）集慶路儒學刻明遞修本（卷四十七至五十六、六十八至八十配抄本） 沈曾植跋 二十四冊

330000－1781－0004692 16445 集部/別集類/清別集
徵賢堂詩正集八卷附唐宋雜題詩二卷 （清）曹言純撰 清抄本 沈曾植跋 二冊

330000－1781－0004693 16455 集部/別集類/金別集
元遺山詩集八卷 （金）元好問撰 （清）萬廷蘭校訂 清乾隆四十三年（1778）南昌萬廷蘭刻本 二冊

330000－1781－0004694 16442 史部/地理類/遊記之屬/紀勝
武林覽勝記四十二卷 （清）杭世駿輯 清抄本 四十八冊

330000－1781－0004695 16451 集部/總集類/選集之屬/斷代
河嶽英靈集三卷 （唐）殷璠輯 明崇禎元年（1628）海虞毛氏汲古閣刻唐人選唐詩本 沈曾植校 一冊

330000－1781－0004696 16447 集部/別集類/清別集
雙遂堂遺集不分卷 （清）查嗣庭撰 清乾隆抄本 一冊

330000－1781－0004697 16452 集部/總集類/選集之屬/斷代
唐詩豔逸品四卷 （明）楊肇祉編 明萬曆四十六年（1618）盛芸閣李乾宇刻本 二冊 存二卷（香奩集、名媛集）

330000－1781－0004698 16448 集部/別集類/明別集
楊文懿公文集二十六卷 （明）楊守陳撰 明萬曆十六年（1588）刻本 十冊

330000－1781－0004699 16440 史部/地理類/方志之屬/郡縣志
[康熙]諸暨縣誌十二卷 （清）蔡杓修 （清）章平事纂 清康熙十一年（1672）刻本 三冊 缺四卷（四至七）

330000－1781－0004700 16453 集部/別集類/清別集
狷齋詩不分卷 （清）鄒志路撰 稿本 馬敘倫題記 沈蘋濱、周笙堂評 二冊

330000－1781－0004701 16443 史部/地理類/水利之屬
通濟堰誌二卷 沈國琛纂修 清宣統元年（1909）木活字印本 二冊

330000－1781－0004702 16438 史部/地理類/方志之屬/郡縣志
[乾隆]昌化縣志二十卷首一卷 （清）甘文蔚 （清）王元音修 （清）王守矩 （清）章起龍纂 清乾隆十三年（1748）刻本 六冊

330000－1781－0004703 16441 史部/地理類/方志之屬/郡縣志
[乾隆]杭州府志一百十卷首六卷 （清）鄭澐修 （清）邵晉涵等纂 清乾隆四十九年（1784）刻本 一百冊

330000－1781－0004704 16444 史部/地理類/專志之屬/古跡
湯陰精忠廟志十卷 （明）張應登 （明）鄭懋

洵輯　（清）楊世達續輯　清乾隆十五年(1750)刻本　六册

330000－1781－0004705　16449　集部/曲類/散曲之屬

越縵生樂府外集一卷　（清）李慈銘撰　稿本　一册

330000－1781－0004706　16450　集部/别集類/宋别集

范忠宣公文集二十卷　（宋）范純仁撰　元仿宋嘉定刻本（卷六至七、十八至二十配抄本）　八册

330000－1781－0004708　16456　集部/别集類/宋别集

謝疊山公文集六卷　（宋）謝枋得撰　清康熙六十年(1721)謝氏藴德堂刻本　四册

330000－1781－0004709　16457　集部/總集類/選集之屬/通代

秦漢文尤十二卷　（明）倪元璐輯　明末書林來儀堂刻本　四册

330000－1781－0004710　16446　集部/别集類/清别集

樊榭山房集十卷續集十卷　（清）厲鶚撰　清乾隆四年(1739)武林繡墨齋刻十六年(1751)續刻本　四册

330000－1781－0004711　16458　集部/别集類/宋别集

秋崖先生小藁四十五卷詩集三十八卷　（宋）方岳撰　明嘉靖方謙刻清光緒二十一年(1895)清江黄澍芬重修本　七册　缺二卷（一至二）

330000－1781－0004712　16466　集部/别集類/明别集

念菴羅先生集十三卷　（明）羅洪先撰　明嘉靖四十二年(1563)刻本　二册　存四卷（一至二、四至五）

330000－1781－0004713　16460　集部/别集類/唐五代别集

增廣音註唐郢州刺史丁卯詩集二卷　（唐）許渾撰　（元）祝德子訂正　明初刻本　一册　存一卷（下）

330000－1781－0004714　16461　集部/别集類/元别集

清閟閣全集十二卷　（元）倪瓚撰　清康熙五十二年(1713)曹培廉城書室刻本　二册

330000－1781－0004715　16472　子部/藝術類/書畫之屬

王氏書苑□□種　（明）詹景鳳　（明）王元貞仝校　明萬曆十九年(1591)刻本　六册　存十三種

330000－1781－0004716　16459　集部/别集類/宋别集

撙齋先生緣督集十二卷　（宋）曾豐撰　（明）曾自明輯　（明）曾繼武編　明末刻本　三册　存九卷（四至十二）

330000－1781－0004717　16473　集部/總集類/彙編之屬

六朝詩集二十四家五十五卷　（明）薛應旂輯　明嘉靖刻本　四册　存十一種

330000－1781－0004718　16462　集部/别集類/明别集

遜志齋集二十四卷附録一卷　（明）方孝孺撰　（明）范惟一輯　明嘉靖四十年(1561)吳郡王可大台州刻本　二十四册

330000－1781－0004719　16469　集部/别集類/明别集

避園擬存詩集不分卷　（明）王思任撰　明末刻本　四册

330000－1781－0004720　16468　集部/詩文評類/制藝之屬

一百二十名家制義題辭不分卷　（清）俞長城輯　清乾隆沈叔埏抄本　一册

330000－1781－0004721　16470　集部/别集類/元别集

楊鐵崖文集五卷史義拾遺二卷　（元）楊維楨撰　明諸暨陳于京刻清潄雲樓印本　三册

330000－1781－0004722　16471　集部/别集類/唐五代别集

玉谿生詩詳註三卷首一卷樊南文集詳註八卷首一卷　（唐）李商隱撰　（清）馮浩編訂　清乾隆四十五年（1780）德聚堂刻本　沈維鐈批　四冊　存四卷（玉谿生詩詳註首、一至三）

330000－1781－0004723　16465　經部/小學類/文字之屬

彙刻養蒙四要六卷　（明）梁綱編　明萬曆四十六年（1618）刻本　五冊

330000－1781－0004724　16474　子部/叢編

六子書　（明）顧春編　明嘉靖十二年（1533）顧春世德堂刻本　十六冊　缺十四卷（南華真經一至七、沖虚至德真經五至八、荀子十一至十三）

330000－1781－0004725　16467　集部/别集類/清别集

冬心先生集四卷　（清）金農撰　清雍正十一年（1733）廣陵般若庵刻本　一冊

330000－1781－0004726　7758　史部/傳記類/總傳之屬/忠孝

兩江忠義録不分卷　清末刻本　一冊

330000－1781－0004727　7691　類叢部/叢書類/自著之屬

覆瓿集十三種附一種　（清）張文虎撰　清同治至光緒刻本　三冊　存二種

330000－1781－0004728　7759　集部/别集類/清别集

墨井集五卷　（清）吳歷撰　清宣統元年（1909）上海徐家匯印書館鉛印本　一冊

330000－1781－0004729　7760　類叢部/叢書類

香雪巢叢書　清光緒三十三年（1907）福州刻本　二冊　存一種

330000－1781－0004730　7691（1）－3　類叢部/叢書類/自著之屬

覆瓿集十三種附一種　（清）張文虎撰　清同治至光緒刻本　一冊　存一種

330000－1781－0004731　7761　類叢部/叢書類/自著之屬

王漁洋遺書三十八種　（清）王士禛撰　清刻本　一冊　存一種

330000－1781－0004732　7692　類叢部/叢書類/自著之屬

覆瓿集十三種附一種　（清）張文虎撰　清同治至光緒刻本　三冊　存十一種

330000－1781－0004733　7762　類叢部/叢書類/郡邑之屬

武林掌故叢編一百九十種　（清）丁丙編　清光緒三年至二十六年（1877－1900）錢塘丁氏嘉惠堂刻本　二冊　存三種

330000－1781－0004734　7763　類叢部/叢書類/彙編之屬

功順堂叢書十八種　（清）潘祖蔭輯　清光緒吳縣潘氏刻本　四冊　存二種

330000－1781－0004735　7693　集部/總集類/彙編之屬

七家試帖輯註彙鈔　（清）張熙宇輯評　（清）王植桂輯註　清同治九年（1870）京師琉璃廠刻本　二冊　存二種

330000－1781－0004736　7694　集部/别集類/清别集

古微堂内集三卷外集七卷　（清）魏源撰　清光緒四年（1878）淮南書局刻本　二冊　缺四卷（外集一至四）

330000－1781－0004737　7764　子部/雜著類/雜考之屬

讀書一得四卷　（明）黄訓撰　明嘉靖四十一年（1562）刻本　四冊

330000－1781－0004738　7695　史部/政書類/邦計之屬/荒政

得一録十六卷　（清）余治編　清同治八年（1869）蘇城得見齋刻本　一冊　存二卷（五至六）

330000－1781－0004739　7745　子部/雜著類/雜説之屬

齊東野語二十卷　(宋)周密撰　明刻本　六册

330000－1781－0004741　7696　經部/小學類

雷刻四種　(清)雷浚輯　清光緒二年至十年(1876－1884)吳縣雷氏刻本　四册　存二種

330000－1781－0004742　7765　史部/職官類/官箴之屬

牧令全書四種附一種　(清)丁日昌輯　清同治七年(1868)江蘇書局刻本　一册　存一種

330000－1781－0004745　7699　類叢部/叢書類/自著之屬

北江全集七種　(清)洪亮吉撰　清乾隆至嘉慶刻本　二册　存一種

330000－1781－0004747　7700　集部/總集類/彙編之屬

西泠五布衣遺著五種　(清)丁丙輯　清同治至光緒錢塘丁氏當歸草堂刻本　一册　存一種

330000－1781－0004749　7750　子部/雜著類/雜品之屬

新增格古要論十三卷　(明)曹昭撰　(明)舒敏編　(明)王佐增補　明萬曆新都黄正位尊生館刻清初淑躬堂重修本　五册

330000－1781－0004750　7751　史部/傳記類/總傳之屬/姓名

百家姓三編不分卷　(清)丁儉卿著　清咸豐五年(1855)頤志齋刻本　一册

330000－1781－0004751　7704　子部/儒家類/儒學之屬/蒙學

釀齋訓蒙雜編五種　(清)鮑東里撰　清光緒二十八年(1902)雲南官書局刻本　一册　存一種

330000－1781－0004752　7752　類叢部/叢書類/郡邑之屬

武林掌故叢編一百九十種　(清)丁丙編　清光緒三年至二十六年(1877－1900)錢塘丁氏嘉惠堂刻本　一册　存二種

330000－1781－0004753　7753　類叢部/叢書類/彙編之屬

山居小玩十種十四卷　(明)毛晉編　明末毛氏汲古閣刻本　一册　存三種

330000－1781－0004755　7702　集部/別集類/清別集

洪北江全集二十一種　(清)洪亮吉撰　清刻本　二册　存一種

330000－1781－0004756　7701　集部/別集類/清別集

變雅堂全集六卷　(清)杜濬撰　**諸家評記二卷**　(清)方苞等撰　清道光二十三年(1843)刻本　一册　存三卷(六、諸家評記一至二)

330000－1781－0004758　7703　類叢部/類書類/通類之屬

格致鏡原一百卷　(清)陳元龍撰　清康熙五十六年(1717)陳元龍刻雍正十三年(1735)印本　一册　存四卷(三十七至四十)

330000－1781－0004762　7741　史部/地理類/外紀之屬

黑蠻風土記一卷　(英國)立溫斯敦撰　(清)史錦鏞譯語　(清)沈定年述文　清光緒五年(1879)鉛印本　一册

330000－1781－0004764　7706　類叢部/叢書類/彙編之屬

粵雅堂叢書一百八十四種　(清)伍崇曜編　清道光二十九年至光緒十一年(1849－1885)南海武氏刻彙印本　一册　存一種

330000－1781－0004765　7743C1　史部/傳記類/總傳之屬/斷代

昭代名人尺牘小傳二十四卷　(清)吳修撰　清道光六年(1826)刻本　一册

330000－1781－0004766　7707　子部/小說家類/雜事之屬

里乘十卷　(清)許奉恩撰　清光緒五年(1879)常熟抱芳閣刻本　二册　存四卷(一至二、九至十)

330000－1781－0004767　7743　史部/傳記

類/總傳之屬/斷代

昭代名人尺牘小傳二十四卷 （清）吳修撰 清道光六年（1826）刻本 二冊

330000－1781－0004768 7744 類叢部/叢書類/彙編之屬

風雨樓叢書二十三種 鄧實編 清宣統順德鄧氏鉛印本 二冊 存一種

330000－1781－0004771 7708 類叢部/叢書類/彙編之屬

粵雅堂叢書一百八十四種 （清）伍崇曜編 清道光二十九年至光緒十一年（1849－1885）南海武氏刻彙印本 一冊 存一種

330000－1781－0004772 7729 類叢部/叢書類/自著之屬

左海全集 （清）陳壽祺撰 清嘉慶至道光三山陳氏刻本 一冊 存一種

330000－1781－0004773 7730 類叢部/叢書類/自著之屬

左海全集 （清）陳壽祺撰 清嘉慶至道光三山陳氏刻本 一冊 存一種

330000－1781－0004774 7709 集部/別集類/清別集

小謨觴館文集四卷 （清）彭兆蓀撰 清光緒六年（1880）存存軒刻本 一冊 存二卷（三至四）

330000－1781－0004775 7731 集部/別集類/清別集

石鼓硯齋文鈔二十卷詩鈔三十二卷試帖二卷直廬集八卷 （清）曹文埴撰 清嘉慶五年（1800）曹振鏞刻本 一冊 存三卷（十八至二十）

330000－1781－0004777 7710 集部/總集類/尺牘之屬

歷代名人小簡二卷 吳曾祺輯 清宣統二年（1910）上海商務印書館鉛印本 一冊 存一卷（下）

330000－1781－0004778 7711 類叢部/類書類/通類之屬

欽定古今圖書集成一萬卷目錄三十二卷 （清）蔣廷錫 （清）陳夢雷等輯 清光緒十年（1884）上海圖書集成書局鉛印本 一冊 存五卷（七至十一）

330000－1781－0004779 7733 集部/別集類/宋別集

後山先生集二十四卷首一卷 （宋）陳師道撰 清光緒十一年（1885）番禺陶氏愛廬刻本 三冊 存十八卷（首、一至十七）

330000－1781－0004780 7716 子部/小說家類/異聞之屬

太平廣記五百卷目錄十卷 （宋）李昉等輯 清嘉慶十一年（1806）姑蘇聚文堂刻本 一冊 存九卷（二百十一至二百十九）

330000－1781－0004781 7734 經部/小學類/音韻之屬

音聲紀元六卷 （明）吳繼仕撰 明萬曆刻本 一冊 存三卷（一至三）

330000－1781－0004784 7718 類叢部/叢書類/自著之屬

隨園三十種 （清）袁枚撰 清刻本 二冊 存一種

330000－1781－0004785 7119 史部/傳記類/總傳之屬

圖繪寶鑑八卷 （元）夏文彥撰 清康熙借綠草堂刻本 黃賓虹題記 四冊

330000－1781－0004786 7720 類叢部/叢書類/自著之屬

隨園三十種 （清）袁枚撰 清刻本 二冊 存一種

330000－1781－0004787 7721 類叢部/叢書類/自著之屬

隨園三十種 （清）袁枚撰 清刻本 四冊 存一種

330000－1781－0004788 7722 集部/別集類/清別集

十二硯齋文錄一卷 （清）汪鋆撰 清光緒刻本 二冊

330000－1781－0004789　7723　類叢部/叢書類/自著之屬

十二硯齋三種　(清)汪鋆撰　清同治至光緒儀徵汪氏刻本　二册　存一種

330000－1781－0004790　7724　史部/傳記類/總傳之屬/儒林

學案小識十四卷首一卷末一卷　(清)唐鑑撰　清光緒十年(1884)刻本　一册　存二卷(首、一)

330000－1781－0004791　7725　類叢部/叢書類/彙編之屬

當歸草堂叢書八種　(清)丁丙編　清同治三年(1864)錢塘丁氏刻本　一册　存一種

330000－1781－0004792　7726　類叢部/叢書類/郡邑之屬

畿輔叢書一百二十六種　(清)王灝編　清光緒五年至十八年(1879－1892)定州王氏謙德堂刻三十二年(1906)彙印本　一册　存一種

330000－1781－0004793　7712　集部/别集類/明别集

王陽明先生全集二十二卷首一卷　(明)王守仁撰　(清)俞嶙編　清康熙十一年至十二年(1672－1673)餘姚俞嶙刻餘姚黄氏敦厚堂印本　一册　存一卷(四)

330000－1781－0004794　7717　類叢部/叢書類/自著之屬

隨園三十種　(清)袁枚撰　清乾隆至嘉慶刻本　五册　存二種

330000－1781－0004795　7715　集部/詩文評類/文評之屬

夢陔堂文説十一卷　(清)黄承吉撰　清道光刻本　八册　存四卷(六、八、十至十一)

330000－1781－0004797　7714(1)、(2)　集部/别集類/清别集

豸華堂文鈔二十卷首一卷　(清)金應麟撰　清光緒元年(1875)刻本　四册　存十三卷(甲部首、一至四,駢文一至八)

330000－1781－0004798　7766　類叢部/叢書類/彙編之屬

學海類編四百三十種　(清)曹溶輯　(清)陶越增删　清道光十一年(1831)六安晁氏木活字印本　一册　存三種

330000－1781－0004799　7844　史部/傳記類/别傳之屬/年譜

季思手定年譜一卷　(清)龔守正撰　清咸豐刻本　一册

330000－1781－0004800　7767　集部/别集類/明别集

黄玄龍先生詩集十卷小品四卷　(明)黄奂撰　清康熙刻本　一册　存二卷(小品一至二)

330000－1781－0004801　7846　史部/傳記類/别傳之屬/年譜

笏珊[張桂林]年譜一卷　(清)張桂林編　清光緒十九年(1893)京都元會齋刻本　一册

330000－1781－0004802　7768　子部/雜著類

記汪肖彭封翁述許琴蘭養生訣一卷　(清)楊葆光撰　清光緒十四年(1888)刻本　一册

330000－1781－0004803　7769　史部/傳記類/總傳之屬/文苑

東軒吟社畫像一卷附記傳題跋一卷　(清)費丹旭繪　(清)黄士珣記　(清)諸可寶傳　(清)汪曾唯輯　清光緒二年(1876)泉唐汪氏振綺堂刻本　一册

330000－1781－0004804　7848　類叢部/叢書類/彙編之屬

當歸草堂叢書八種　(清)丁丙編　清同治三年(1864)錢塘丁氏刻本　一册　存一種

330000－1781－0004805　7847　類叢部/叢書類/自著之屬

魯氏遺著四種附二種　(清)魯一同撰　清咸豐山陽魯氏刻本　一册　存一種

330000－1781－0004809　7850　史部/傳記類/别傳之屬/事狀

許教授家傳一卷　(清)譚獻撰　**誥授奉政大夫五品銜嚴州府教授顯考壬伯府君[許仁沐]**

行狀一卷 (清)許受恒等撰 清光緒刻本 一冊

330000－1781－0004811 7852 史部/傳記類/别傳之屬/年譜

響泉[顧光祖]年譜一卷 (清)顧光旭撰 清光緒二十三年(1897)刻本 一冊

330000－1781－0004812 7772 集部/别集類/唐五代别集

重刊校正笠澤叢書四卷補遺詩一卷續補遺一卷 (唐)陸龜蒙撰 清康熙二十五年(1686)碧筠草堂刻本 二冊

330000－1781－0004813 7773 類叢部/叢書類/彙編之屬

當歸草堂叢書八種 (清)丁丙編 清同治二年至五年(1863－1866)錢塘丁氏刻本 一冊 存二種

330000－1781－0004814 7853 史部/傳記類/别傳之屬/年譜

薛文清公[瑄]年譜一卷 (明)楊鶴彙編 清康熙五十二年(1713)刻本 一冊

330000－1781－0004815 7774 集部/别集類/清别集

鶴闕文賸三卷 (清)吴邦治撰 清乾隆十年(1745)煙波江上草堂刻本 一冊

330000－1781－0004818 7777 類叢部/叢書類/彙編之屬

風雨樓叢書二十三種 鄧實編 清宣統順德鄧氏鉛印本 一冊 存一種

330000－1781－0004819 7854 史部/傳記類/别傳之屬/年譜

沈維鐈年譜一卷 (清)沈宗涵 (清)沈宗濟撰 清道光三十年(1850)刻本 一冊

330000－1781－0004820 7778 史部/地理類/遊記之屬/紀行

謁岱記一卷 (清)輔廷撰 清光緒八年(1882)刻本 一冊

330000－1781－0004821 7854C1 史部/傳記類/别傳之屬/年譜

沈維鐈年譜一卷 (清)沈宗涵 (清)沈宗濟撰 清道光三十年(1850)刻本 一冊

330000－1781－0004822 7778 史部/地理類/遊記之屬/紀行

湖游小識一卷 (清)潘履祥撰 清光緒三十二年(1906)刻本 一冊

330000－1781－0004823 7855C1 史部/傳記類/别傳之屬/年譜

遂翁自訂年譜一卷 (清)趙昀撰 (清)趙繼元等補 清光緒趙繼元等刻本 一冊

330000－1781－0004824 7779 子部/雜著類/雜説之屬

吹網録六卷 (清)葉廷琯撰 清同治八年至九年(1869－1870)刻本 二冊

330000－1781－0004825 7782 類叢部/叢書類/家集之屬

楓林黄氏家乘五種 (清)黄彭年輯 清同治三年(1864)成都刻本 一冊 存一種

330000－1781－0004826 7783 史部/詔令奏議類/奏議之屬

陸文慎公奏議一卷 陸潤庠撰 唐文治選 清宣統三年(1911)鉛印本 一冊

330000－1781－0004827 7856 類叢部/叢書類/自著之屬

施愚山先生全集五種附一種 (清)施閏章撰 清康熙至乾隆刻彙印本 六一翁題記 一冊 存二種

330000－1781－0004828 7784 集部/總集類/彙編之屬

西泠五布衣遺著五種 (清)丁丙輯 清同治至光緒錢塘丁氏當歸草堂刻本 二冊 存一種

330000－1781－0004829 7857 集部/别集類/清别集

心鐵石齋存稿四十卷附聯句詩一卷年譜一卷 (清)宋鳴琦撰 清道光十二年(1832)誦梅堂刻增修本 一冊 存一卷(年譜)

330000－1781－0004830　7831　子部/儒家類/儒學之屬

沈余遺書三種　(清)趙舒翹編　清光緒二十二年(1896)江蘇書局刻本　一冊　存一種

330000－1781－0004831　7786　集部/別集類/元別集

師山先生文集八卷遺文五卷附錄一卷　(元)鄭玉撰　**濟美錄四卷**　(明)鄭燭輯　明嘉靖十四年(1535)鄭氏家塾刻清道光二十三年(1843)善道堂修補印本　三冊　缺四卷(濟美錄一至四)

330000－1781－0004832　7858　集部/別集類/清別集

霜紅龕集四十卷　(清)傅山撰　**附錄三卷傅青主先生年譜一卷**　丁寶銓輯　清宣統三年(1911)山陽丁氏刻本　一冊　存一卷(年譜)

330000－1781－0004833　7832　史部/傳記類/別傳之屬/年譜

先太夫人[王載妻]年譜一卷　王先謙輯　清光緒刻本　一冊

330000－1781－0004834　7787　集部/總集類/選集之屬

希青亭集一卷　(清)客湘同人編　清刻本　一冊

330000－1781－0004835　7833　史部/傳記類/別傳之屬/年譜

東坡先生[蘇軾]年譜一卷　(宋)王宗稷編　清康熙刻本　黃崇惺批　許芭記　一冊

330000－1781－0004836　7788　集部/別集類/清別集

章實齋先生遺書六卷附錄一卷　(清)章學誠撰　清宣統二年(1910)鉛印本　一冊　存二卷(一至二)

330000－1781－0004837　7789　類叢部/叢書類/郡邑之屬

武林掌故叢編一百九十種　(清)丁丙編　清光緒三年至二十六年(1877－1900)錢塘丁氏嘉惠堂刻本　一冊　存一種

330000－1781－0004838　7790　類叢部/叢書類/郡邑之屬

武林掌故叢編一百九十種　(清)丁丙編　清光緒三年至二十六年(1877－1900)錢塘丁氏嘉惠堂刻本　一冊　存三種

330000－1781－0004841　7794　類叢部/叢書類/彙編之屬

知不足齋叢書一百九十五種　(清)鮑廷博編　(清)鮑士恭續編　清乾隆三十七年至道光三年(1772－1823)長塘鮑氏刻彙印本　一冊　存二種

330000－1781－0004843　7837　類叢部/叢書類/彙編之屬

小石山房叢書三十八種　(清)顧湘編　清道光刻同治十三年(1874)虞山顧氏補刻本　一冊　存一種

330000－1781－0004845　7838　史部/傳記類/總傳之屬/家乘

[浙江諸暨]七里川蔣氏宗譜二十四卷前編一卷　(清)蔣鴻藻修　(清)蔣景耀纂　清光緒十四年(1888)三治堂木活字印本　二冊　存一卷(二)

330000－1781－0004846　7799　子部/雜著類/雜說之屬

浪跡叢談八卷　(清)梁章鉅撰　清末鉛印本　二冊

330000－1781－0004847　7839　史部/傳記類/別傳之屬/年譜

還讀我書室老人手訂年譜二卷　(清)董恂撰　清光緒十八年(1892)刻本　二冊

330000－1781－0004848　7840C1　類叢部/叢書類/彙編之屬

國粹叢書四十九種　(清)國學保存會編　清光緒至宣統國學保存會鉛印本　二冊　存一種

330000－1781－0004849　7840　類叢部/叢書類/彙編之屬

國粹叢書四十九種　(清)國學保存會編　清

光緒至宣統國學保存會鉛印本　一冊　存一種

330000－1781－0004850　7800　集部/別集類/清別集

小松圓閣雜著三卷　(清)程庭鷺撰　清同治二年(1863)刻本　一冊

330000－1781－0004851　7801　類叢部/叢書類/彙編之屬

風雨樓叢書二十三種　鄧實編　清宣統順德鄧氏鉛印本　一冊　存一種

330000－1781－0004852　7841　史部/傳記類/別傳之屬/年譜

陸清獻公[隴其]年譜一卷　(清)吳光酉編　(清)陸宸徵　(清)李鉉輯　清同治七年(1868)武林薇署刻本　一冊

330000－1781－0004853　7842　史部/傳記類/別傳之屬/年譜

思補老人自訂年譜一卷　(清)潘世恩撰　清咸豐五年(1855)吳縣潘氏刻本　一冊

330000－1781－0004854　7802　史部/職官類/官箴之屬

從政餘談一卷　(清)王定柱　清道光五年(1825)刻本　一冊

330000－1781－0004856　7843　史部/傳記類/別傳之屬/年譜

知非錄一卷　(清)龐鍾璐自敘　清光緒刻本　一冊

330000－1781－0004858　7806　集部/別集類/清別集

宜秋閣詩抄一卷　(清)黃肇敏撰　清同治十三年(1874)刻本　一冊

330000－1781－0004859　7807　集部/別集類/清別集

安般簃集十卷春闈雜詠一卷　(清)袁昶撰　清光緒十六年(1890)小漚巢刻本　三冊

330000－1781－0004860　7809(C1)　集部/別集類/清別集

漸西村人初集十三卷　(清)袁昶撰　清光緒十六年(1890)刻二十年(1894)印本　二冊　存五卷(一至五)

330000－1781－0004861　7823　類叢部/叢書類/彙編之屬

懷豳雜俎十二種　徐乃昌編　清光緒至宣統南陵徐氏刻本　二冊　存一種

330000－1781－0004862　7825　集部/別集類/清別集

茶夢盦劫後詩稿十二卷爐餘詞一卷劫後藁一卷　(清)高望曾撰　清同治九年(1870)福州刻光緒十六年(1890)杭州增修本　一冊　存一卷(爐餘詞)

330000－1781－0004864　7826　類叢部/叢書類/自著之屬

靈芬館集十種　(清)郭麐撰　清嘉慶至道光刻本　二冊　存一種

330000－1781－0004865　7809　集部/別集類/清別集

漸西村人初集十三卷　(清)袁昶撰　清光緒十六年(1890)刻二十年(1894)印本　三冊

330000－1781－0004866　7827　集部/別集類/清別集

茶夢盦劫後詩稿十二卷爐餘詞一卷劫後藁一卷　(清)高望曾撰　清同治九年(1870)福州刻光緒十六年(1890)杭州增修本　三冊　存十二卷(詩稿一至十二)

330000－1781－0004867　7828　集部/別集類/清別集

龍泓館詩集三卷　(清)丁敬撰　清同治八年(1869)劬學齋刻本　彬甫題記　一冊

330000－1781－0004868　7829　集部/別集類/清別集

樊榭山房集十卷續集十卷　(清)厲鶚撰　清乾隆四年(1739)武林繡墨齋刻十六年(1751)續刻本　二冊　存十卷(樊榭山房集一至十)

330000－1781－0004869　7820　集部/總集類/酬唱之屬

清尊集十六卷　(清)汪遠孫輯　清道光十九年(1839)錢塘汪氏振綺堂刻本　四册

330000－1781－0004874　7815　類叢部/叢書類/郡邑之屬
武林掌故叢編一百九十種　(清)丁丙編　清光緒三年至二十六年(1877－1900)錢塘丁氏嘉惠堂刻本　一册　存一種

330000－1781－0004875　7816　集部/詞類/別集之屬
秋夢盦詞鈔二卷續一卷再續一卷　(清)葉衍蘭撰　清光緒十六年(1890)番禺葉氏羊城刻本　一册　缺一卷(再續)

330000－1781－0004878　7817　集部/別集類/清別集
一山存集八卷二集九卷三集十二卷別集六卷文集十四卷　(清)施何牧撰　清刻本　一册　缺十七卷(存集一至八、二集一至九)

330000－1781－0004879　7810　類叢部/叢書類/彙編之屬
風雨樓叢書二十三種　鄧實編　清宣統順德鄧氏鉛印本　一册　存一種

330000－1781－0004882　7860　類叢部/叢書類/自著之屬
錢頤壽中丞全集正編三種續編二種　(清)錢寶琛撰　清同治七年至光緒六年(1868－1880)錢鼎銘等刻本　一册　存一種

330000－1781－0004883　7861　史部/傳記類/別傳之屬/年譜
太常公[錢薇]年譜一卷　(清)錢泰吉輯　清光緒三十年(1904)錢志澄刻本　一册

330000－1781－0004884　7862　子部/雜著類/雜說之屬
恩福堂筆記不分卷　(清)英和撰　清刻本　一册

330000－1781－0004885　7863　史部/傳記類/別傳之屬/年譜
[沈峻]年譜一卷　(清)沈峻撰　(清)沈兆澐輯注　清道光十五年(1835)刻本　一册

330000－1781－0004886　7864　史部/傳記類/別傳之屬/年譜
覺生自訂年譜一卷　(清)鮑桂星撰　清刻本　一册

330000－1781－0004887　7865　史部/傳記類/別傳之屬/年譜
潘紱庭先生自訂年譜一卷　(清)潘曾綬撰　(清)潘祖蔭　(清)潘祖年補編　清光緒九年(1883)吳縣潘氏刻本　一册

330000－1781－0004888　7866　史部/傳記類/別傳之屬/年譜
皇清誥授光祿大夫經筵講官戶部尚書兼署工部尚書管理三庫事務武英殿總裁署翰林院掌院學士諭賜祭葬予謚文恪顯考椒生府君[羅惇衍]年譜一卷　(清)羅棨等編　清光緒羊城西湖富文齋刻本　一册

330000－1781－0004889　7869　史部/傳記類/別傳之屬/年譜
閻潛丘先生[若璩]年譜一卷　(清)張穆編　清道光二十七年(1847)祁氏刻本　一册

330000－1781－0004890　7867　史部/傳記類/別傳之屬/年譜
忠武公[楊遇春]年譜一卷　(清)楊國佐等編　清道光二十年(1840)刻本　一册

330000－1781－0004891　7868　史部/傳記類/別傳之屬/年譜
思補過齋主人自敘年譜一卷　(清)李基溥撰　(清)李鐘文　(清)李繼芳續編　清同治李氏刻本　一册

330000－1781－0004892　7870　經部/小學類/訓詁之屬/群雅
別雅五卷　(清)吳玉搢撰　清道光二十九年(1849)小蓬萊山館刻本　四册

330000－1781－0004893　7876　經部/儀禮類/傳說之屬
儀禮經注疏正譌十七卷　(清)金日追撰　清乾隆五十三年(1788)肅齋家塾刻本　八册

330000－1781－0004895　7872　類叢部/叢

書類/自著之屬
五經歲徧齋校書三種 (清)翟云升輯 清道光東萊翟氏五經歲徧齋刻本 十册

330000-1781-0004896 7877 類叢部/叢書類/自著之屬
振綺堂遺書五種 (清)汪遠孫撰 清道光刻民國十一年(1922)錢塘汪氏彙印本 四册 存一種

330000-1781-0004897 7873 史部/政書類/律令之屬/刑制
古刑法質疑一卷攷工記論文二卷首一卷 (清)章震福撰 清光緒三十四年(1908)農工商部印刷科鉛印本 一册

330000-1781-0004898 7874B 經部/小學類/訓詁之屬/爾雅
爾雅註疏十一卷 (晉)郭璞註 (宋)邢昺疏 清刻本 四册

330000-1781-0004899 7913 集部/别集類/宋别集
黄詩全集五十八卷附録一卷 (宋)黄庭堅撰 (清)謝啟昆輯補 清乾隆五十四年(1789)南康謝氏樹經堂刻本 十五册

330000-1781-0004900 7875 經部/小學類/訓詁之屬/爾雅
爾雅翼三十二卷 (宋)羅願撰 (元)洪焱祖音釋 (明)羅朗重訂 明天啓刻崇禎六年(1633)重修本 六册

330000-1781-0004901 7874A 經部/小學類/訓詁之屬/爾雅
爾雅注疏本正誤五卷 (清)張宗泰撰 清刻本 一册

330000-1781-0004903 7882 集部/總集類/郡邑之屬
松風餘韻五十卷末一卷 (清)姚弘緒編 清乾隆八年(1743)賓善堂刻本 十二册

330000-1781-0004905 7909 類叢部/叢書類/郡邑之屬
武林掌故叢編一百九十種 (清)丁丙編 清光緒三年至二十六年(1877-1900)錢塘丁氏嘉惠堂刻本 一册 存一種

330000-1781-0004908 7910 集部/别集類/清别集
歸愚詩鈔二十卷 (清)沈德潛撰 清乾隆刻本 六册

330000-1781-0004910 7911 集部/别集類/清别集
八指頭陀詩集十卷詩集述一卷補遺一卷詞褋文一卷 (清)釋敬安撰 清光緒十四年(1888)義寧陳三立刻二十四年(1898)湘潭葉德輝續刻本 二册

330000-1781-0004911 7883 經部/周禮類/分篇之屬
輪輿私箋二卷附圖一卷 (清)鄭珍撰 清同治七年(1868)獨山莫氏刻本 一册

330000-1781-0004914 7912 集部/别集類/清别集
滄州先生詩鈔十卷補遺一卷 (清)陳鵬年撰 清雍正刻本 二册

330000-1781-0004918 7899 集部/别集類/唐五代别集
孟東野集十卷附一卷 (唐)孟郊撰 清宣統二年(1910)上海著易堂石印本 三册

330000-1781-0004919 7900 集部/别集類/清别集
二十臺詩二卷 (清)潘世鏞撰 清道光刻本 一册

330000-1781-0004920 7901 集部/别集類/清别集
虚船詩集二卷補遺一卷遺文一卷 (清)黄筏撰 清嘉慶十五年(1810)刻本 一册 存二卷(補遺、遺文)

330000-1781-0004921 7902 集部/詞類/别集之屬
蓮漪詞二卷 (清)鄭由熙撰 **蓮漪曲一卷** (清)鄭由熙填詞 (清)周夏訂譜 清同治十年(1871)古歙鄭氏家刻本 一册

330000－1781－0004922　7903　集部/別集類/宋別集

湖山類稿五卷附錄一卷水雲集一卷附錄三卷　（宋）汪元量撰　清光緒二十三年（1897）錢塘丁氏嘉惠堂朱印本　一冊　存六卷（湖山類稿一至五、附錄）

330000－1781－0004925　7891　經部/叢編

皮氏經學叢書十一卷附六卷　（清）皮錫瑞撰　清光緒三十三年（1907）思賢書局刻本　一冊　存一卷（王制箋）

330000－1781－0004926　7892　類叢部/叢書類/自著之屬

師伏堂叢書十五種　（清）皮錫瑞撰　清光緒十九年至三十三年（1893－1907）善化皮氏刻本　一冊　存一種

330000－1781－0004927　7905　集部/別集類/清別集

巢經巢詩鈔九卷後集四卷　（清）鄭珍撰　清咸豐刻民國二十九年（1940）貴州省政府彙印巢經巢全集本　四冊

330000－1781－0004928　7894　類叢部/叢書類/自著之屬

師伏堂叢書十五種　（清）皮錫瑞撰　清光緒十九年至三十三年（1893－1907）善化皮氏刻本　一冊　存一種

330000－1781－0004930　7895　類叢部/叢書類/自著之屬

師伏堂叢書十五種　（清）皮錫瑞撰　清光緒十九年至三十三年（1893－1907）善化皮氏刻本　一冊　存二種

330000－1781－0004931　7896　類叢部/叢書類/自著之屬

師伏堂叢書十五種　（清）皮錫瑞撰　清光緒十九年至三十三年（1893－1907）善化皮氏刻本　一冊　存一種

330000－1781－0004932　7898　類叢部/叢書類/自著之屬

師伏堂叢書十五種　（清）皮錫瑞撰　清光緒十九年至三十三年（1893－1907）善化皮氏刻本　三冊　存一種

330000－1781－0004933　7893　類叢部/叢書類/自著之屬

師伏堂叢書十五種　（清）皮錫瑞撰　清光緒十九年至三十三年（1893－1907）善化皮氏刻本　一冊　存一種

330000－1781－0004934　7897　類叢部/叢書類/自著之屬

師伏堂叢書十五種　（清）皮錫瑞撰　清光緒十九年至三十三年（1893－1907）善化皮氏刻本　五冊　存一種

330000－1781－0004937　7922　類叢部/叢書類/家集之屬

觀古閣叢刻十五種　（清）鮑康編　清嘉慶十一年至光緒二十一年（1806－1895）歙縣鮑氏刻本　三冊　存一種

330000－1781－0004940　7923　類叢部/叢書類/家集之屬

觀古閣叢刻十五種　（清）鮑康編　清嘉慶十一年至光緒二十一年（1806－1895）歙縣鮑氏刻本　一冊　存一種

330000－1781－0004942　7924　類叢部/叢書類/家集之屬

觀古閣叢刻十五種　（清）鮑康編　清嘉慶十一年至光緒二十一年（1806－1895）歙縣鮑氏刻本　一冊　存一種

330000－1781－0004944　7925　類叢部/叢書類/家集之屬

觀古閣叢刻十五種　（清）鮑康編　清嘉慶十一年至光緒二十一年（1806－1895）歙縣鮑氏刻本　一冊　存一種

330000－1781－0004946　7926　類叢部/叢書類/家集之屬

觀古閣叢刻十五種　（清）鮑康編　清嘉慶十一年至光緒二十一年（1806－1895）歙縣鮑氏刻本　四冊　存一種

330000－1781－0004947　7920　集部/詩文

評類/類編之屬

詩觸十七種二十一卷 (清)朱琰輯 清乾隆至嘉慶刻本 六冊

330000－1781－0004948 7927 集部/別集類/清別集

桐華舸詩鈔八卷續鈔八卷明季詠史詩鈔一卷褒忠詩鈔一卷 (清)鮑瑞駿撰 清同治五年(1866)、光緒三年(1877)鮑氏刻本 十冊

330000－1781－0004952 7928 集部/別集類/清別集

松桂堂全集三十七卷南浤集三卷延露詞三卷 (清)彭孫遹撰 清乾隆八年(1743)彭景曾等刻本 三冊 存三卷(南浤集一至三)

330000－1781－0004954 7929 集部/總集類/彙編之屬

國初十大家詩鈔 (清)王相編 清道光十年(1830)秀水王氏信芳閣木活字印本 二冊 存一種

330000－1781－0004956 7974 集部/詩文評類/詩評之屬

二十四詩品一卷 (唐)司空圖撰 清刻本 一冊

330000－1781－0004967 7939 集部/別集類

散原精舍詩二卷 陳三立撰 清宣統元年(1909)石印本 二冊

330000－1781－0004968 7980 集部/別集類/明別集

東軒集選一卷 (明)聶大年撰 清光緒錢唐丁氏嘉惠堂刻朱印本 一冊

330000－1781－0004972 7940 集部/別集類/清別集

琴隱園詩集三十六卷詞集四卷 (清)湯貽汾撰 清光緒元年(1875)武進曹氏刻本 四冊

330000－1781－0004975 7985 集部/別集類/清別集

潔華館詩集一卷 (清)程榮功撰 清光緒二十一年(1895)銘槐軒刻本 一冊

330000－1781－0004976 7942 集部/別集類/清別集

秣陵集六卷金陵歷代紀年事表一卷圖考一卷 (清)陳文述撰 清光緒十年(1884)淮南書局刻本 三冊

330000－1781－0004978 7986 集部/別集類/宋別集

水雲集一卷附錄三卷 (宋)汪元量撰 清光緒二十三年(1897)錢塘丁氏嘉惠堂刻武林往哲遺箸朱印本 一冊

330000－1781－0004981 7944 集部/總集類/選集之屬/斷代

感舊集十六卷 (清)王士禛選 (清)盧見曾補傳 清乾隆十七年(1752)德州盧氏刻本 八冊

330000－1781－0004985 7969 集部/別集類/清別集

有正味齋詩集十六卷續集八卷駢體文二十四卷續集八卷詞集八卷續集二卷外集五卷南北曲二卷 (清)吳錫麒撰 清嘉慶十三年(1808)刻本 六冊 存十六卷(詩集一至十六)

330000－1781－0004986 7947 史部/目録類/通論之屬/掌故瑣記

藏書紀事詩七卷 葉昌熾撰 清光緒二十三年(1897)元和江標長沙學使署刻元和江氏靈鶼閣叢書本 六冊

330000－1781－0004987 7970 集部/別集類/清別集

芙蓉池館詩草一卷賦草一卷 (清)羅辰撰 清道光刻本 二冊

330000－1781－0004988 7971 集部/別集類/金別集

遺山先生詩集二十卷附補遺一卷 (金)元好問撰 清宣統元年至二年(1909－1910)成都茹古書局刻本 四冊

330000－1781－0004991 7967 集部/別集類/清別集

離垢集五卷　(清)華喦撰　清光緒十五年(1889)鉛印本　四冊

330000－1781－0004992　7968　集部/總集類/選集之屬/通代
宋元詩會一百卷　(清)陳焯輯　清康熙二十二年(1683)刻本　十八冊

330000－1781－0004996　7959　集部/戲劇類/傳奇之屬
暗香樓樂府三種　(清)鄭由熙撰　清光緒十六年(1890)暗香樓刻本　一冊

330000－1781－0004998　7958　集部/戲劇類/傳奇之屬
暗香樓樂府三種　(清)鄭由熙撰　清光緒十六年(1890)暗香樓刻本　一冊

330000－1781－0004999　7957　集部/戲劇類/傳奇之屬
暗香樓樂府三種　(清)鄭由熙撰　清光緒十六年(1890)暗香樓刻本　一冊

330000－1781－0005005　7962　集部/別集類/清別集
人境廬詩草十一卷　(清)黃遵憲撰　清宣統三年(1911)鉛印本　四冊

330000－1781－0005007　7963　集部/別集類/清別集
五百四峯堂詩鈔二十五卷　(清)黎簡撰　清同治十三年(1874)南海陳氏刻光緒儒雅堂重修本　八冊

330000－1781－0005012　7990　集部/總集類/郡邑之屬
宛雅初編八卷首一卷　(明)梅鼎祚輯　**宛雅二編八卷首一卷**　(清)施閏章　(清)蔡蓁春輯　**宛雅三編二十四卷首一卷**　(清)施念曾　(清)張汝霖輯　清光緒元年(1875)宛村劉樹本堂刻本　十二冊　缺四卷(五至八)

330000－1781－0005013　7992　集部/別集類
十髮居士集七十卷　程頌萬撰　清光緒二十一年至民國十七年(1895－1928)寧鄉程氏鹿川閣刻本　二冊　存十卷(定巢詞集一至十)

330000－1781－0005015　7999　集部/別集類/唐五代別集
虞伯生選杜律七言註三卷　(唐)杜甫撰　(元)虞集注　(清)查弘道　(清)金集補注　清刻本　三冊

330000－1781－0005016　7994　集部/別集類/清別集
松夢寮詩稿六卷　(清)丁丙撰　清光緒二十五年(1899)丁氏刻本　二冊

330000－1781－0005017　8000　集部/詞類/別集之屬
雨屋深鐙詞一卷續稿一卷　汪兆鏞撰　清宣統三年(1911)、民國十七年(1928)鉛印本　一冊

330000－1781－0005018　7995　集部/別集類
十髮居士集七十卷　程頌萬撰　清光緒二十一年至民國十七年(1895－1928)寧鄉程氏鹿川閣刻本　二冊　存十二卷(石巢詩集一至十二)

330000－1781－0005023　7997　集部/別集類/宋別集
斜川詩集十卷　(宋)蘇過撰　清木活字印本　叔問題記　鶴道人跋　二冊

330000－1781－0005025　8003　集部/別集類/清別集
觀泉詩鈔二卷　(清)程文囿撰　清刻本　一冊

330000－1781－0005028　8067　子部/宗教類/佛教之屬/諸宗
華嚴原人論合解二卷　(唐)釋宗密論　(元)釋圓覺解　(明)楊嘉祚刪合　清同治十一年(1872)釋妙然刻本　一冊

330000－1781－0005031　8069　類叢部/叢書類/彙編之屬
國粹叢書四十九種　(清)國學保存會編　清光緒至宣統國學保存會鉛印本　八冊　存

一種

330000－1781－0005032　8057　子部/宗教類/道教之屬/方法

真詮二卷　（明）桑喬撰　明嘉靖三十五年（1556）刻本　二册

330000－1781－0005034　8059　子部/宗教類/佛教之屬

十八空論一卷　（南朝陳）釋真諦譯　**百論二卷**　（印度）提婆菩薩造　（印度）婆藪開士釋　（後秦）釋鳩摩羅什譯　**廣百論本一卷**　（印度）聖天菩薩造　（唐）釋玄奘譯　清宣統三年（1911）揚州張肇昌刻本　一册

330000－1781－0005035　8060　子部/宗教類/佛教之屬/經

波若波羅蜜多心經一卷　（唐）釋玄奘譯　**波若波羅蜜多心經要論一卷波若波羅蜜多心經真談一卷**　（明）釋僧可撰　**心經開度一卷**　釋羅峯弘麗撰　**奉法要一卷**　（晉）郗超輯　清刻本　一册

330000－1781－0005037　8062　子部/術數類/相宅相墓之屬

道定外函五種　洪定山撰　清刻本　一册

330000－1781－0005038　8063－1、8063－2　子部/宗教類/佛教之屬/經

維摩詰所説經註八卷　（後秦）釋鳩摩羅什譯　（晉）釋僧肇註　清光緒十三年（1887）金陵刻經處刻本　二册

330000－1781－0005040　8063－4　子部/宗教類/佛教之屬/論

十二門論一卷　（後秦）釋鳩摩羅什譯　清光緒二十一年（1895）金陵刻經處刻本　一册

330000－1781－0005041　8063－5　子部/宗教類/佛教之屬/論

十二門論宗致義記三卷　（唐）釋法藏撰　清光緒二十一年（1895）金陵刻經處刻本　一册

330000－1781－0005046　8043　集部/總集類/選集之屬/斷代

霄崢集八卷　（清）宮國苞輯　清乾隆三十三年（1768）刻本　四册

330000－1781－0005048　8044　類叢部/叢書類/自著之屬

陳氏裛露軒叢書四種　（清）陳本禮撰　清嘉慶陳氏裛露軒刻本　二册　存一種

330000－1781－0005049　8007　集部/詞類/別集之屬

鳳鄉詞一卷登樓詞一卷　（清）吳綺撰　清刻本　一册

330000－1781－0005050　8045　集部/別集類/唐五代別集

白香山詩長慶集二十卷後集十七卷別集一卷補遺二卷　（唐）白居易撰　（清）汪立名編訂　**白香山年譜一卷**　（清）汪立名撰　**白香山年譜舊本一卷**　（宋）陳振孫撰　清康熙四十一年至四十二年（1702－1703）一隅草堂刻本　五册　存二十卷（後集一至十七、別集、補遺一至二）

330000－1781－0005052　8048　子部/術數類/相宅相墓之屬

新刻東海王先生纂輯陽宅十書四卷　（明）王君榮輯　清光緒八年（1882）埽葉山房刻本　一册

330000－1781－0005053　8009　集部/別集類/清別集

頤巢類藁三卷　（清）陶邵學撰　清宣統三年（1911）刻本　一册

330000－1781－0005055　8010　集部/別集類/清別集

五百四峯堂續集二卷　（清）黎簡撰　清微尚齋刻本　一册

330000－1781－0005060　8054　子部/宗教類/道教之屬

克復要言不分卷　（清）張與齡　（清）張益齡選刻　清同治七年（1868）清承堂刻本　一册

330000－1781－0005061　8055　子部/宗教類/佛教之屬

觀音十二圓覺一卷　（清）彭德源撰　清寧郡

述古堂刻本　一册

330000－1781－0005062　8056　子部/宗教類/佛教之屬/總録

佛爾雅八卷　（清）周春撰　清嘉慶二十一年（1816）刻本　一册

330000－1781－0005063　8040　集部/别集類/清别集

逃虚閣詩集六卷　（清）張錦芳撰　清光緒十年（1884）合成齋刻本　二册

330000－1781－0005065　8042　集部/總集類/酬唱之屬

同人集十二卷　（清）冒襄輯　清光緒八年（1882）冒覲光刻本　十二册

330000－1781－0005072　8028　集部/别集類/清别集

白梅小集一卷　（清）釋敬安撰　清光緒三十年（1904）鉛印本　一册

330000－1781－0005075　8031　類叢部/叢書類/家集之屬

毘陵徐氏家集　（清）徐堉輯　清光緒六年（1880）毘陵徐氏刻本　一册　存二種

330000－1781－0005076　8032　集部/别集類/清别集

儀孝堂詩卷一卷　（清）何承徽撰　清光緒五年（1879）刻本　一册

330000－1781－0005077　8033　集部/總集類/郡邑之屬

新都秀運集二卷　（明）王寅輯　明刻本　二册

330000－1781－0005084　8021　集部/總集類/選集之屬/通代

詩紀一百五十六卷目錄三十六卷　（明）馮惟納編　**唐詩紀一百七十卷目錄六卷**　（明）方一元編　明萬曆十三年（1585）刻本　四十册　存一百八十七卷（詩紀一至一百五十六，目錄一至七、十至三十三）

330000－1781－0005086　8014　史部/地理類/雜志之屬

南州竹枝詞一百首一卷西山竹枝詞一百首一卷　（明）熊榮撰　清乾隆三十八年（1773）刻本　一册

330000－1781－0005088　8015　類叢部/叢書類/自著之屬

徐遯齋先生全集三種　（清）徐崑撰　清光緒六年（1880）刻本　一册　存一種

330000－1781－0005089　8016　子部/農家農學類/園藝之屬/花卉

海棠譜三卷　（宋）陳思撰　清光緒錢塘丁氏竹書堂刻朱印本　一册

330000－1781－0005093　16475　史部/雜史類/通代之屬

世本集覽四十八卷首一卷末一卷　（清）王梓材撰　稿本　十八册

330000－1781－0005094　8123　集部/總集類/選集之屬/斷代

唐詩别裁集引典備註二十卷　（清）沈德潛輯　（清）俞汝昌增注　清道光十八年（1838）白鹿山房刻本　十六册

330000－1781－0005095　8070　集部/别集類/明别集

陳臥子先生安雅堂稿十五卷兵垣奏議二卷　（明）陳子龍撰　清宣統元年（1909）上海時中書局鉛印本　六册　存十五卷（陳臥子先生安雅堂稿一至十五）

330000－1781－0005096　8070（C1）　集部/别集類/明别集

陳臥子先生安雅堂稿十五卷兵垣奏議二卷　（明）陳子龍撰　清宣統元年（1909）上海時中書局鉛印本　六册　存十五卷（陳臥子先生安雅堂稿一至十五）

330000－1781－0005097　8070（C2）　集部/别集類/明别集

陳臥子先生安雅堂稿十五卷兵垣奏議二卷　（明）陳子龍撰　清宣統元年（1909）上海時中書局鉛印本　六册　存十五卷（陳臥子先生

安雅堂稿一至十五）

330000－1781－0005099　8070（C3）　集部/別集類/明別集

陳臥子先生安雅堂稿十五卷兵垣奏議二卷　（明）陳子龍撰　清宣統元年（1909）上海時中書局鉛印本　六冊　存十五卷（陳臥子先生安雅堂稿一至十五）

330000－1781－0005100　8070（C4）　集部/別集類/明別集

陳臥子先生安雅堂稿十五卷兵垣奏議二卷　（明）陳子龍撰　清宣統元年（1909）上海時中書局鉛印本　六冊　存十五卷（陳臥子先生安雅堂稿一至十五）

330000－1781－0005101　8070（C5）　集部/別集類/明別集

陳臥子先生安雅堂稿十五卷兵垣奏議二卷　（明）陳子龍撰　清宣統元年（1909）上海時中書局鉛印本　四冊　存十卷（三至七、十一至十五）

330000－1781－0005102　8109　類叢部/叢書類/彙編之屬

國粹叢書四十九種　（清）國學保存會編　清光緒至宣統國學保存會鉛印本　八冊　存一種

330000－1781－0005104　8072　類叢部/叢書類/郡邑之屬

武林掌故叢編一百九十種　（清）丁丙編　清光緒三年至二十六年（1877－1900）錢塘丁氏嘉惠堂刻本　一冊　存一種

330000－1781－0005106　8074　集部/別集類/清別集

安般簃集十卷春闈雜詠一卷　（清）袁昶撰　清光緒十六年（1890）小漚巢刻本　一冊

330000－1781－0005110　8075　類叢部/叢書類/彙編之屬

古棠書屋叢書十八種　（清）孫澍　（清）孫錤編　清道光鵝溪孫氏刻本　二冊　存二種

330000－1781－0005114　8115　類叢部/叢書類/彙編之屬

滂喜齋叢書五十種　（清）潘祖蔭輯　清同治至光緒吳縣潘氏京師刻本　一冊　存一種

330000－1781－0005115　8114　集部/別集類

廬山詩錄一卷　易順鼎撰　（清）張之洞評閱　清光緒三十四年（1908）影印本　一冊

330000－1781－0005120　8080　集部/別集類/清別集

龍泓館詩集三卷　（清）丁敬撰　清同治八年（1869）劬學齋刻本　一冊

330000－1781－0005122　8119　集部/別集類/清別集

梅窩詩鈔三卷詞鈔一卷遺稿一卷　（清）陳良玉撰　清光緒南海黃劬學齋刻本　彬甫題記　二冊

330000－1781－0005125　8106　經部/禮記類/分篇之屬

夏小正集說四卷　（清）程鴻詔撰　清同治十一年（1872）汪啟蘭等刻有恆心齋集本　四冊

330000－1781－0005128　8105　類叢部/叢書類/彙編之屬

西政叢書三十二種　梁啟超編　清光緒二十三年（1897）慎記書莊石印本　三十二冊

330000－1781－0005130　8101　集部/別集類/明別集

呂叔簡先生明職篇一卷　（明）呂坤撰　（清）潘世恩輯　清道光十三年（1833）刻本　一冊

330000－1781－0005131　8102　經部/春秋左傳類/傳說之屬

春秋左氏傳地名補註十二卷　（清）沈欽韓撰　清刻本　二冊

330000－1781－0005132　8103　經部/叢編

古經解彙函十六種附小學彙函十四種　（清）鍾謙鈞等輯　清同治十二年（1873）粵東書局刻本　二冊　存一種

330000－1781－0005133　8104　類叢部/叢

書類/自著之屬

鄭子尹遺書五種 (清)鄭珍撰 清咸豐至同治刻本 六册 存一種

330000－1781－0005135 8094 類叢部/叢書類/自著之屬

授堂遺書七種 (清)武億撰 清乾隆至嘉慶偃師武穆淳刻本 四册 存一種

330000－1781－0005136 8092 類叢部/叢書類/自著之屬

王菉友先生著書四種 (清)王筠撰 清咸豐二年(1852)賀蕙、賀蓉、賀荃刻本 一册 存二種

330000－1781－0005137 8093 經部/周禮類/傳說之屬

周禮折衷六卷 (漢)鄭玄註 (唐)賈逵疏 (清)胡興栓重訂 清刻本 六册

330000－1781－0005138 8095 經部/周禮類/傳說之屬

周禮古學攷十一卷 李滋然撰 清宣統元年(1909)鉛印本 三册

330000－1781－0005139 8096 經部/叢編

十三經古注 (明)金蟠 (明)葛鼒校 明崇禎永懷堂刻本 四册 存一種

330000－1781－0005140 8097 經部/四書類/總義之屬/傳說

三太史彙纂四書人物備考十六卷 (明)項煜輯 明末刻本 三册

330000－1781－0005141 8098 史部/政書類/律令之屬/律例

漢律類纂一卷 張鵬一輯 清光緒三十三年(1907)奉天格致學堂鉛印本 一册

330000－1781－0005142 8099 類叢部/叢書類/彙編之屬

石遺室叢書十九種 陳衍撰 清光緒至民國刻本 一册 存二種

330000－1781－0005143 8082 類叢部/叢書類/彙編之屬

風雨樓叢書二十三種 鄧實編 清宣統順德鄧氏鉛印本 一册 存一種

330000－1781－0005144 8083 類叢部/叢書類/自著之屬

覆瓿集十三種附一種 (清)張文虎撰 清同治至光緒刻本 二册 存一種

330000－1781－0005145 8084 類叢部/叢書類/自著之屬

覆瓿集十三種附一種 (清)張文虎撰 清同治至光緒刻本 一册 存二種

330000－1781－0005146 8085－8086 類叢部/叢書類/自著之屬

覆瓿集十三種附一種 (清)張文虎撰 清同治至光緒刻本 二册 存八種

330000－1781－0005147 8087、8089 類叢部/叢書類/自著之屬

覆瓿集十三種附一種 (清)張文虎撰 清同治至光緒刻本 四册 存二種

330000－1781－0005148 8088 類叢部/叢書類/自著之屬

覆瓿集十三種附一種 (清)張文虎撰 清同治至光緒刻本 一册 存一種

330000－1781－0005149 8125 集部/小說類/長篇之屬

水石緣六卷三十段 (清)李春榮撰 清刻本 六册

330000－1781－0005150 8127 史部/傳記類/職官録之屬/總録

大清搢紳全書四卷 清光緒二十八年(1902)榮録堂刻本 六册

330000－1781－0005153 8130 史部/地理類/雜志之屬

衛藏圖識四卷蠻語一卷 (清)馬揭修 (清)盛繩祖纂 清乾隆五十七年(1792)刻本 一册

330000－1781－0005157 8136 類叢部/類書類/專類之屬

分類韻錦十二卷附錄一卷 (清)郭化霖編 清道光二十三年(1843)喜雨山房刻本 十册 缺二卷(十一至十二)

330000－1781－0005158 8137 經部/小學類/音韻之屬/韻書
詩韻珠璣五卷 (清)余照輯 清刻本 五册

330000－1781－0005160 8139 經部/小學類/音韻之屬/韻書
佩文詩韻釋要五卷 (清)周兆基輯 (清)朱蘭重輯 清同治三年(1864)刻本 五册

330000－1781－0005161 8140 類叢部/類書類/通類之屬
新增說文韻府羣玉二十卷 (元)陰時夫輯 (元)陰中夫注 清康熙五十五年(1716)文盛堂、天德堂刻本 二十册

330000－1781－0005164 8143 類叢部/叢書類/自著之屬
止園叢書二十三種 (清)史夢蘭撰 清道光至光緒刻本 四册 存一種

330000－1781－0005165 8144 集部/別集類/清別集
雅雨山人出塞集一卷 (清)盧見曾撰 清刻本 一册

330000－1781－0005166 8147 集部/別集類/清別集
健初詩鈔四卷附文鈔一卷 (清)朱光暄撰 清光緒二十二年(1896)十三古印齋刻本 二册

330000－1781－0005167 8145 集部/別集類/清別集
兩當軒集二十卷補遺二卷附錄四卷攷異二卷 (清)黃景仁撰 清光緒二年(1876)黃氏家塾刻本 六册

330000－1781－0005170 8149 集部/總集類/郡邑之屬
石城七子詩鈔 翁長森輯 清光緒十六年(1890)刻本 一册 存一種

330000－1781－0005171 8150 集部/楚辭類
楚辭集注八卷總評一卷 (宋)朱熹撰 (明)沈雲翔輯評 清康熙聽雨齋刻朱墨套印本 四册

330000－1781－0005172 8151 集部/別集類/唐五代別集
杜工部詩說十二卷 (清)黃生撰 清康熙三十五年(1696)一木堂刻本 三册 存九卷(四至十二)

330000－1781－0005173 8152 集部/總集類/選集之屬/通代
程氏所見詩鈔二十四卷 (清)程鴻緒輯 清浣月齋刻本 八册

330000－1781－0005176 8155 集部/別集類/清別集
鐵畫樓詩續鈔二卷 (清)張蔭桓撰 清光緒二十八年(1902)觀復齋刻本 一册

330000－1781－0005177 8156 集部/別集類/清別集
北黟山人詩十卷 (清)吳苑撰 清康熙四十一年(1702)新安吳氏刻本 二册

330000－1781－0005178 8157 集部/總集類/郡邑之屬
粵十三家集 (清)伍元薇編 清道光二十年(1840)南海伍氏詩雪軒刻本 四十册

330000－1781－0005179 8158 子部/雜著類/雜考之屬
讀書一得八卷 (明)黃訓撰 清康熙刻本 一册

330000－1781－0005180 8167 類叢部/叢書類/自著之屬
春雨樓叢書六種 (清)朱士端撰 清同治元年至四年(1862－1865)寶應朱氏刻本 一册 存二種

330000－1781－0005181 8168 類叢部/叢書類/自著之屬
王菉友著述九種 (清)王筠撰 清道光至咸

豐刻本　五册　存六種

330000－1781－0005182　8169　集部/别集類/清别集

孟塗前集十卷後集二十二卷文集十卷駢體文二卷　(清)劉開撰　清道光六年(1826)姚氏檗山草堂刻本　八册　缺一卷(後集八)

330000－1781－0005183　8171　類叢部/叢書類/自著之屬

安吴四種三十六卷　(清)包世臣撰　清同治十一年(1872)湖北包誠注經閣刻光緒十四年(1888)重印本　三册　存一種

330000－1781－0005187　8161　類叢部/叢書類/彙編之屬

風雨樓叢書二十三種　鄧實編　清宣統順德鄧氏鉛印本　四册　存一種

330000－1781－0005188　8162　集部/别集類/清别集

雅雨堂文集四卷詩集二卷雅雨山人出塞集一卷　(清)盧見曾撰　(清)金在恒編　清道光二十年(1840)盧樞清雅堂刻本　三册　缺一卷(雅雨山人出塞集)

330000－1781－0005189　8163　類叢部/叢書類/家集之屬

求可堂兩世遺書五種　(清)廖冀亨　(清)廖鴻章撰　清光緒永定廖氏刻本　一册　存一種

330000－1781－0005190　8164　類叢部/叢書類/彙編之屬

常州先哲遺書七十二種　盛宣懷編　清光緒二十一年至三十三年(1895－1907)武進盛氏思惠齋刻宣統彙印本　陳作霖題記　四册

330000－1781－0005192　8166　經部/詩類/三家詩之屬

韓詩外傳十卷　(漢)韓嬰撰　(清)周廷寀校注　**韓詩外傳校注拾遺一卷**　(清)周宗杬撰　清乾隆五十六年(1791)營道堂刻本　二册

330000－1781－0005195　8176　類叢部/叢書類/彙編之屬

雲自在龕叢書五集十九種　繆荃孫編　清光緒江陰繆氏刻本　三册　存一種

330000－1781－0005197　8178　類叢部/叢書類/彙編之屬

心矩齋叢書十一種　(清)蔣鳳藻編　清光緒長洲蔣氏心矩齋刻本　六册　存一種

330000－1781－0005198　8179　類叢部/叢書類/自著之屬

石屋書四種　(清)曹金籀撰　清同治仁和曹氏刻本　六册　存二種

330000－1781－0005199　8180　類叢部/叢書類/彙編之屬

知不足齋叢書一百九十五種　(清)鮑廷博編　(清)鮑士恭續編　清乾隆三十七年至道光三年(1772－1823)長塘鮑氏刻彙印本　四册　存一種

330000－1781－0005200　8181　類叢部/叢書類/自著之屬

沈蓮溪全集六種　(清)沈濂撰　清道光至咸豐秀水沈氏始言堂刻本　六册　存一種

330000－1781－0005201　8182　類叢部/叢書類/彙編之屬

小石山房叢書三十八種　(清)顧湘編　清道光刻同治十三年(1874)虞山顧氏補刻本　一册　存二種

330000－1781－0005207　8188　子部/雜著類/雜説之屬

夢溪筆談二十六卷補筆談三卷續筆談一卷　(宋)沈括撰　**夢溪筆談補校一卷**　(清)林思進撰　清蕪湖沈氏刻渭南嚴氏補刻本　六册

330000－1781－0005208　8189　集部/别集類/明别集

瓶花齋集十卷　(明)袁宏道撰　清宣統三年(1911)抱殘守缺齋石印本　四册

330000－1781－0005209　8190　類叢部/叢書類/彙編之屬

花雨樓叢鈔十一種續鈔十一種附一種　(清)張壽榮輯　清光緒八年至十四年(1882－

1888）蛟川張氏花雨樓刻本　四冊　存一種

330000－1781－0005210　8207－1、2　集部/總集類/彙編之屬
隨園同人尺牘四卷　（清）朱珪鑒定　清刻本　二冊

330000－1781－0005211　8191　類叢部/叢書類/郡邑之屬
江陰叢書三十二種　金武祥編　清光緒至宣統江陰金氏粟香室嶺南刻本　一冊　存一種

330000－1781－0005213　8193　集部/别集類/漢魏六朝别集
庾子山集十六卷總釋一卷　（北周）庾信撰（清）倪璠注　**庾子山年譜一卷**　（清）倪璠撰　清道光十九年（1839）同文堂刻本　十二冊

330000－1781－0005214　8194　史部/紀傳類/别史之屬
續弘簡録元史類編四十二卷　（清）邵遠平撰　清康熙刻本　十六冊

330000－1781－0005216　8196　類叢部/叢書類/自著之屬
師鄭叢書　孫雄撰　清光緒鉛印本　二冊　存一種

330000－1781－0005218　8198（1－5）　集部/别集類/清别集
變雅堂全集六卷　（清）杜濬撰　**諸家評記二卷**　（清）方苞等撰　清道光二十四年（1844）刻本　五冊　缺二卷（諸家評記一至二）

330000－1781－0005219　8198－6　集部/别集類/清别集
茶村詩鈔八卷　（清）杜濬撰　清道光二十三年（1843）刻本　一冊　存三卷（三至五）

330000－1781－0005221　8200　集部/别集類/清别集
古微堂内集三卷外集七卷　（清）魏源撰　清光緒四年（1878）淮南書局刻本　二冊　存四卷（外集一至四）

330000－1781－0005222　8201　集部/别集類/清别集
小芋香館遺集十二卷　（清）李杭撰　清咸豐元年（1851）刻本　四冊

330000－1781－0005223　8202　類叢部/叢書類/家集之屬
毘陵徐氏家集　（清）徐堉輯　清光緒六年（1880）毘陵徐氏刻本　二冊　存一種

330000－1781－0005224　8203　類叢部/叢書類/彙編之屬
廣漢魏叢書八十種　（明）何允中編　清嘉慶刻本　五冊　存一種

330000－1781－0005225　8204　集部/别集類/漢魏六朝别集
曹集銓評十卷逸文一卷魏陳思王年譜一卷附録一卷　（清）丁晏撰　清同治十一年（1872）金陵書局刻本　二冊

330000－1781－0005226　8205　集部/詩文評類/文評之屬
文心雕龍十卷　（南朝梁）劉勰撰　（清）黄叔琳輯注　（清）紀昀評　清乾隆六年（1741）黄氏養素堂刻本　二冊

330000－1781－0005227　8206　類叢部/叢書類/彙編之屬
申報館叢書正集五十七種附録三種續集一百四十二種　（清）尊聞閣主編　蔡爾康編續集　清同治至光緒申報館鉛印本　一冊　存一種

330000－1781－0005228　8207－3、4　類叢部/叢書類/自著之屬
隨園三十種　（清）袁枚撰　清乾隆至嘉慶刻本　二冊　存一種

330000－1781－0005229　8208　集部/總集類/尺牘之屬
歷代名人書札二卷　吴曾祺輯　清宣統元年（1909）上海商務印書館鉛印本　二冊

330000－1781－0005230　8209　集部/總集類/尺牘之屬
國朝名人書札二卷　吴曾祺輯　清宣統元年

(1909)上海商務印書館鉛印本　二冊

330000－1781－0005231　8210　類叢部/叢書類/彙編之屬

風雨樓叢書二十三種　鄧實編　清宣統順德鄧氏鉛印本　三冊　存一種

330000－1781－0005232　8211　集部/總集類/尺牘之屬

明賢尺牘四卷　(清)王元勳　(清)程化騄輯　清光緒二十六年(1900)仁和許增榆園刻本　二冊

330000－1781－0005233　8214　類叢部/叢書類/彙編之屬

風雨樓叢書二十三種　鄧實編　清宣統順德鄧氏鉛印本　一冊　存一種

330000－1781－0005234　8213　集部/總集類/尺牘之屬

尺牘輯要八卷　(清)虞世英輯　清刻本　四冊

330000－1781－0005235　8215　類叢部/叢書類/自著之屬

八函八種(陳仁錫八種)　(明)陳仁錫撰　明末刻本　二冊

330000－1781－0005236　8216　集部/總集類/尺牘之屬

賴古堂尺牘新鈔二選藏弆集十六卷　(清)周在梁　(清)周在浚　(清)周在延輯　清道光十九年(1839)刻本　四冊

330000－1781－0005237　8217　集部/總集類/尺牘之屬

重刻賴古堂尺牘新鈔三選結隣集十六卷　(清)周在梁　(清)周在浚　(清)周在延輯　清刻本　六冊

330000－1781－0005239　8219　子部/藝術類/遊藝之屬/聯語

楹聯集古不分卷　(清)楊調元撰　清光緒二十六年(1900)雙錫山房鉛印本　一冊

330000－1781－0005240　8220　子部/藝術類/遊藝之屬/聯語

莫愁湖楹聯便覽一卷　(清)釋壽安錄　清光緒五年(1879)刻本　一冊

330000－1781－0005242　8222　子部/藝術類/遊藝之屬/聯語

榕園楹帖一卷慶江楹帖附鈔一卷　(清)李彦章撰　清道光八年(1828)刻本　一冊

330000－1781－0005243　8223　子部/醫家類/綜合之屬/通論

辨證錄十四卷　(清)陳士鐸撰　(清)陶式玉条訂　清乾隆十三年(1748)喻義堂刻本　七冊

330000－1781－0005244　8224　子部/醫家類/方書之屬/單方驗方

串雅内編四卷　(清)趙學敏輯　(清)吳庚生補註　清光緒十四年(1888)榆園刻本　二冊

330000－1781－0005245　8225　子部/醫家類/方書之屬/單方驗方

醫方湯頭歌訣一卷經絡歌訣一卷湯頭歌訣後一卷　(清)汪昂撰　清光緒二十二年(1896)學庫山房刻本　一冊

330000－1781－0005248　8229　新學/報章

新民叢報彙編不分卷　梁啟超編　清光緒二十九年(1903)刻本　十四冊

330000－1781－0005256　8240　集部/別集類/明別集

高皇帝御製文集二十卷　(明)太祖朱元璋撰　明萬曆刻本　五冊

330000－1781－0005257　8241　集部/別集類/清別集

砥齋集十二卷　(清)王弘撰撰　清光緒二十年(1894)王淩霄敬義堂刻本　六冊

330000－1781－0005258　8242　類叢部/叢書類/彙編之屬

小石山房叢書三十八種　(清)顧湘編　清道光刻同治十三年(1874)虞山顧氏補刻本　九冊　存十五種

330000－1781－0005259　8243　集部/總集類/選集之屬/通代
文選六十卷　（南朝梁）蕭統輯　（唐）李善注　**文選考異十卷**　（清）胡克家撰　清光緒上海鴻文書局石印本　六册

330000－1781－0005261　8245　類叢部/叢書類/自著之屬
東海褰冥氏三十以前舊學四種　（清）譚嗣同撰　清光緒二十八年（1902）石印本　四册

330000－1781－0005262　8246　集部/別集類/清別集
小雅樓詩集八卷首一卷遺文二卷　（清）鄧方撰　清光緒二十六年（1900）廣州刻本　五册

330000－1781－0005265　8248　集部/別集類/清別集
飴山文集十二卷附錄一卷詩集二十卷　（清）趙執信撰　清乾隆十七年（1752）、三十九年（1774）因園刻彙印本　八册

330000－1781－0005266　8258　集部/別集類/明別集
甔甀洞藁五十四卷目錄二卷續藁詩部十二卷文部十五卷　（明）吴國倫撰　清乾隆二十九年（1764）刻本（卷五至七、十九至二十一補配抄本）　二十册　存五十五卷（甔甀洞藁一至五十四、目錄一）

330000－1781－0005269　8260　集部/別集類/清別集
海日堂集七卷補遺一卷　（清）程可則撰　清道光五年（1825）程士偉刻本　四册

330000－1781－0005273　8252　類叢部/叢書類/彙編之屬
增訂漢魏叢書八十六種　（清）王謨編　清乾隆五十六年（1791）金谿王氏刻本　一册　存一種

330000－1781－0005274　8253　集部/別集類/清別集
述學内篇三卷外篇一卷補遺一卷別錄一卷附錄一卷　（清）汪中撰　（清）汪喜孫編　**述學校勘記一卷**　清同治八年（1869）揚州書局刻本　朱□普題記　黄質跋　二册

330000－1781－0005275　8262　集部/別集類/明別集
晚聞堂集十六卷　（明）余紹祉撰　（清）龍光燦輯　清道光十七年（1837）和源單氏刻本　五册

330000－1781－0005276　8263　集部/總集類/郡邑之屬
嘉定四先生集八十七卷　（明）謝三賓編　明崇禎刻清康熙三十三年（1694）陸廷燦重修本　六册　存二十卷（松圓浪淘集一至十八、偈庵集一至二）

330000－1781－0005277　8254　集部/別集類/清別集
方望溪文鈔六卷首一卷　（清）方苞撰　清宣統二年（1910）上海國學扶輪社鉛印本　五册

330000－1781－0005278　8264　集部/別集類/宋別集
黄青社先生伐檀集二卷　（宋）黄庶撰　清乾隆三十年（1765）寧州緝香堂刻本　二册

330000－1781－0005279　8255　集部/別集類/清別集
戴南山文鈔六卷首一卷　（清）戴名世撰　清宣統二年（1910）上海國學扶輪社鉛印本　三册

330000－1781－0005280　8256　集部/別集類/清別集
泰雲堂文集二卷駢體文集二卷詩集十八卷詞集三卷　（清）孫爾準撰　清同治九年（1870）刻本　四册　缺二卷（駢體文集一至二）

330000－1781－0005281　8266　子部/雜著類/雜考之屬
讀書叢錄二十四卷　（清）洪頤煊撰　清光緒十三年（1887）吴氏醉六堂刻本　六册

330000－1781－0005283　8295　經部/叢編
許學叢刻九種　（清）許頌鼎　（清）許溎祥輯　清光緒十三年（1887）海寧許氏古均閣刻本

四册

330000－1781－0005284　8271　子部/工藝類/文房四寶之屬/叢録

文房肆攷圖說八卷　(清)唐秉鈞纂　(清)康愷繪　清乾隆嘉定唐秉鈞竹暎山莊刻本　四册

330000－1781－0005285　8296　集部/别集類/清别集

茗柯文初編一卷二編二卷三編一卷四編一卷　(清)張惠言撰　清光緒七年(1881)刻本　二册

330000－1781－0005286　8297　集部/别集類/清别集

勉行堂詩集二十四卷首一卷文集六卷　(清)程晉芳撰　清嘉慶二十三年(1818)、二十五年(1820)刻本　六册

330000－1781－0005288　8298　集部/别集類/唐五代别集

李太白文集三十六卷　(唐)李白撰　(清)王琦輯註　清乾隆二十四年(1759)寶笏樓刻本　十二册　存三十二卷(一至三十二)

330000－1781－0005289　8273　集部/别集類/明别集

甫田集三十五卷　(明)文徵明撰　**附録一卷**　(明)文嘉撰　清宣統三年(1911)上海千頃堂書莊鉛印本　十二册

330000－1781－0005290　8299　集部/别集類/清别集

五公山人集十六卷　(清)王餘佑撰　(清)李興祖編　清康熙三十四年(1695)刻本　五册

330000－1781－0005292　8291　類叢部/叢書類/自著之屬

郝氏遺書三十三種　(清)郝懿行撰　清嘉慶至光緒刻彙印本　三册　存一種

330000－1781－0005294　8290　史部/地理類/遊記之屬/紀行

河海崑崙録四卷　裴景福撰　清宣統元年(1909)上海文明書局鉛印本　清曾鴻蔭識　四册

330000－1781－0005297　8292　集部/總集類/選集之屬/斷代

宋四六選二十四卷　(清)彭元瑞　(清)曹振鏞輯　清乾隆四十一年(1776)曹振鏞翠微山麓刻本　十二册

330000－1781－0005299　8283　子部/小説家類/雜事之屬

西青散記四卷　(清)史震林撰　清乾隆二年(1737)三餘堂刻本　四册

330000－1781－0005301　8282　集部/别集類/明别集

江止庵遺集八卷　(明)江天一撰　**卷首一卷**　(清)洪祚永輯　清康熙洪源祭書艸堂刻藍印本　八册

330000－1781－0005302　8284　類叢部/叢書類/彙編之屬

當歸草堂叢書八種　(清)丁丙編　清同治二年至五年(1863－1866)錢塘丁氏刻本　一册　存一種

330000－1781－0005303　8285　集部/别集類/清别集

岸園集三卷　(清)黄在中撰　清嘉慶十五年(1810)刻本　三册

330000－1781－0005304　8277　類叢部/叢書類/家集之屬

績溪胡氏叢書十種　(清)胡培系輯　清同治十年至光緒二年(1871－1876)世澤樓刻本暨木活字印本　四册　存一種

330000－1781－0005306　8278　集部/别集類/清别集

大雲山房文稾初集四卷二集四卷言事二卷補編一卷　(清)惲敬撰　清刻本　四册　存四卷(初集一至四)

330000－1781－0005309　8279　集部/别集類/清别集

大雲山房文稾初集四卷二集四卷言事二卷補編一卷　(清)惲敬撰　清刻本　四册　存四

卷(二集一至四)

330000－1781－0005310　8280　集部/别集類/清别集
紫石泉山房文集十二卷詩鈔三卷　(清)吳定撰　清光緒十三年(1887)黟縣李宗媚刻本　五册

330000－1781－0005311　8289　類叢部/叢書類/彙編之屬
晨風閣叢書二十二種　沈宗畸輯　清宣統元年(1909)番禺沈氏刻本　十六册

330000－1781－0005312　8281　類叢部/叢書類/彙編之屬
學海類編四百三十種　(清)曹溶輯　(清)陶越增刪　清道光十一年(1831)六安晁氏木活字印本　一册　存三種

330000－1781－0005313　8266(2)　子部/雜著類/雜考之屬
讀書脞錄七卷　(清)孫志祖撰　(清)孫同元校錄　清光緒十三年(1887)醉六堂刻本　二册

330000－1781－0005315　8267　類叢部/叢書類/自著之屬
藝風堂彙刻十六種　繆荃孫撰　清光緒至民國刻本　四册　存一種

330000－1781－0005316　8268　集部/别集類/清别集
陳檢討集二十卷　(清)陳維崧撰　(清)程師恭注　清康熙三十二年(1693)有美堂刻本　六册

330000－1781－0005317　8269　史部/目録類/總録之屬/私撰
華延年室題跋二卷殘明大統歷一卷殘明宰輔年表一卷　(清)傅以禮撰　清宣統元年(1909)餘杭俞人蔚鉛印本　三册

330000－1781－0005318　8361　史部/金石類/璽印之屬
簠齋印集不分卷　(清)陳介祺輯　清道光二十七年至咸豐元年(1847－1851)平壽陳氏鈐印本　十二册

330000－1781－0005320　8300　集部/别集類/元别集
松雪齋集十卷外集一卷　(元)趙孟頫撰　清清德堂刻本　六册

330000－1781－0005321　8349　集部/别集類
畏廬文集一卷　林紓撰　清宣統二年(1910)上海商務印書館鉛印本　一册

330000－1781－0005322　8350　集部/别集類/清别集
濂亭文集八卷　(清)張裕釗撰　清光緒二十四年(1898)黄氏關中刻本　二册

330000－1781－0005323　8301　子部/雜著類/雜考之屬
南漘楛語八卷　(清)蔣超伯輯　清同治兩廣山房刻民國二十二年(1933)揚州陳恒和書林印本　四册

330000－1781－0005324　8351　子部/雜著類/雜説之屬
人物志三卷　(三國魏)劉邵撰　(清)劉昞注　明末刻本　一册

330000－1781－0005325　8302　集部/别集類/清别集
澂潭山房古文存稿四卷附刻一卷詩集十七卷　(清)程襄龍撰　清嘉慶二年(1797)程世淳刻本　二册

330000－1781－0005327　8303　集部/别集類/元别集
陳定宇先生文集十六卷别集一卷　(元)陳櫟撰　**定宇先生年表一卷**　(清)陳嘉基編　清康熙三十三年(1694)休寧陳嘉基刻本　六册

330000－1781－0005330　8304　集部/别集類/明别集
太函集一百二十卷目錄六卷　(明)汪道昆撰　明萬曆刻本　三十册

330000－1781－0005331　8356　子部/藝術

類/篆刻之屬/印譜

古蝸篆居印述四卷　(清)程邃等篆　(清)程芝華摹刻　清道光刻鈐印本　一冊　存一卷(二)

330000－1781－0005333　8357　史部/金石類/璽印之屬

古印集存一卷　崔鴻圖輯　清光緒二十七年(1901)乾修齋刻鈐印本　四冊

330000－1781－0005336　8307－8308　集部/別集類/明別集

白沙子全集十卷首一卷末一卷白沙子古詩教解二卷　(明)陳獻章撰　清乾隆三十六年(1771)陳氏碧玉樓刻本　十冊

330000－1781－0005337　8309　集部/總集類/選集之屬/通代

文選六十卷　(南朝梁)蕭統輯　(唐)李善注　清光緒二十一年(1895)成都同文書局刻本　二十冊

330000－1781－0005338　8359　史部/金石類/璽印之屬

二百蘭亭齋古銅印存十二卷　(清)吳雲藏　清同治鈐印本　三冊　存六卷(七至十二)

330000－1781－0005339　8309(1)　集部/總集類/選集之屬/通代

文選六十卷　(南朝梁)蕭統輯　(唐)李善注　**文選考異十卷**　(清)胡克家撰　清同治八年(1869)湖北崇文書局刻本　四冊　存十卷(文選考異一至十)

330000－1781－0005340　8360　史部/金石類/璽印之屬/通考

二百蘭亭齋古印攷藏六卷　(清)吳雲藏　清同治三年(1864)刻鈐印本　二冊

330000－1781－0005343　8333　集部/別集類/清別集

有正味齋駢體文二十四卷首一卷　(清)吳錫麒撰　(清)王廣業箋　清光緒十五年(1889)上海蜚英館石印本　四冊

330000－1781－0005344　8334　類叢部/叢書類/郡邑之屬

粟香室叢書五十九種　金武祥編　清光緒至民國江陰金氏刻本　一冊　存二種

330000－1781－0005345　8339　類叢部/叢書類/彙編之屬

知不足齋叢書一百九十五種　(清)鮑廷博編　(清)鮑士恭續編　清乾隆三十七年至道光三年(1772－1823)長塘鮑氏刻本　一冊　存一種

330000－1781－0005346　8338　類叢部/叢書類/彙編之屬

說鈴前集三十七種後集十六種　(清)吳震方編　清刻本　一冊　存一種

330000－1781－0005347　8340　類叢部/叢書類/彙編之屬

粵雅堂叢書一百八十四種　(清)伍崇曜編　清道光二十九年至光緒十一年(1849－1885)南海伍氏刻彙印本　一冊　存一種

330000－1781－0005348　8341　類叢部/叢書類/彙編之屬

知不足齋叢書一百九十五種　(清)鮑廷博編　(清)鮑士恭續編　清乾隆三十七年至道光三年(1772－1823)長塘鮑氏刻彙印本　一冊　存一種

330000－1781－0005355　8310　類叢部/叢書類/彙編之屬

知不足齋叢書一百九十五種　(清)鮑廷博編　(清)鮑士恭續編　清乾隆三十七年至道光三年(1772－1823)長塘鮑氏刻彙印本　一冊　存一種

330000－1781－0005356　8320　集部/別集類/清別集

梅谿譚士遠掘得書二卷　(清)譚文昭撰　清康熙二十八年(1689)刻本　一冊

330000－1781－0005357　8311　集部/別集類/清別集

汪梅村先生集十二卷文外集一卷　(清)汪士鐸撰　清光緒七年(1881)刻本　四冊

330000－1781－0005360　8321　類叢部/叢書類/彙編之屬
咫進齋叢書三十七種　（清）姚覲元編　清光緒九年（1883）歸安姚氏刻本　一冊　存二種

330000－1781－0005361　8314　集部/別集類/清別集
吳摯甫文集四卷附鈔深州風土記四篇一卷　（清）吳汝綸撰　清宣統元年（1909）上海國學扶輪社石印本　五冊

330000－1781－0005362　8322　類叢部/叢書類/彙編之屬
寶顏堂祕笈二百二十八種　（明）陳繼儒輯　明萬曆繡水沈氏刻本　一冊　存四種

330000－1781－0005363　8315（C1）　子部/雜著類/雜說之屬
忍經一卷　（元）吳亮輯　清光緒二十一年（1895）錢唐丁氏嘉惠堂刻朱印本　一冊

330000－1781－0005364　8315（C2）　子部/雜著類/雜說之屬
忍經一卷　（元）吳亮輯　清光緒二十一年（1895）錢唐丁氏嘉惠堂刻朱印本　一冊

330000－1781－0005365　8323　史部/地理類/專志之屬/古跡
越中名勝賦一卷　（清）李壽朋撰　清乾隆四十年（1775）刻本　一冊

330000－1781－0005366　8316　類叢部/叢書類/彙編之屬
十萬卷樓叢書五十一種　（清）陸心源編　清光緒歸安陸氏刻本　二冊　存一種

330000－1781－0005367　8325　集部/別集類/清別集
供冀小言一卷　（清）林伯桐撰　清道光十年（1830）羊城富文齋刻本　一冊

330000－1781－0005370　8326　類叢部/叢書類/彙編之屬
風雨樓叢書二十三種　鄧實編　清宣統順德鄧氏鉛印本　一冊　存一種

330000－1781－0005371　8328　集部/詩文評類/詩評之屬
對牀夜語五卷　（宋）范晞文撰　清光緒二十二年（1896）錢塘丁氏八千卷樓刻武林往哲遺箸朱印本　一冊

330000－1781－0005372　8327　類叢部/叢書類/彙編之屬
當歸草堂叢書八種　（清）丁丙編　清同治二年至五年（1863－1866）錢塘丁氏刻本　一冊　存二種

330000－1781－0005373　8329　集部/別集類/清別集
退思粗訂稿二卷　（清）朱文翰撰　清刻本　二冊

330000－1781－0005374　8330　集部/別集類/唐五代別集
新刻彙選駱賓王文集十卷　（唐）駱賓王撰　（明）韓敬評　明刻本　一冊

330000－1781－0005381　8422　子部/藝術類/篆刻之屬/印譜
茹古齋印譜一卷　（清）潘駿德輯　清同治四年（1865）刻鈐印本　一冊

330000－1781－0005382　8424　史部/金石類/璽印之屬
觀自得齋秦漢官私銅印譜不分卷　（清）徐士愷藏　清光緒鈐印本　一冊

330000－1781－0005383　8425　史部/金石類/璽印之屬
古印匯一卷　清鈐印本　一冊

330000－1781－0005388　8427　史部/金石類/璽印之屬
撝叔考藏秦漢印存不分卷　（清）趙之謙輯　清光緒鈐印本　二冊

330000－1781－0005390　8428　史部/金石類/璽印之屬
名印偶存不分卷　（清）費廷貴藏　（清）編　清光緒二十一年（1895）鈐印剪貼稿本　一冊

330000－1781－0005394　8430　史部/金石類/璽印之屬
秦漢印郵不分卷　清文古齋鈐印本　四冊

330000－1781－0005406　8409　史部/金石類/璽印之屬
吉金齋古銅印譜六卷　（清）何昆玉輯　清同治八年(1869)刻鈐印本　六冊

330000－1781－0005409　8382　子部/藝術類/篆刻之屬/印譜
秋閒戲鐵□□卷　清鈐印本　九冊　存五卷(六至十)

330000－1781－0005419　8415　史部/金石類/璽印之屬
遯盦秦漢印選不分卷　吳隱輯　西泠印社藏　清宣統元年(1909)西泠印社鈐印本　六冊

330000－1781－0005420　8398　子部/藝術類/篆刻之屬/印譜
印選三卷　（明）劉光祖摹選　明刻鈐印本　一冊　存一卷(□□)

330000－1781－0005422　8400　史部/金石類/璽印之屬
秦漢印存不分卷　（清）吳峻藏　清鈐印本　二冊

330000－1781－0005423　8389　子部/藝術類/篆刻之屬/印譜
雙虞壺齋印存六卷　（清）吳式芬攷藏　清鈐印本　三冊

330000－1781－0005425　8402　史部/金石類/璽印之屬
古印偶存不分卷　（清）張新輯　清光緒十六年(1890)鈐印本　二冊

330000－1781－0005426　8390　史部/金石類/璽印之屬/文字
集古印譜六卷　（明）王常編　明萬曆三年(1575)顧氏芸閣刻朱印本　五冊　存五卷(二至六)

330000－1781－0005427　8391　史部/金石類/璽印之屬
十六金符齋印存不分卷　（清）吳大澂輯　清宣統元年(1909)鈐印本　十二冊

330000－1781－0005430　8392　子部/藝術類/篆刻之屬/印譜
鐵雲藏印初集不分卷　（清）劉鶚藏並輯　清鈐印本　十冊

330000－1781－0005432　8396　子部/藝術類/篆刻之屬/印譜
鐵雲藏印續集不分卷　（清）劉鶚藏並輯　清鈐印本　十二冊

330000－1781－0005433　8397　史部/金石類/璽印之屬
周秦古鉩不分卷　西泠印社輯　清光緒二十一年(1895)西泠印社鈐印本　二冊

330000－1781－0005434　8394　子部/藝術類/篆刻之屬/印譜
鐵雲藏印三集不分卷　（清）劉鶚藏並輯　清鈐印本　十三冊

330000－1781－0005435　8393　子部/藝術類/篆刻之屬/印譜
鐵雲藏印二集不分卷　（清）劉鶚藏並輯　清鈐印本　十二冊

330000－1781－0005436　8395　子部/藝術類/篆刻之屬/印譜
鐵雲藏印四集不分卷　（清）劉鶚藏並輯　清鈐印本　十二冊

330000－1781－0005438　8490　經部/小學類/文字之屬/字書/字體
選集漢印分韻二卷　（清）袁日省輯　（清）謝雲生臨摹　**續集漢印分韻二卷**　（清）謝景卿輯並臨摹　清嘉慶二年(1797)漱藝堂刻八年(1803)增刻本　二冊　存二卷(續集漢印分韻一至二)

330000－1781－0005439　8435　史部/金石類/璽印之屬
擷華齋古印譜六卷　（清）劉仲山輯　清光緒二十一年(1895)鈐印本　六冊

330000－1781－0005443　8492　史部/金石類/郡邑之屬

益都金石記四卷　(清)段松苓撰　清光緒九年(1883)益都丁氏刻本　四册

330000－1781－0005446　8494　史部/金石類/總志之屬

山右金石録不分卷　(清)夏寶晉撰　清光緒八年(1882)歸安石宗建古歡閣刻本　一册

330000－1781－0005449　8441　子部/藝術類/篆刻之屬/印譜

遂園漢印偶存不分卷　(清)徐養吾輯　清宣統元年(1909)鈐印本　一册

330000－1781－0005451　8495　子部/工藝類/觀賞之屬/古玩

八十一玉山房玉紀一卷　(清)陳性著　(清)懷操補　清光緒十九年(1893)刻二十五年(1899)重印本　一册

330000－1781－0005452　8443　子部/藝術類/篆刻之屬/印譜

得壺山房印寄不分卷　清鈐印本　四冊

330000－1781－0005453　8445　子部/藝術類/篆刻之屬/印譜

稽古堂印畧不分卷　(清)劉弘通篆　清康熙三十七年(1698)鈐印本　一册

330000－1781－0005454　8496　史部/目録類

葉氏存古叢書四種　葉銘編　清宣統二年(1910)西泠印社鉛印本　一册　存一種

330000－1781－0005455　8497　史部/目録類

葉氏存古叢書四種　葉銘編　清宣統二年(1910)西泠印社鉛印本　一册　存一種

330000－1781－0005457　8498　類叢部/叢書類/彙編之屬

聚學軒叢書六十種　劉世珩編　清光緒貴池劉氏刻本　二册　存一種

330000－1781－0005458　8499　類叢部/叢書類/彙編之屬

聚學軒叢書六十種　劉世珩編　清光緒貴池劉氏刻本　三册　存一種

330000－1781－0005465　8448　史部/金石類/璽印之屬

古印一隅不分卷　清十鐘山房鈐印本　一册

330000－1781－0005466　8484　子部/藝術類/篆刻之屬/印譜

清儀閣印不分卷　(清)張廷濟藏　清鈐拓本　一册

330000－1781－0005473　8455　子部/藝術類/篆刻之屬/印譜

師古堂印譜二卷　(清)劉紹藜篆刻並輯　清嘉慶二十四年(1819)劉紹藜萬花閣刻鈐印本　三册

330000－1781－0005477　8487　史部/金石類/璽印之屬

漢印偶存一卷　(清)姚觀元藏　清光緒元年(1875)歸安姚氏刻鈐印本　二册

330000－1781－0005479　8489　經部/小學類/文字之屬/字書/字體

選集漢印分韻二卷　(清)袁日省輯　(清)謝雲生臨摹　**續集漢印分韻二卷**　(清)謝景卿輯並臨摹　清嘉慶二年(1797)漱藝堂刻八年(1803)增刻本　二册　存二卷(選集漢印分韻一至二)

330000－1781－0005486　8465　史部/金石類/璽印之屬

賞古齋秦漢印存不分卷　清光緒二十四年(1898)鈐印本　四册

330000－1781－0005487　8464　史部/金石類/璽印之屬

賞古齋秦漢印存不分卷　清光緒二十四年(1898)鈐印本　黄賓虹題簽　三册

330000－1781－0005490　8474　史部/金石類/璽印之屬/文字

集古印譜六卷　(明)王常編　明萬曆三年(1575)顧氏芸閣刻朱印本　黄賓虹跋　六册

330000－1781－0005492　8468　史部/金石類/璽印之屬

續齊魯古印攈不分卷　（清）郭裕之輯　清光緒十八年（1892）濰縣郭氏鈐印本　十六冊

330000－1781－0005497　8476　史部/金石類/璽印之屬

千鉩齋古鉩選不分卷　清刻鈐印本　八冊

330000－1781－0005501　8504　史部/金石類/璽印之屬/通考

印文考略一卷　（清）鞠履厚輯　清乾隆二十一年（1756）刻本　一冊

330000－1781－0005508　8511　史部/金石類

抱殘守缺齋所藏三代文字　（清）劉鶚輯　清光緒劉氏抱殘守缺齋石印本　三冊　存一種

330000－1781－0005512　8515　史部/金石類/金之屬

長安獲古編二卷補一卷　（清）劉喜海撰　清同治東武劉氏刻光緒三十一年（1905）丹徒劉鶚補刻本　二冊

330000－1781－0005515　8517　類叢部/叢書類/彙編之屬

式訓堂叢書四十一種　（清）章壽康編　清光緒會稽章氏刻本　二冊　存一種

330000－1781－0005516　8518　史部/金石類/錢幣之屬/雜著

吉金所見錄十六卷首一卷末一卷　（清）初尚齡撰　清嘉慶二十四年（1819）萊陽初氏刻道光七年（1827）補刻本　一冊　存五卷（三至七）

330000－1781－0005519　8521　史部/金石類/錢幣之屬/雜著

泉幣圖說六卷　（清）吳文炳　（清）吳鸞撰　清嘉慶五年（1800）香雪山莊刻本　二冊

330000－1781－0005526　8524　史部/金石類/金之屬

敬吾心室彝器款識不分卷　（清）朱善旂撰　清光緒三十四年（1908）平湖朱氏影印本　一冊

330000－1781－0005529　8577（1）　經部/小學類/訓詁之屬/方言

新方言十一卷嶺外三州語一卷　章炳麟撰　清光緒三十四年（1908）日本鉛印本　一冊

330000－1781－0005530　8577　經部/小學類/訓詁之屬/方言

新方言十一卷嶺外三州語一卷　章炳麟撰　清光緒三十四年（1908）日本鉛印本　一冊

330000－1781－0005532　8577（2）　經部/小學類/訓詁之屬/方言

新方言十一卷嶺外三州語一卷　章炳麟撰　清光緒三十四年（1908）日本鉛印本　一冊

330000－1781－0005542　8586　類叢部/叢書類/彙編之屬

蟫隱廬叢書十八種　羅振常編　清宣統二年至民國二十五年（1910－1936）上虞羅氏賸寫及鉛印三十三年（1944）吳興周延年彙印本　一冊　存一種

330000－1781－0005545　8589　經部/小學類/文字之屬/字書/字體

繆篆分韻五卷補一卷　（清）桂馥編　清光緒歸安姚覲元咫進齋刻本　二冊

330000－1781－0005546　8570　類叢部/叢書類/彙編之屬

大亭山館叢書十三種　（清）楊葆彝編　清光緒陽湖楊氏刻本　一冊　存一種

330000－1781－0005551　8575　經部/小學類/訓詁之屬/爾雅

爾雅郭注義疏二十卷　（清）郝懿行撰　清光緒十三年（1887）湖北官書處刻本　八冊

330000－1781－0005554　8565　經部/小學類/文字之屬/字書/字體

復古編二卷　（宋）張有撰　**復古編校正一卷**　（清）葛鳴陽撰　**復古編附錄一卷**　（清）葛鳴陽輯　清光緒十八年（1892）香山劉氏小蘇齋刻本　四冊

330000－1781－0005557　8549　史部/金石類/金之屬/文字

歷代鐘鼎彝器款識法帖二十卷　(宋)薛尚功撰　清嘉慶二年(1797)儀徵阮元小琅環僊館刻本　四冊

330000－1781－0005558　8567　經部/小學類/音韻之屬/古今韻說

屈宋古音義三卷　(明)陳第撰　清光緒六年(1880)武昌張裕釗刻本　二冊

330000－1781－0005559　8550　經部/小學類/音韻之屬/韻書

廣金石韻府五卷　(清)林尚葵廣輯　(清)李根較正　清康熙周亮工賴古堂刻朱墨套印本　五冊

330000－1781－0005560　8568　史部/紀傳類/正史之屬

史記一百三十卷　(漢)司馬遷撰　(南朝宋)裴駰集解　清光緒八年(1882)上海點石齋石印本　四冊

330000－1781－0005561　8569　經部/詩類/文字音義之屬

毛詩古音攷四卷附讀詩拙言一卷　(明)陳第撰　清光緒六年(1880)武昌張裕釗刻本　四冊

330000－1781－0005562　8551　經部/小學類/文字之屬/字書

汗簡七卷　(宋)郭忠恕撰　清刻本　二冊

330000－1781－0005564　8552　經部/小學類/文字之屬/說文

說文解字注十五卷附六書音均表五卷　(清)段玉裁注　**說文部目分韻一卷**　(清)陳煥編　**說文解字注匡謬八卷**　(清)徐承慶撰　**說文解字通檢十四卷首一卷末一卷**　(清)黎永椿編　清光緒十四年(1888)上海蜚英館石印本　七冊　存三十四卷(一至十三,六書音均表一至五,說文解字通檢首、一至十四、末)

330000－1781－0005565　8560　經部/小學類/文字之屬/字書/訓蒙

倉頡篇三卷　(清)孫星衍撰　**倉頡篇續本一卷**　(清)任大椿撰　(清)諸可寶編　**倉頡篇補本二卷**　(清)陶方琦撰　(清)諸可寶編　清光緒十六年(1890)江蘇書局刻本　二冊

330000－1781－0005566　8555　經部/小學類

雷刻四種　(清)雷浚輯　清同治至光緒吳縣雷氏刻光緒十年(1884)彙印本　一冊　存一種

330000－1781－0005568　8562　類叢部/叢書類/自著之屬

觀古堂所著書二十種　葉德輝撰　清光緒長沙葉氏刻本　二冊　存一種

330000－1781－0005569　8554　史部/目録類

葉氏存古叢書四種　葉銘編　清宣統二年(1910)西泠印社鉛印本　一冊　存一種

330000－1781－0005570　8563　經部/小學類/文字之屬/字書/字典

字林考逸八卷附錄一卷　(晉)呂忱撰　(清)任大椿輯　**字林考逸補本一卷**　(清)陶方琦撰　**補附錄一卷**　(清)諸可寶撰　清光緒十六年(1890)江蘇書局刻本　四冊

330000－1781－0005572　8557　史部/金石類/郡邑之屬

金石彙目分編二十卷補遺十九卷　(清)吳式芬撰　(清)吳重周　吳重熹補遺　清光緒海豐吳氏刻文祿堂印本　一冊　存三卷(一至三)

330000－1781－0005578　8594　經部/小學類/文字之屬/說文/專著

唐寫本說文解字木部箋異一卷　(清)莫友芝撰　**仿唐寫本說文解字木部一卷**　(漢)許慎撰　清同治三年(1864)湘鄉曾國藩安慶行營刻本　一冊

330000－1781－0005579　8595　經部/小學類/文字之屬/說文/傳說

說文段注撰要九卷　(清)馬壽齡撰　清光緒

九年(1883)金陵胡氏愚園刻本　四册

330000－1781－0005580　8596　經部/小學類/文字之屬/說文/專著

說文解字羣經正字二十八卷　(清)邵瑛撰　清嘉慶十七年(1812)刻本　八册

330000－1781－0005581　8623　史部/地理類/輿圖之屬/全國

歷代輿地沿革險要圖一卷　楊守敬　饒敦秩撰　王尚德繪　清光緒五年(1879)東湖饒氏刻朱墨綠三色印本　一册

330000－1781－0005582　8624　史部/地理類/輿圖之屬/郡縣

廣西輿地全圖二卷　(清)北洋機器總局圖算學堂繪　清光緒三十一年(1905)合肥李經義石印本　二册

330000－1781－0005583　8621　經部/小學類/文字之屬/說文

說文拈字七卷補遺三卷　(清)王玉樹撰　清嘉慶八年(1803)芳梫堂刻本　四册

330000－1781－0005584　8620　類叢部/叢書類/自著之屬

經微室著書　(清)孫詒讓撰　清光緒瑞安孫氏刻本　二册　存一種

330000－1781－0005585　8613　經部/小學類/文字之屬/說文/傳說

說文古籀疏證六卷原目一卷　(清)莊述祖撰　清光緒二十年(1894)武進莊殿華津郡明文堂刻民國十五年(1926)修補印本　四册

330000－1781－0005586　8614　類叢部/叢書類/自著之屬

矩齋所學　勞乃宣輯　清光緒至民國刻本　二册　存一種

330000－1781－0005588　8597　經部/小學類/文字之屬/說文

說文釋例二十卷　(清)王筠撰　清同治四年(1865)成都茹古書局刻本　二十册

330000－1781－0005589　8616　經部/小學類/音韻之屬/韻書

音韻闡微十八卷　(清)李光地等撰　清雍正六年(1728)武英殿刻本　一册　存三卷(一至三)

330000－1781－0005590　8617　經部/小學類/文字之屬/說文/傳說

說文解字繫傳四十卷　(五代)徐鍇釋　(五代)朱翺反切　**附錄一卷**　(宋)馬令輯　清乾隆新安汪啓淑刻本　八册

330000－1781－0005591　8598　經部/小學類/文字之屬/說文

說文古本考十四卷　(清)沈濤撰　清光緒十年(1884)吳縣潘氏滂喜齋刻民國十八年(1929)潘承弼補刻本　八册

330000－1781－0005593　8599　經部/小學類/文字之屬/說文

說文續字彙二卷　(清)鈕樹玉　(清)雷浚撰　(清)靜觀齋主人編　清光緒十二年(1886)上海積山書局石印本　二册

330000－1781－0005595　8600　經部/小學類/文字之屬/說文/傳說

說文答問疏證六卷　(清)錢大昕著　(清)薛傳均注　清道光十七年(1837)刻本　二册

330000－1781－0005597　8611　類叢部/叢書類/彙編之屬

廣雅書局叢書一百五十九種　徐紹棨編　清光緒廣雅書局刻民國九年(1920)番禺徐紹棨彙編重印本　六册　存一種

330000－1781－0005599　8601　經部/小學類/文字之屬/說文/專著

說文字原一卷　(元)周伯琦撰　清乾隆善成堂刻本　一册

330000－1781－0005601　8609　類叢部/叢書類/彙編之屬

咫進齋叢書三十七種　(清)姚覲元編　清光緒九年(1883)歸安姚氏刻本　八册　存一種

330000－1781－0005602　8603　類叢部/叢書類/自著之屬

王棻友著述九種　(清)王筠撰　清道光至咸豐刻本　一冊　存一種

330000－1781－0005603　8602　經部/小學類/文字之屬/說文
說文引經攷異十六卷　(清)柳榮宗撰　清咸豐二年(1852)刻同治六年(1867)柳森霖印本　二冊

330000－1781－0005604　8604　經部/小學類/文字之屬/說文
澂園叢書二種十五卷　(清)楊廷瑞撰　清光緒十七年(1891)善化楊廷瑞澂園刻本　二冊

330000－1781－0005605　8605　經部/小學類/文字之屬/說文/傳說
說文測議七卷　(清)董詔撰　清道光二年(1822)羊城竹香齋刻本　二冊

330000－1781－0005608　8662　史部/地理類/專志之屬/古跡
蜀中名勝記三十卷　(明)曹學佺撰　清宣統二年(1910)成都茹古書局刻本　啟禎題記　十冊

330000－1781－0005613　8661　史部/地理類/輿圖之屬/郡縣
廣東圖說九十二卷首一卷　(清)毛鴻賓　(清)瑞麟總修　(清)桂文燦纂　(清)陳澧　(清)鄒伯奇　(清)趙齊嬰繪圖　清同治刻本　十八冊

330000－1781－0005617　8656　史部/地理類/專志之屬/寺觀
齊雲山桃源洞天誌一卷　(明)魯點撰　清刻本　一冊

330000－1781－0005618　8633　史部/地理類/方志之屬/郡縣志
[嘉慶]干巷志六卷首一卷　(清)朱棟纂　清嘉慶六年(1801)柘湖丁氏種松山房刻民國二十二年(1933)印本　二冊

330000－1781－0005619　8629　史部/傳記類/總傳之屬/郡邑
金華徵獻畧二十卷　(清)王崇炳撰　清雍正十年(1732)金華金氏刻本　一冊　存二卷(十五至十六)

330000－1781－0005620　8657　史部/地理類/山川之屬/山志
齊雲山志五卷　(明)魯點撰　(清)孫叔一房重修　明萬曆刻清道光十年(1830)重修本　十冊

330000－1781－0005621　8630　史部/地理類/方志之屬/郡縣志
[道光]黟縣志十六卷首一卷　(清)呂子珏修　(清)詹錫齡纂　清道光五年(1825)刻本　一冊　存一卷(一)

330000－1781－0005622　8658　史部/地理類/山川之屬/山志
峨山圖志二卷　(清)黃綬芙纂修　(清)譚鍾嶽繪　清光緒十七年(1891)刻本　二冊

330000－1781－0005623　8632　史部/地理類/方志之屬/郡縣志
橙陽散志十二卷首一卷　(清)江登雲纂　清乾隆四十年(1775)刻本　三冊　缺四卷(四至七)

330000－1781－0005624　8659　史部/地理類/山川之屬/山志
武夷山志二十四卷首一卷　(清)董天工撰　清道光二十七年(1847)五夫尺木軒刻本　八冊

330000－1781－0005625　8643　史部/地理類/雜志之屬
中外輿地彙鈔十三卷圖二卷　(清)馬冠羣輯　清光緒二十年(1894)蘇州文瑞樓石印本　三冊

330000－1781－0005626　8644　史部/叢編
[乾隆]西域聞見錄八卷首一卷　(清)七十一撰　清刻本　二冊

330000－1781－0005629　8635　史部/傳記類/總傳之屬/忠孝
杭州府節孝全錄不分卷續錄不分卷　清光緒刻本　一冊

330000－1781－0005631　8646　史部/地理類/雜志之屬

衛藏圖識四卷蠻語一卷　(清)馬揭修　(清)盛繩祖纂　清乾隆五十七年(1792)刻本　一冊

330000－1781－0005632　8647　類叢部/叢書類/彙編之屬

知不足齋叢書一百九十五種　(清)鮑廷博編　(清)鮑士恭續編　清乾隆三十七年至道光三年(1772－1823)長塘鮑氏刻彙印本　一冊　存一種

330000－1781－0005633　8636　史部/政書類/邦計之屬/鹽法

欽定重修兩浙鹽法志三十卷首二卷　(清)馮培　(清)潘庭筠等纂修　清同治十三年(1874)楊昌濬刻本　二十三冊　缺二卷(二十五至二十六)

330000－1781－0005635　8636(2)　史部/政書類/邦計之屬/鹽法

兩浙鹽法續纂備考十二卷　(清)楊昌濬等纂修　清同治十三年(1874)刻本　十二冊

330000－1781－0005636　8650　子部/宗教類/道教之屬/道藏

道藏輯要　(清)蔣予蒲輯　清嘉慶刻本　六冊　存一種

330000－1781－0005638　8638　史部/地理類/輿圖之屬/坤輿

歷代地理沿革圖一卷　(清)六嚴繪　(清)馬徵麟增輯　清同治十一年(1872)金陵刻本　一冊

330000－1781－0005639　8651　史部/地理類/山川之屬/山志

補陁洛迦山傳一卷　(元)盛熙明撰　清光緒吳縣蔣氏雙唐碑館刻本　一冊

330000－1781－0005641　8653　史部/地理類/方志之屬/通志

[嘉慶]廣西通志二百七十九卷首一卷　(清)謝啟昆監修　(清)胡虔編纂　清嘉慶六年(1801)刻同治四年(1865)補刻本　十冊　存三十六卷(二百九至二百四十四)

330000－1781－0005643　8654　史部/地理類/專志之屬/寺觀

圓津禪院小志六卷　(清)釋慧照撰　清光緒二十二年(1896)刻本　二冊

330000－1781－0005644　8666　史部/地理類/山川之屬/水志

水經注釋四十卷首一卷附錄二卷水經注箋刊誤十二卷　(清)趙一清撰　**水經釋地八卷**　(清)孔繼涵撰　**水經注圖說殘稾四卷**　(清)董祐誠撰　**今水經一卷**　(清)黄宗羲撰　清光緒六年(1880)會稽章氏刻本　二十四冊

330000－1781－0005645　8665　類叢部/叢書類/自著之屬

陳氏所著書三種　(清)陳澧撰　清刻本　一冊　存二種

330000－1781－0005649　8712　類叢部/叢書類/彙編之屬

風雨樓叢書二十三種　鄧實編　清宣統順德鄧氏鉛印本　三冊　存一種

330000－1781－0005652　8664　史部/雜史類/通代之屬

華陽國志十二卷　(晉)常璩撰　清嘉慶九年(1804)益州刻本　四冊

330000－1781－0005657　8669　史部/目録類/書志之屬/題跋

士禮居藏書題跋記六卷　(清)黄丕烈撰　(清)潘祖蔭輯　清末石印本　一冊

330000－1781－0005660　8671　史部/目録類

葉氏存古叢書四種　葉銘編　清宣統二年(1910)西泠印社鉛印本　一冊　存一種

330000－1781－0005671　8686　史部/目録類/總録之屬/官修

欽定四庫全書簡明目錄二十卷　(清)紀昀等撰　清光緒十四年(1888)暢懷書屋鉛印本　四冊

330000－1781－0005674　8681　類叢部/叢書類/郡邑之屬

武林掌故叢編一百九十種　(清)丁丙編　清光緒三年至二十六年(1877－1900)錢塘丁氏嘉惠堂刻本　二冊　存一種

330000－1781－0005684　8698　史部/目録類/總録之屬/氏族

績溪金紫胡氏所箸書目二卷　(清)胡培系輯　清光緒十年(1884)績溪胡廷楨世澤樓刻民國二十二年(1933)重印本　一冊

330000－1781－0005689　8755　經部/四書類/論語之屬/傳說

論語戴氏注二十卷　(清)戴望撰　清刻本　一冊

330000－1781－0005690　8717　集部/總集類

增廣文選　(清)鴻寶齋書局輯　清光緒二十一年(1895)鴻寶齋書局石印本　一冊　存一種

330000－1781－0005691　8718　集部/總集類

增廣文選　(清)鴻寶齋書局輯　清光緒二十一年(1895)鴻寶齋書局石印本　四冊　存一種

330000－1781－0005692　8756　子部/術數類/數學之屬

揚子太玄經十卷　(漢)揚雄撰　**說玄一卷**　(宋)司馬光述　明天啓六年(1626)武林書坊趙世楷刻本　二冊

330000－1781－0005693　8719　集部/總集類

增廣文選　(清)鴻寶齋書局輯　清光緒二十一年(1895)鴻寶齋書局石印本　二冊　存一種

330000－1781－0005694　8720　集部/總集類

增廣文選　(清)鴻寶齋書局輯　清光緒二十一年(1895)鴻寶齋書局石印本　二冊　存一種

330000－1781－0005695　8721　集部/總集類

增廣文選　(清)鴻寶齋書局輯　清光緒二十一年(1895)鴻寶齋書局石印本　一冊　存一種

330000－1781－0005696　8722　類叢部/類書類/通類之屬

子史精華一百六十卷　(清)吳士玉　(清)吳襄等輯　清光緒十三年(1887)上海積山書局石印本　十冊

330000－1781－0005697　8757　子部/儒家類/儒學之屬/經濟

楊子法言十二卷　(漢)揚雄撰　(明)陸時雍論述　明末刻本　二冊

330000－1781－0005698　8723　史部/政書類/儀制之屬/專志/謚法

皇朝謚法考五卷續編一卷補編一卷　(清)鮑康輯　清同治三年至十一年(1864－1872)刻本　一冊　缺一卷(補編)

330000－1781－0005699　8758　子部/法家類

管子纂二卷　(明)張榜纂　明刻本　二冊

330000－1781－0005701　8724　史部/雜史類/斷代之屬

國朝史略一卷　清宣統鉛印本　一冊

330000－1781－0005703　8759　經部/叢編

省吾堂四種二十五卷　(清)蔣光弼輯　清乾隆常熟蔣氏省吾堂刻本　五冊　存三種

330000－1781－0005705　8728　子部/儒家類/儒學之屬/經濟

皇朝經世文編一百二十卷姓名總目二卷生存姓名一卷　(清)賀長齡輯　清道光七年(1827)刻本　八十冊

330000－1781－0005707　8749　類叢部/叢書類/彙編之屬

聚學軒叢書六十種　劉世珩編　清光緒貴池

劉氏刻本　一册　存一種

330000－1781－0005708　8754　類叢部/叢書類/彙編之屬
三餘書屋叢書五種　(清)蔡學蘇編　清光緒盱江蔡氏刻本　四册　存一種

330000－1781－0005709　8745　經部/春秋總義類/傳說之屬
春秋匯四卷　清光緒五年(1879)金陵芸香閣鉛印本　一册

330000－1781－0005710　8746　集部/總集類/選集之屬/通代
經史百家雜鈔二十六卷首一卷　(清)曾國藩撰　清光緒三十二年(1906)商務印書館鉛印本　十二册

330000－1781－0005711　8747　經部/春秋左傳類/傳說之屬
春秋左傳五十卷　(晉)杜預註釋　(宋)林堯叟註釋　(唐)陸德明音義　(明)鍾惺　(明)孫鑛　(明)韓范評點　清光緒三十四年(1908)上海商務印書館石印本　十二册

330000－1781－0005712　8740　史部/金石類/石之屬/文字
小蓬萊閣金石文字十卷　(清)黃易輯　清道光十四年(1834)石墨軒刻本　四册　缺二卷(漢幽州刺史朱君之碑、成陽靈臺碑)

330000－1781－0005713　8741　史部/金石類/石之屬/通考
語石十卷　葉昌熾撰　清宣統元年(1909)刻本　四册

330000－1781－0005714　8730　類叢部/叢書類/彙編之屬
知不足齋叢書一百九十五種　(清)鮑廷博編　(清)鮑士恭續編　清乾隆三十七年至道光三年(1772－1823)長塘鮑氏刻彙印本　一册　存一種

330000－1781－0005716　8742　類叢部/叢書類/自著之屬
魏稼孫先生全集三種　(清)魏錫曾撰　清光緒九年(1883)羊城刻本　四册　存二種

330000－1781－0005717　8729　類叢部/叢書類/彙編之屬
丁氏八千卷樓叢刻二十種　(清)丁丙編　清同治至光緒杭州丁丙八千卷樓朱印本　二册　存一種

330000－1781－0005718　8744　史部/金石類/石之屬/文字
思古齋雙鉤漢碑篆額不分卷　(清)何澂輯　清光緒九年(1883)刻本　三册

330000－1781－0005719　8732　類叢部/叢書類/彙編之屬
十萬卷樓叢書五十一種　(清)陸心源編　清光緒歸安陸氏刻本　一册　存一種

330000－1781－0005720　8737　類叢部/叢書類/彙編之屬
文選樓叢書三十三種　(清)阮亨編　清嘉慶至道光阮元刻道光二十二年(1842)阮亨彙印本　一册　存一種

330000－1781－0005722　8734　類叢部/叢書類/彙編之屬
風雨樓祕笈留真十種　鄧實編　清宣統元年至民國六年(1909－1917)順德鄧氏風雨樓影印本　一册　存一種

330000－1781－0005723　8738　類叢部/叢書類/自著之屬
師伏堂叢書十五種　(清)皮錫瑞撰　清光緒十九年至三十三年(1893－1907)善化皮氏刻本　四册　存一種

330000－1781－0005724　8739　類叢部/叢書類/自著之屬
師伏堂叢書十五種　(清)皮錫瑞撰　清光緒十九年至三十三年(1893－1907)善化皮氏刻本　一册　存一種

330000－1781－0005729　8761　經部/群經總義類/傳說之屬
五經旁訓　(清)徐立綱旁訓　清乾隆四十七年(1782)匠門書屋刻羣玉山房印本　二册

存一種

330000－1781－0005731　8762　經部/易類/傳說之屬

周易傳義音訓八卷首一卷末一卷　(宋)程頤傳　(宋)朱熹本義　(宋)呂祖謙音訓　清光緒十五年(1889)江南書局刻本　一冊　存一卷(首)

330000－1781－0005734　8763　經部/易類/圖說之屬

易圖解一卷　(清)德沛撰　清乾隆元年(1736)刻本　一冊

330000－1781－0005736　8764　經部/易類/傳說之屬

周易本義十二卷首一卷末一卷附音訓十二卷　(宋)朱熹本義　清同治四年(1865)金陵書局刻十三經讀本本　二冊

330000－1781－0005737　8865　史部/金石類/石之屬/文字

宋徐鼎臣臨秦碣石頌一卷　清同治六年(1867)海虞楊氏刻本　一冊

330000－1781－0005738　8765　類叢部/叢書類/自著之屬

陶廬叢刻二十種　王樹枏撰　清光緒至民國新城王氏刻本　四冊　存一種

330000－1781－0005742　8767　類叢部/叢書類/自著之屬

授堂遺書七種　(清)武億撰　清乾隆至嘉慶偃師武穆淳刻本　二冊　存一種

330000－1781－0005744　8768　經部/叢編

皇清經解一千四百八卷　(清)阮元輯　清道光九年(1829)廣東學海堂刻咸豐十一年(1861)補刻本　一冊　存六卷(二百八至二百十三)

330000－1781－0005747　8771　子部/雜著類/雜說之屬

墨莊漫錄十卷　(宋)張邦基撰　清刻本　二冊

330000－1781－0005748　8766　類叢部/叢書類/彙編之屬

廣漢魏叢書八十種　(明)何允中編　清嘉慶刻本　八冊　存一種

330000－1781－0005750　8774　史部/傳記類/總傳之屬/斷代

國史賢良祠王大臣小傳二卷國史儒林傳二卷國史文苑傳二卷　清刻本　一冊　存二卷(國史文苑傳一至二)

330000－1781－0005751　8772　經部/群經總義類/傳說之屬

左海經辨二卷　(清)陳壽祺撰　清道光三年(1823)刻本　二冊

330000－1781－0005754　1973　史部/金石類/金之屬/文字

歷代鐘鼎彝器款識法帖二十卷　(宋)薛尚功撰　清抄本　一冊　存□□卷

330000－1781－0005763　8778　類叢部/叢書類/彙編之屬

十萬卷樓叢書五十一種　(清)陸心源編　清光緒歸安陸氏刻本　二冊　存一種

330000－1781－0005764　8847　子部/術數類/陰陽五行之屬

歷代推背圖一卷　清彩繪本　一冊

330000－1781－0005767　8781　史部/目録類/總録之屬/氏族

績溪金紫胡氏所箸書目二卷　(清)胡培系輯　清光緒十年(1884)績溪胡廷楨世澤樓刻民國二十二年(1933)重印本　一冊

330000－1781－0005768　8822　新學/報章

寄報章程一卷電報編碼一卷　周祖佑編　清光緒鉛印本　一冊

330000－1781－0005776　8785　類叢部/叢書類/彙編之屬

風雨樓叢書二十三種　鄧實編　清宣統順德鄧氏鉛印本　六冊　存一種

330000－1781－0005777　8841　類叢部/叢

書類/彙編之屬

國粹叢書四十九種 (清)國學保存會編 清光緒至宣統國學保存會鉛印本 一冊 存一種

330000－1781－0005779 8812 類叢部/叢書類/彙編之屬

風雨樓叢書二十三種 鄧實編 清宣統順德鄧氏鉛印本 一冊 存一種

330000－1781－0005784 8800 史部/地理類/雜志之屬

中外輿地彙鈔十三卷圖二卷 (清)馬冠羣輯 清光緒二十年(1894)蘇州文瑞樓石印本 一冊 存四卷(六至九)

330000－1781－0005786 8801 類叢部/叢書類/彙編之屬

知不足齋叢書一百九十五種 (清)鮑廷博編 (清)鮑士恭續編 清乾隆三十七年至道光三年(1772－1823)長塘鮑氏刻本 一冊 存二種

330000－1781－0005787 8815 集部/詞類/別集之屬

藝香詞六卷 (清)吴綺撰 清康熙刻本 一冊 存二卷(扶醉詞、水嬉詞)

330000－1781－0005789 8816 經部/群經總義類/石經之屬/通考

石經考文提要十三卷 (清)彭元瑞撰 清嘉慶四年(1799)刻本 一冊 存七卷(七至十三)

330000－1781－0005792 8804 經部/小學類/文字之屬/説文

説文提要一卷 (清)陳建侯原編 (清)嚴良輔集注 **紐韻文一卷** 清光緒三十四年(1908)京江粹存齋刻本 一冊

330000－1781－0005793 8819 集部/別集類/清別集

青溪舊屋文集十卷詩集一卷 (清)劉文淇撰 清光緒九年(1883)刻本 二冊

330000－1781－0005794 8808 子部/醫家類/方書之屬/單方驗方

醫方湯頭歌訣一卷經絡歌訣一卷 (清)汪昂撰 清光緒二年(1876)浙紹墨潤堂刻本 一冊

330000－1781－0005795 8807 類叢部/叢書類/彙編之屬

嘯園叢書五十七種 (清)葛元煦編 清光緒二年至七年(1876－1881)仁和葛氏刻本 一冊 存一種

330000－1781－0005796 8811 類叢部/叢書類/自著之屬

施愚山先生全集五種附一種 (清)施閏章撰 清康熙至乾隆刻彙印本 十八冊 存一種

330000－1781－0005797 8809 史部/傳記類/別傳之屬/事狀

奇烈編一卷 (清)項繼文撰 清刻本 一冊

330000－1781－0005801 8990 子部/宗教類/佛教之屬/經

大般若波羅蜜多經六百卷 (唐)釋玄奘譯 清刻本 一冊 存一卷(五百四十八)

330000－1781－0005803 8991 史部/傳記類/別傳之屬/年譜

恩福堂[英和]年譜一卷 (清)英和撰 (清)奎照補編 清道光刻本 一冊

330000－1781－0005805 8911 子部/藝術類/書畫之屬/畫譜

歷代名人畫譜不分卷 (明)顧炳輯 清光緒十四年(1888)上海崇文書局石印本 一冊

330000－1781－0005816 8917(C1) 史部/金石類/石之屬/文字

秦會稽山刻石雙鉤本不分卷 (清)丁授經摹 清刻本 清俞宗濬題記 一冊

330000－1781－0005817 9000 類叢部/叢書類/彙編之屬

小石山房叢書三十八種 (清)顧湘編 清道光刻同治十三年(1874)虞山顧氏補刻本 九冊 存二十種

330000－1781－0005875　9004　史部/地理類/專志之屬/祠墓
岳廟志略十卷首一卷　(清)馮培輯　清光緒五年(1879)浙江書局刻本　二册　缺五卷(四至八)

330000－1781－0005876　9006　史部/金石類/郡邑之屬/文字
兩浙金石志十八卷補遺一卷　(清)阮元撰　清光緒十六年(1890)浙江書局刻本　十二册

330000－1781－0005882　9008　史部/紀傳類/正史之屬
五代史記七十四卷　(宋)歐陽修撰　(宋)徐無黨注　清影宋刻本　二册　存十卷(五十九至六十八)

330000－1781－0005888　9003　史部/地理類/方志之屬/郡縣志
咸淳臨安志一百卷　(宋)潛說友纂　**校栞咸淳臨安志札記三卷**　(清)黄士珣撰　清道光十年(1830)錢塘汪氏振綺堂刻同治六年(1867)補刻本(卷九十、九十八至一百原缺)　二十四册

330000－1781－0005890　3592　類叢部/叢書類/自著之屬
庸盦全集六種　(清)薛福成撰　清光緒二十三年(1897)上海醉六堂石印本　十二册

330000－1781－0005892　0517　史部/政書類/公牘檔册之屬
官書局彙報不分卷(清光緒二十四年十二月初一至二十八日)　清光緒鉛印本　一册

330000－1781－0005893　0217　史部/政書類/公牘檔册之屬
官書局彙報不分卷(清光緒二十四年十一月二十一日至二十五年三月三十日)　清光緒鉛印本　八册

330000－1781－0005906　2134C3　史部/金石類/陶之屬
千甓亭古磚圖釋二十卷　(清)陸心源輯　清光緒十七年(1891)吴興陸氏石印本　二册

330000－1781－0005913　1562　史部/目録類/總録之屬/私撰
古越藏書樓書目二十卷首一卷　(清)徐樹蘭編　清光緒三十年(1904)崇實書局石印本　八册

330000－1781－0005923　1457　類叢部/叢書類/郡邑之屬
武林掌故叢編一百九十種　(清)丁丙編　清光緒三年至二十六年(1877－1900)錢塘丁氏嘉惠堂刻本　二册　存一種

330000－1781－0005924　1557　類叢部/叢書類/郡邑之屬
武林掌故叢編一百九十種　(清)丁丙編　清光緒三年至二十六年(1877－1900)錢塘丁氏嘉惠堂刻本　二册　存一種

330000－1781－0005925　1523　史部/目録類/書志之屬/提要
善本書室藏書志四十卷附錄一卷　(清)丁丙輯　清光緒二十五年至二十七年(1899－1901)錢唐丁立中鄂中刻本　十二册

330000－1781－0005926　7855　史部/傳記類/别傳之屬/年譜
遂翁自訂年譜一卷　(清)趙昀撰　(清)趙繼元等補　清光緒趙繼元等刻本　一册

330000－1781－0005927　7150　子部/雜著類/雜考之屬
札迻十二卷　(清)孫詒讓撰　清光緒二十年(1894)籀廎刻二十一年(1895)重修本　四册

330000－1781－0005928　1550　史部/目録類/總録之屬/私撰
天一閣書目四卷補遺一卷附碑目一卷續增一卷　(清)薛福成編　清嘉慶十三年(1808)揚州阮元文選樓刻本　十册　缺一卷(續增)

330000－1781－0005929　1543C2　史部/目録類/總録之屬/官修
浙江藏書樓甲編書目不分卷乙編書目不分卷　楊復編　清光緒三十三年(1907)杭州華豐書局鉛印本　四册

330000－1781－0005933　3602　集部/總集類/選集之屬/通代

文選六十卷　（南朝梁）蕭統輯　（唐）李善注　清同治八年(1869)金陵書局刻本　十册

330000－1781－0005934　3387　集部/別集類/清別集

曝書亭集詩註二十四卷朱竹垞先生年譜一卷　（清）朱彝尊撰　（清）楊謙注　清嘉慶楊氏木山閣刻本(卷二十三至二十四原缺)　陳訓慈、朱家濟題記　六册

330000－1781－0005938　3296　經部/小學類/音韻之屬/韻書

唐寫本唐韻殘卷二卷　（唐）孫愐撰　清光緒三十四年(1908)上海國粹學報館影印本　一册

330000－1781－0005939　3414　集部/別集類/唐五代別集

玉谿生詩詳註三卷首一卷樊南文集詳註八卷首一卷　（唐）李商隱撰　（清）馮浩編訂　清乾隆四十五年(1780)德聚堂刻嘉慶元年(1796)增刻本　朱家濟批　四册　存四卷(玉谿生詩詳註首、一至三)

330000－1781－0005941　3403　集部/別集類/宋別集

蘇文忠詩合註五十卷首一卷　（宋）蘇軾撰（清）馮應榴輯　清乾隆五十八年(1793)桐鄉馮氏踵息齋刻本　十五册

330000－1781－0005943　3566　集部/別集類/唐五代別集

唐陸宣公集二十二卷　（唐）陸贄撰　清光緒十三年(1887)上海積山書局石印本　四册

330000－1781－0005952　9015　子部/藝術類/書畫之屬

桐陰論畫二卷首一卷附錄一卷畫訣一卷續桐陰論畫一卷二編二卷三編二卷　（清）秦祖永撰　清同治三年至光緒八年(1864－1882)刻朱墨套印本　六册

330000－1781－0005960　9017　史部/政書類/軍政之屬/邊政

朔方備乘六十八卷首十二卷　（清）何秋濤撰　清光緒石印本　八册

330000－1781－0005962　9016　子部/藝術類/書畫之屬

國朝畫識十七卷墨香居畫識十卷　（清）馮金伯撰　清乾隆刻道光十一年(1831)增補本　四册　存十卷(五至十四)

330000－1781－0005964　4710　史部/地理類/方志之屬/郡縣志

[嘉慶]餘杭縣志四十卷　（清）張吉安修（清）朱文藻纂　（清）崔應榴　（清）董作棟續纂　清光緒六年(1880)王崧辰木活字印本　十二册

330000－1781－0005965　9014　史部/傳記類/總傳之屬/技藝

國朝畫徵錄三卷續錄二卷　（清）張庚撰　**明人附錄一卷**　（明）黎遂球　（明）袁樞撰　清乾隆四年(1739)刻本　黃賓虹批　一册　缺一卷(明人附錄)

330000－1781－0005966　9021　經部/小學類/音韻之屬/韻書

樂善堂音韻清濁鑑三卷首一卷　（清）王祚禎輯　清康熙六十年(1721)王祚禎樂善堂刻本　一册　存一卷(首)

330000－1781－0005967　9022　史部/地理類/專志之屬/古跡

四明古蹟四卷詩餘一卷　（清）陳之綱輯　清道光二年(1822)是亦樓刻本　二册

330000－1781－0005970　9025　史部/雜史類/斷代之屬

經署洪承疇奏對筆記二卷　（清）洪承疇撰　清光緒十六年(1890)刻本　一册

330000－1781－0005975　9013　史部/傳記類/總傳之屬/技藝

墨林今話十八卷　（清）蔣寶齡撰　**續編一卷**　（清）蔣茝生撰　清咸豐二年(1852)刻本　黃賓虹批　一册　存四卷(一至四)

330000－1781－0005976　4722a　集部/總集類/郡邑之屬

國朝杭郡詩輯三十二卷姓氏韻編一卷　（清）吳顥輯　（清）吳振棫重輯　清同治十三年(1874)錢唐丁氏刻本　十六册

330000－1781－0005977　4704(C1)　史部/地理類/山川之屬/水志

西湖志四十八卷　（清）李衛　（清）程元章修　（清）傅王露纂　清光緒四年(1878)浙江書局刻本　二十册

330000－1781－0005978　4722aC1　集部/總集類/郡邑之屬

國朝杭郡詩輯三十二卷姓氏韻編一卷　（清）吳顥輯　（清）吳振棫重輯　清同治十三年(1874)錢唐丁氏刻本　十六册

330000－1781－0005979　4717　史部/地理類/專志之屬/祠墓

西湖朱文公祠錄不分卷　稿本　一册

330000－1781－0005980　4710A　史部/地理類/方志之屬/郡縣志

光緒餘杭縣志稿不分卷　（清）褚成博纂　清光緒三十二年(1906)刻本　一册

330000－1781－0005981　4711　史部/地理類/方志之屬/郡縣志

[嘉慶]於潛縣志十六卷首一卷末一卷　（清）蔣光弼修　（清）張燮　（清）李江纂　清嘉慶十七年(1812)木活字印本　四册

330000－1781－0005982　4719－(1－16)　史部/地理類/方志之屬/郡縣志

[光緒]富陽縣志二十四卷首一卷　（清）汪文炳等修　蔣敬時等纂　清光緒三十二年(1906)刻本　十六册

330000－1781－0005983　4718　類叢部/叢書類/郡邑之屬

武林掌故叢編一百九十種　（清）丁丙編　清光緒三年至二十六年(1877－1900)錢塘丁氏嘉惠堂刻本　二册　存一種

330000－1781－0005985　4719－17　史部/地理類/方志之屬/郡縣志

[光緒]富陽縣新舊志校記二卷　（清）朱壽保纂　清光緒三十三年(1907)溫州翰墨林石印本　一册

330000－1781－0005986　4719－18　史部/地理類/方志之屬/郡縣志

[宣統]富陽縣新志補正二卷　（清）朱壽保纂　清宣統三年(1911)溫州翰墨林石印本　一册

330000－1781－0005988　4720　類叢部/叢書類/郡邑之屬

武林掌故叢編一百九十種　（清）丁丙編　清光緒三年至二十六年(1877－1900)錢塘丁氏嘉惠堂刻本　一册　存一種

330000－1781－0005990　4721　史部/地理類/專志之屬/祠墓

吳山伍公廟志六卷首一卷附一卷　（清）金文淳等纂輯　清光緒二年(1876)刻本　一册

330000－1781－0005991　4714　史部/地理類/方志之屬/郡縣志

[宣統]臨安縣志八卷首一卷末一卷　（清）彭循堯修　（清）董運昌　（清）周鼎纂　清宣統二年(1910)木活字印本　六册

330000－1781－0005992　4714C1　史部/地理類/方志之屬/郡縣志

[宣統]臨安縣志八卷首一卷末一卷　（清）彭循堯修　（清）董運昌　（清）周鼎纂　清宣統二年(1910)木活字印本　六册

330000－1781－0005993　4714C2　史部/地理類/方志之屬/郡縣志

[宣統]臨安縣志八卷首一卷末一卷　（清）彭循堯修　（清）董運昌　（清）周鼎纂　清宣統二年(1910)木活字印本　六册

330000－1781－0005994　4728　史部/地理類/山川之屬/水志

西湖志四十八卷　（清）李衛　（清）程元章修　（清）傅王露纂　清雍正九年(1731)兩浙鹽驛道庫刻本　二十册

330000－1781－0005995　4772b　集部/總集類/郡邑之屬
國朝杭郡詩輯三十二卷姓氏韻編一卷　(清)吳顥輯　(清)吳振棫重輯　**國朝杭郡詩續輯四十六卷姓氏韻編一卷**　(清)吳振棫輯　清同治十三年(1874)、光緒二年(1876)錢塘丁氏刻本　二十册　存四十七卷(國朝杭郡詩續輯一至四十六、姓氏韻編)

330000－1781－0005996　4726　子部/藝術類/書畫之屬/畫譜
西湖十八景圖不分卷　(清)楊伯潤繪　清光緒十二年(1886)畬經堂石印本　一册

330000－1781－0005997　4722bC1　集部/總集類/郡邑之屬
國朝杭郡詩輯三十二卷姓氏韻編一卷　(清)吳顥輯　(清)吳振棫重輯　**國朝杭郡詩續輯四十六卷姓氏韻編一卷**　(清)吳振棫輯　清同治十三年(1874)、光緒二年(1876)錢塘丁氏刻本　十六册　存四十七卷(國朝杭郡詩續輯一至四十六、姓氏韻編)

330000－1781－0005999　4722C　集部/總集類/郡邑之屬
國朝杭郡詩三輯一百卷姓氏韻編一卷　(清)丁申　(清)丁丙編　清光緒十九年(1893)錢塘丁氏刻本　四十册

330000－1781－0006000　4722cC1　集部/總集類/郡邑之屬
國朝杭郡詩三輯一百卷姓氏韻編一卷　(清)丁申　(清)丁丙編　清光緒十九年(1893)錢塘丁氏刻本　五十册

330000－1781－0006001　4722cC3　集部/總集類/郡邑之屬
國朝杭郡詩三輯一百卷姓氏韻編一卷　(清)丁申　(清)丁丙編　清光緒十九年(1893)錢塘丁氏刻本　五册　存十三卷(六十九至七十一、七十六至七十八、八十七至八十八、九十四至九十八)

330000－1781－0006002　4725(C－1)　史部/地理類/山川之屬/水志
西湖志四十八卷　(清)李衛　(清)程元章修　(清)傅王露纂　清光緒四年(1878)浙江書局刻本　二十册

330000－1781－0006003　4725(C3)　史部/地理類/山川之屬/水志
西湖志四十八卷　(清)李衛　(清)程元章修　(清)傅王露纂　清光緒四年(1878)浙江書局刻本　一册　存二卷(十四至十五)

330000－1781－0006005　4739A　史部/地理類/山川之屬/水志
西湖志纂十五卷首一卷末一卷　(清)沈德潛　(清)傅王露　(清)梁詩正纂　清乾隆二十年(1755)賜經堂刻本　二册　存四卷(首、五至七)

330000－1781－0006006　4724　史部/地理類/山川之屬/水志
西湖志纂十五卷首一卷末一卷　(清)沈德潛　(清)傅王露　(清)梁詩正纂　清乾隆二十年(1755)賜經堂刻二十七年(1762)增刻本　十册　存十四卷(一至二、四至十五)

330000－1781－0006007　4725　史部/地理類/山川之屬/水志
西湖志四十八卷　(清)李衛　(清)程元章修　(清)傅王露纂　清光緒四年(1878)浙江書局刻本　二十册

330000－1781－0006008　4729　類叢部/叢書類/郡邑之屬
武林掌故叢編一百九十種　(清)丁丙編　清光緒三年至二十六年(1877－1900)丁氏嘉惠堂刻本　八册　存一種

330000－1781－0006009　4785　史部/地理類/方志之屬/郡縣志
[光緒]重修嘉善縣志三十六卷首一卷　(清)江峰青修　(清)顧福仁纂　清光緒二十年(1894)刻本　十六册

330000－1781－0006010　4729C1　類叢部/叢書類/郡邑之屬
武林掌故叢編一百九十種　(清)丁丙編　清

光緒三年至二十六年(1877－1900)丁氏嘉惠堂刻本　十二冊　存一種

330000－1781－0006011　4730　史部/地理類/水利之屬
南湖考一卷　(明)陳紡學撰　**節錄餘杭縣南湖事略一卷南湖誌考一卷**　(清)陳善撰　清光緒五年(1879)浙江官書局刻本　一冊

330000－1781－0006012　4785(C1)　史部/地理類/方志之屬/郡縣志
[光緒]重修嘉善縣志三十六卷首一卷　(清)江峰青修　(清)顧福仁纂　清光緒二十年(1894)刻本　十六冊

330000－1781－0006013　4785(C2)　史部/地理類/方志之屬/郡縣志
[光緒]重修嘉善縣志三十六卷首一卷　(清)江峰青修　(清)顧福仁纂　清光緒二十年(1894)刻本　十六冊

330000－1781－0006014　4731　史部/地理類/水利之屬
續浚南湖圖志一卷　清光緒三十一年(1905)浙江官書局刻三十三年(1907)增刻本　一冊

330000－1781－0006017　4783　史部/地理類/方志之屬/郡縣志
[光緒]嘉興縣志三十七卷首二卷末一卷　(清)趙惟崳修　(清)石中玉　吳受福纂　清光緒三十二年(1906)刻本　二十四冊

330000－1781－0006018　4733　史部/地理類/雜志之屬
杭州鄉土地理二卷　清宣統元年(1909)仁和學堂石印本　一冊　存一卷(上編)

330000－1781－0006020　4781(C1)　史部/地理類/方志之屬/郡縣志
[光緒]嘉興府志八十八卷首二卷　(清)許瑤光修　(清)吳仰賢等纂　清光緒三年至四年(1877－1878)嘉興鴛湖書院刻本　四十八冊

330000－1781－0006022　4737　史部/地理類/遊記之屬/紀勝
今日之西湖不分卷　汪元文編　清宣統三年(1911)石印本　一冊

330000－1781－0006023　4739　史部/地理類/山川之屬/水志
西湖志纂十五卷首一卷末一卷　(清)沈德潛　(清)傅王露　(清)梁詩正纂　清抄本　五冊

330000－1781－0006024　4741　史部/地理類/方志之屬/通志
[雍正]敕修浙江通志二百八十卷首三卷　(清)嵇曾筠　(清)李衛等修　(清)沈翼機　(清)傅王露等纂　清光緒二十五年(1899)浙江書局刻本　一百十九冊　缺一卷(首一)

330000－1781－0006025　4743　史部/地理類/防務之屬/海防
浙江沿海兵要地理一卷　(清)浙江督練公所編　清宣統元年(1909)浙江督練公所石印本　一冊

330000－1781－0006028　4745　史部/地理類/山川之屬/水志
湖州府屬水道圖說不分卷　(清)梁恭辰校　清刻朱墨套印本　三冊

330000－1781－0006030　4747　史部/地理類/雜志之屬
浙江海島表不分卷　清末石印本　一冊

330000－1781－0006031　4748　史部/地理類/水利之屬
浙西橫橋堰水利記一卷　(清)徐用福輯　清光緒二十四年(1898)刻本　一冊

330000－1781－0006032　4748C1　史部/地理類/水利之屬
浙西橫橋堰水利記一卷　(清)徐用福輯　清光緒二十四年(1898)刻本　一冊

330000－1781－0006033　4749　史部/地理類/水利之屬
浙西水利備考不分卷　(清)王鳳生撰　清光緒四年(1878)浙江書局刻本　四冊

330000－1781－0006034　4781　史部/地理

類/方志之屬/郡縣志

[光緒]嘉興府志八十八卷首二卷 (清)許瑤光修 (清)吳仰賢等纂 清光緒三年至四年(1877-1878)嘉興鴛湖書院刻本 四十八冊

330000-1781-0006041 4759 史部/政書類/公牘檔冊之屬

浙江全省調查局調查規則不分卷 清末鉛印本 一冊

330000-1781-0006043 4760 史部/政書類

浙江全省警務公所章程不分卷 清末鉛印本 一冊

330000-1781-0006044 4761 史部/政書類/公牘檔冊之屬

浙江巡撫審訂諮議局議案錄八卷 清宣統二年(1910)鉛印本 一冊

330000-1781-0006045 4763 史部/政書類/律令之屬

浙江調查局章程不分卷 清末鉛印本 一冊

330000-1781-0006046 4762 史部/政書類/律令之屬

浙江全省禁烟公所詳定各廳州禁烟分所章程不分卷 清末鉛印本 一冊

330000-1781-0006051 4857 史部/政書類/公牘檔冊之屬

浙江諮議局第一屆常年會議事錄不分卷 (清)浙江諮議局編 清末鉛印本 一冊

330000-1781-0006052 4765 史部/政書類/邦計之屬/戶政

浙江省編審戶糧辦法不分卷 清末鉛印本 一冊

330000-1781-0006053 4857C1 史部/政書類/公牘檔冊之屬

浙江諮議局第一屆常年會議事錄不分卷 (清)浙江諮議局編 清末鉛印本 一冊

330000-1781-0006055 4758 史部/政書類/公牘檔冊之屬

浙江諮議局議員質問書第二屆甲編一編附乙編補遺一編 (清)浙江諮議局編 清宣統鉛印本 一冊

330000-1781-0006056 4775 史部/政書類/公牘檔冊之屬

浙江諮議局第二屆第一次臨時會議決案不分卷 (清)浙江諮議局編 清宣統三年(1911)浙江諮議局鉛印本 二冊

330000-1781-0006059 4776 史部/政書類/公牘檔冊之屬

浙江諮議局修正各種規則不分卷 清鉛印本 一冊

330000-1781-0006061 4777 史部/政書類/公牘檔冊之屬

浙江諮議局文牘第一編一卷第二編一卷補遺一卷第三編二卷 (清)浙江諮議局編 清宣統鉛印本 一冊 存一卷(第三編上)

330000-1781-0006062 4778 史部/政書類/公牘檔冊之屬

浙江諮議局議決案不分卷 (清)浙江諮議局編 清末鉛印本 一冊

330000-1781-0006064 4779 史部/政書類/公牘檔冊之屬

浙江諮議局議員質問書一卷附巡撫諮詢事件一卷 (清)浙江諮議局編 清宣統元年(1909)鉛印本 一冊

330000-1781-0006065 4780 史部/政書類/公牘檔冊之屬

浙江諮議局議員質問書第二屆甲編一編附乙編補遺一編 (清)浙江諮議局編 清宣統鉛印本 一冊

330000-1781-0006066 4771 史部/政書類/公牘檔冊之屬

撫院增公佈本屆諮議局臨時會決議各事件不分卷 清宣統三年(1911)鉛印本 一冊

330000-1781-0006067 4774 史部/政書類/公牘檔冊之屬

浙江諮議局第一屆常年會議事錄不分卷補遺

一卷 （清）浙江諮議局編　清宣統鉛印本　三册

330000－1781－0006068　4772　史部/政書類/公牘檔册之屬
撫部院增公佈浙江諮議局第一次常會决議事件不分卷　清宣統元年（1909）鉛印本　一册

330000－1781－0006069　4773　史部/政書類/邦計之屬/賦税
浙省整頓契税原續章程不分卷　清末鉛印本　一册

330000－1781－0006071　4825　史部/地理類/方志之屬/郡縣志
［光緒］菱湖鎮志四十四卷首一卷　（清）孫志熊纂　清光緒十九年（1893）歸安孫氏刻本　十二册

330000－1781－0006073　4826　史部/地理類/雜志之屬
吴興合璧四卷首一卷　（清）陳文煜撰　清光緒四年（1878）聚珍齋木活字印本　一册

330000－1781－0006080　4790　史部/地理類/方志之屬/郡縣志
光緒桐鄉縣志二十四卷首四卷　（清）嚴辰纂　**楊園淵源録四卷**　（清）沈曰富輯　清光緒十三年（1887）蘇州陶漱藝齋刻本　二十四册

330000－1781－0006081　4823　史部/地理類/方志之屬/郡縣志
［咸豐］南潯鎮志四十卷首一卷　（清）汪曰楨纂　清咸豐九年至同治二年（1859－1863）刻本　十册

330000－1781－0006083　4789　史部/地理類/方志之屬/郡縣志
［嘉慶］石門縣志二十六卷首一卷　（清）耿維祜修　（清）潘文輅　（清）潘蓉鏡等纂　清道光元年（1821）刻本　八册

330000－1781－0006084　4820　史部/地理類/方志之屬/郡縣志
［同治］孝豐縣志十卷首一卷　（清）劉濬修　（清）潘宅仁等纂　清光緒三年至五年（1877－1879）刻二十九年（1903）補刻本　十册

330000－1781－0006085　4788　史部/地理類/方志之屬/郡縣志
［光緒］石門縣志十一卷首一卷　（清）余麗元等纂修　清光緒四年至五年（1878－1879）刻本　十二册

330000－1781－0006088　4787　史部/地理類/方志之屬/郡縣志
［光緒］海鹽縣志二十二卷首一卷末一卷　（清）王彬重修　（清）徐用儀纂輯　清光緒二年至三年（1876－1877）蔚文書院刻本　十六册

330000－1781－0006090　4786　史部/地理類/方志之屬/郡縣志
［光緒］平湖縣志二十五卷首一卷末一卷　（清）彭潤章等修　（清）葉廉鍔等纂　**平湖殉難録一卷**　（清）彭潤章輯　清光緒十二年（1886）刻本　十三册

330000－1781－0006091　4792　史部/地理類/水利之屬
海寧塘末議一卷　（清）張斯桂撰　清同治六年（1867）木活字印本　一册

330000－1781－0006092　4793　類叢部/叢書類/彙編之屬
清風室叢刊二十種　（清）錢保塘編　清同治十年至民國二十五年（1871－1936）海寧錢氏清風室刻本　一册　存一種

330000－1781－0006104　4803　史部/地理類/方志之屬/郡縣志
［光緒］梅里志十八卷　（清）楊謙纂　（清）李富孫補輯　（清）余楙續補　清光緒三年（1877）仁濟堂刻本　六册

330000－1781－0006105　4816　史部/地理類/方志之屬/郡縣志
［同治］安吉縣志十八卷首一卷　（清）汪榮　（清）劉蘭敏修　（清）張行孚　（清）丁寶書纂　清同治十三年（1874）刻本　十六册

330000－1781－0006109　4815　史部/地理

類/方志之屬/郡縣志
[同治]長興縣志三十二卷 (清)趙定邦等修 (清)周學濬 (清)丁寶書纂 清同治十三年至光緒元年(1874－1875)刻本 十六册

330000－1781－0006110 4812 史部/地理類/方志之屬/郡縣志
[乾隆]湖州府志四十八卷首一卷 (清)胡承謀 (清)李堂纂修 清乾隆二十三年(1758)刻本 二十四册

330000－1781－0006111 4814 史部/地理類/方志之屬/郡縣志
[光緒]歸安縣志五十二卷首一卷 (清)李昱修 (清)陸心源纂 清光緒八年(1882)刻本 十六册

330000－1781－0006115 4813 史部/地理類/方志之屬/郡縣志
[同治]湖州府志九十六卷首一卷 (清)宗源瀚 (清)楊榮緒 (清)郭式昌修 (清)周學濬 (清)陸心源 (清)汪曰楨纂 清同治十一年至十三年(1872－1874)愛山書院刻本 四十册

330000－1781－0006117 0825 史部/政書類/儀制之屬/專志/科舉校規
浙江學務處章程不分卷 清光緒三十一年(1905)刻本 一册

330000－1781－0006119 3564 集部/别集類/清别集
庸盦文編四卷 (清)薛福成撰 清光緒四年(1878)刻本 四册

330000－1781－0006120 4830 史部/地理類/水利之屬
太湖備考十六卷首一卷 (清)金友理撰 **湖程紀略一卷** (清)吳曾撰 清乾隆十五年(1750)藝蘭圃刻本 八册

330000－1781－0006121 4831 史部/地理類/山川之屬/水志
湖州府屬水道圖説不分卷 (清)梁恭辰校 清刻朱墨套印本 一册

330000－1781－0006122 4852 史部/地理類/方志之屬/郡縣志
[光緒]諸暨縣志六十一卷 (清)陳遹聲修 (清)蔣鴻藻纂 清宣統二年(1910)刻本 十六册

330000－1781－0006125 4851(C1) 史部/地理類/方志之屬/郡縣志
[光緒]餘姚縣志二十七卷首一卷末一卷 (清)周炳麟修 (清)邵友濂 (清)孫德祖纂 清光緒二十五年(1899)刻民國二十四年(1935)重印本 十六册

330000－1781－0006126 4834 史部/地理類/方志之屬/郡縣志
[光緒]烏程縣志三十六卷 (清)郭式昌 (清)潘玉璿 (清)馮健修 (清)周學濬 (清)汪曰楨纂 清光緒六年至七年(1880－1881)刻本 十六册

330000－1781－0006127 4841 史部/地理類/方志之屬/郡縣志
[乾隆]紹興府志八十卷首一卷 (清)李亨特修 (清)平恕 (清)徐嵩纂 清乾隆五十七年(1792)刻本 五十册

330000－1781－0006128 4851(C2) 史部/地理類/方志之屬/郡縣志
[光緒]餘姚縣志二十七卷首一卷末一卷 (清)周炳麟修 (清)邵友濂 (清)孫德祖纂 清光緒二十五年(1899)刻民國二十四年(1935)重印本 十六册

330000－1781－0006129 4841C1 史部/地理類/方志之屬/郡縣志
[乾隆]紹興府志八十卷首一卷 (清)李亨特修 (清)平恕 (清)徐嵩纂 清乾隆五十七年(1792)刻本 四十六册

330000－1781－0006130 4851 史部/地理類/方志之屬/郡縣志
[光緒]餘姚縣志二十七卷首一卷末一卷 (清)周炳麟修 (清)邵友濂 (清)孫德祖纂 清光緒二十五年(1899)刻民國二十四年(1935)重印本 十六册

330000－1781－0006132　4835　史部/地理類/方志之屬/郡縣志

[同治]湖州府志九十六卷首一卷　(清)宗源瀚　(清)楊榮緒　(清)郭式昌修　(清)周學濬　(清)陸心源　(清)汪曰楨纂　清同治十一年至十三年(1872－1874)愛山書院刻本　四十册

330000－1781－0006136　4843　史部/地理類/方志之屬/郡縣志

[嘉慶]山陰縣志三十卷首一卷　(清)徐元梅修　(清)朱文翰纂　清嘉慶八年(1803)刻本　八册

330000－1781－0006141　4847　史部/地理類/方志之屬/郡縣志

[道光]嵊縣志十四卷首一卷末一卷　(清)李式圃修　(清)朱湶等纂　清道光八年(1828)刻本　八册

330000－1781－0006143　4849　類叢部/叢書類/彙編之屬

邵武徐氏叢書二十三種　(清)徐榦編　清光緒邵武徐氏刻本　二册　存一種

330000－1781－0006149　4856　史部/地理類/方志之屬/郡縣志

[乾隆]蕭山縣志四十卷　(清)黄鈺纂修　清乾隆十六年(1751)刻本　十册

330000－1781－0006150　4856C1　史部/地理類/方志之屬/郡縣志

[乾隆]蕭山縣志四十卷　(清)黄鈺纂修　清乾隆十六年(1751)刻本　一册　存四卷(三十七至四十)

330000－1781－0006151　4855　史部/地理類/方志之屬/郡縣志

[光緒]上虞縣誌四十八卷首一卷末一卷　(清)唐煦春修　(清)朱士黻纂　清光緒十七年(1891)刻本　二十册

330000－1781－0006152　4854　史部/地理類/方志之屬/郡縣志

[光緒]上虞縣志校續五十卷首一卷末一卷　(清)儲家藻修　(清)徐致靖纂　清光緒二十四年至二十五年(1898－1899)刻本　二十册

330000－1781－0006153　4853　史部/地理類/方志之屬/郡縣志

[光緒]上虞縣誌四十八卷首一卷末一卷　(清)唐煦春修　(清)朱士黻纂　清光緒十七年(1891)刻本　二十册

330000－1781－0006156　4858　史部/地理類/方志之屬/郡縣志

[乾隆]餘姚志四十卷　(清)唐若瀛等修　(清)邵晉涵纂　清乾隆四十六年(1781)刻本　十册

330000－1781－0006164　4865　史部/傳記類/總傳之屬/家乘

四勿祠志八卷　(清)蔣識輯　清乾隆刻本　一册　缺二卷(七至八)

330000－1781－0006165　4866　史部/地理類/山川之屬/水志

曹娥江志八卷首一卷　(清)胡鳳丹輯　清光緒三年(1877)永康胡氏退補齋刻本　二册

330000－1781－0006166　4867　史部/地理類/專志之屬/祠墓

曹江孝女廟誌八卷首一卷末二卷補遺一卷　(清)金廷棟輯　(清)唐煦春增輯　清光緒八年(1882)五社公所刻本　二册

330000－1781－0006168　4870　史部/地理類/雜志之屬

王梅溪先生會稽三賦四卷　(宋)王十朋撰　(明)南逢吉註　(清)周炳曾增註　清咸豐尺木堂刻本　二册

330000－1781－0006169　4869　史部/地理類/水利之屬

湘湖攷略一卷附錄一卷　(清)於士達撰　清嘉慶六年(1801)汪輝祖學忍堂刻道光二十七年(1847)王延祥補刻本　一册

330000－1781－0006170　4871　史部/地理類/方志之屬/郡縣志

[光緒]餘姚鄉土地理歷史合編一卷　(清)謝

葆濂編　清光緒三十二年(1906)誠意學堂石印本　一册

330000－1781－0006182　4885　史部/地理類/水利之屬

上虞縣五鄉水利本末二卷　(元)陳恬撰　清光緒九年(1883)枕湖樓刻本　二册

330000－1781－0006183　4884　史部/地理類/水利之屬

上虞塘工紀畧二卷續一卷三續一卷　(清)連仲愚撰　清光緒十三年(1887)連氏枕湖樓刻本　一册

330000－1781－0006189　4891　史部/地理類/方志之屬/郡縣志

[雍正]寧波府志三十六卷首一卷　(清)曹秉仁等修　(清)萬經等纂　清雍正十一年(1733)刻乾隆六年(1741)補刻本　十六册

330000－1781－0006190　4892　史部/地理類/方志之屬/郡縣志

[雍正]寧波府志三十六卷首一卷　(清)曹秉仁等修　(清)萬經等纂　清道光二十六年(1846)刻本　十三册　缺八卷(二十一至二十八)

330000－1781－0006191　4893　史部/地理類/方志之屬/郡縣志

宋元四明六志　(清)徐時棟輯　清咸豐四年(1854)甬上徐氏煙嶼樓刻本　六册　存一種

330000－1781－0006192　4894　史部/地理類/雜志之屬

明州繫年錄七卷　(清)董沛撰　清光緒四年(1878)刻本　三册

330000－1781－0006195　4896　史部/地理類/方志之屬/郡縣志

[光緒]鎮海縣志四十卷圖一卷　(清)于萬川修　(清)俞樾等纂　清光緒五年(1879)鯤池書院刻本　十六册

330000－1781－0006196　4896C1　史部/地理類/方志之屬/郡縣志

[光緒]鎮海縣志四十卷圖一卷　(清)于萬川修　(清)俞樾等纂　清光緒五年(1879)鯤池書院刻本　十四册　存三十五卷(一至八、十至二十七、三十二至四十)

330000－1781－0006200　4899　史部/地理類/方志之屬/郡縣志

[乾隆]鄞縣志三十卷首一卷　(清)錢維喬修　(清)錢大昕等纂　清乾隆五十三年(1788)刻本　十六册

330000－1781－0006201　4896C2　史部/地理類/方志之屬/郡縣志

[光緒]鎮海縣志四十卷圖一卷　(清)于萬川修　(清)俞樾等纂　清光緒刻本　一册　存三卷(二十三至二十五)

330000－1781－0006207　4908　史部/地理類/方志之屬/郡縣志

[光緒]定海廳志三十卷首一卷　(清)史致馴修　(清)陳重威　(清)黃以恭　(清)黃以周纂　清光緒十一年(1885)黃樹藩刻二十八年(1902)補刻本　十册

330000－1781－0006208　4904　史部/地理類/方志之屬/郡縣志

[光緒]奉化縣志四十卷首一卷　(清)李前泮修　張美翊等纂　清光緒三十四年(1908)刻本　十二册

330000－1781－0006209　4904C1　史部/地理類/方志之屬/郡縣志

[光緒]奉化縣志四十卷首一卷　(清)李前泮修　張美翊等纂　清光緒三十四年(1908)刻本　十二册

330000－1781－0006210　4904C2　史部/地理類/方志之屬/郡縣志

[光緒]奉化縣志四十卷首一卷　(清)李前泮修　張美翊等纂　清光緒三十四年(1908)刻本　十二册

330000－1781－0006217　4903　史部/地理類/方志之屬/郡縣志

[光緒]慈谿縣志五十六卷列傳附編一卷　(清)楊泰亨　(清)馮可鏞纂　(清)劉一桂

校補　清光緒二十五年(1899)刻民國三年(1914)慈谿縣公署印本　二十四冊

330000－1781－0006224　4930　史部/地理類/方志之屬/郡縣志
[同治]鄞縣志七十五卷　(清)戴枚修　(清)張恕　(清)董沛等纂　清光緒三年(1877)刻四年(1878)增刻本　三十四冊

330000－1781－0006226　4920　史部/地理類/雜志之屬
谿上遺聞集錄十卷別錄二卷　(清)尹元煒輯　清道光二十八年(1848)慈谿馮本懷抱珠樓刻本　四冊　存十卷(集錄一至十)

330000－1781－0006236　4924　史部/地理類/山川之屬/山志
明州阿育王山志十卷　(明)郭子章撰　**明州阿育王山續志六卷**　(清)釋畹荃輯　明萬曆刻清乾隆續刻本　六冊

330000－1781－0006237　4910　史部/地理類/方志之屬/郡縣志
[康熙]定海縣志八卷　(清)繆燧修　(清)陳瑄等纂　清康熙五十四年(1715)刻本　一冊

330000－1781－0006244　4916　史部/地理類/專志之屬/寺觀
天童寺志十卷首一卷　(清)釋德介　(清)聞性道撰　清康熙刻嘉慶增補本　四冊

330000－1781－0006247　4916C1　史部/地理類/專志之屬/寺觀
天童寺志十卷首一卷　(清)釋德介　(清)聞性道撰　清康熙刻嘉慶增補本　四冊

330000－1781－0006248　4913　史部/地理類/方志之屬/郡縣志
[光緒]剡源鄉志二十四卷首一卷　(清)趙霈濤纂　清光緒二十八年(1902)奉化趙氏剡曲草堂木活字印本　六冊

330000－1781－0006250　4914　史部/地理類/山川之屬/山志
招寶山志二卷　(清)陳景沛　(清)周道遵纂　清道光二十六年(1846)木活字印本　四冊

330000－1781－0006251　4918　史部/地理類/山川之屬/山志
四明山志九卷　(清)黃宗羲撰　清康熙四十二年(1703)黃仲簡刻本　二冊

330000－1781－0006252　4919　史部/地理類/專志之屬/寺觀
明州岳林寺志六卷　(清)戴明琮撰　清咸豐七年(1857)刻本　一冊

330000－1781－0006253　4946　史部/地理類/方志之屬/郡縣志
[康熙]天台縣志十五卷首一卷　(清)李德耀　(清)黃執中纂修　清刻本　一冊　存四卷(五至八)

330000－1781－0006259　4930C(C1)　史部/地理類/山川之屬/山志
重修南海普陀山志二十卷首一卷　(清)秦耀曾輯　清道光十二年(1832)刻民國四年(1915)趙希伊補刻民國六年(1917)佛經流通處印本　四冊

330000－1781－0006261　4930C(C2)　史部/地理類/山川之屬/山志
重修南海普陀山志二十卷首一卷　(清)秦耀曾輯　清道光刻本　四冊

330000－1781－0006263　4930C　史部/地理類/山川之屬/山志
重修南海普陀山志二十卷首一卷　(清)秦耀曾輯　清道光刻本　四冊

330000－1781－0006270　4954　史部/地理類/山川之屬/山志
天台山方外志要十卷天台山十六景圖一卷　(明)釋傳燈撰　(清)齊召南輯　清乾隆刻本　一冊　存一卷(天台山十六景圖)

330000－1781－0006271　4931A　類叢部/叢書類/郡邑之屬
台州叢書(名山堂叢書)九種　(清)宋世犖編　清嘉慶至道光臨海宋氏刻本　六冊　存一種

330000－1781－0006272　4955　史部/地理類/山川之屬/山志

天台山方外志三十卷　(明)釋傳燈撰　明萬曆幽溪講堂刻本　二册　存八卷(一至四、九至十二)

330000－1781－0006273　4931B　類叢部/叢書類/自著之屬

戚鶴泉所著書十一種　(清)戚學標撰　清乾隆至嘉慶刻本　六册

330000－1781－0006275　4943　史部/地理類/方志之屬/郡縣志

[光緒]黃巖縣志四十卷首一卷附校議一卷黃巖集三十二卷首一卷附校議一卷　(清)陳寶善　(清)孫熹修　(清)王棻纂　(清)陳鍾英　(清)鄭錫滜續修　王詠霓續纂　清光緒三年(1877)刻六年(1880)校補刻本　一冊　存一卷(黃巖縣志校議)

330000－1781－0006277　4944　史部/地理類/方志之屬/郡縣志

[嘉慶]太平縣志十八卷　(清)慶霖修　(清)戚學標等纂　清嘉慶十六年(1811)刻本　十一冊　缺二卷(十六至十七)

330000－1781－0006278　4942　史部/地理類/方志之屬/郡縣志

[光緒]黃巖縣志四十卷首一卷附校議一卷黃巖集三十二卷首一卷附校議一卷　(清)陳寶善　(清)孫熹修　(清)王棻纂　(清)陳鍾英　(清)鄭錫滜續修　王詠霓續纂　清光緒三年(1877)刻六年(1880)校補刻本　十六冊　存四十一卷(黃巖縣志首、一至四十)

330000－1781－0006279　4942C1　史部/地理類/方志之屬/郡縣志

[光緒]黃巖縣志四十卷首一卷附校議一卷黃巖集三十二卷首一卷附校議一卷　(清)陳寶善　(清)孫熹修　(清)王棻纂　(清)陳鍾英　(清)鄭錫滜續修　王詠霓續纂　清光緒三年(1877)刻六年(1880)校補刻本　十六冊　存四十二卷(黃巖縣志首、一至四十,校議)

330000－1781－0006280　4939　史部/地理類/方志之屬/郡縣志

光緒仙居志二十四卷首一卷僊居集二十四卷　(清)王壽頤　(清)潘紀恩修　(清)王棻　(清)李仲昭纂　清光緒二十年(1894)木活字印本　八冊　存二十卷(首,一至十二、十六至二十、二十三至二十四)

330000－1781－0006281　4940　史部/地理類/方志之屬/郡縣志

光緒太平續志十八卷首一卷　(清)陳汝霖修　(清)王棻等纂　清光緒二十二年(1896)刻本　八冊

330000－1781－0006283　4934　史部/地理類/方志之屬/郡縣志

光緒寧海縣志二十四卷首一卷　(清)王瑞成　(清)程雲驤修　(清)張濬等纂　清光緒二十八年(1902)刻本　十六冊

330000－1781－0006285　4935　史部/地理類/方志之屬/郡縣志

光緒寧海縣志二十四卷首一卷　(清)王瑞成　(清)程雲驤修　(清)張濬等纂　清光緒二十八年(1902)刻民國四年(1915)印本　十二冊

330000－1781－0006289　4957　史部/地理類/山川之屬/山志

天台山方外志三十卷　(明)釋傳燈撰　清光緒二十年(1894)佛隴真覺寺刻本　八冊

330000－1781－0006294　4959B　史部/地理類/山川之屬/山志

委羽山志六卷　(明)胡昌賢撰　**續志六卷首一卷**　(清)王維翰撰　清同治九年(1870)委羽石室刻本　二冊　存七卷(首、續志一至六)

330000－1781－0006297　4959A　史部/地理類/山川之屬/山志

委羽山志六卷　(明)胡昌賢撰　**續志六卷首一卷**　(清)王維翰撰　清同治九年(1870)委羽石室刻本　一冊　存六卷(委羽山志一至六)

330000－1781－0006299　4959C　史部/地理類/方志之屬/郡縣志

[康熙]臨海縣志十五卷首一卷　(清)洪若臯纂　清康熙二十二年(1683)刻同治至光緒重印本　八册

330000－1781－0006300　4974　史部/地理類/雜志之屬

永嘉聞見録二卷　(清)孫同元撰　清光緒十四年(1888)端安孫氏刻本　二册

330000－1781－0006302　4976　史部/地理類/山川之屬/山志

孤嶼志八卷首一卷　(清)陳舜咨輯　清嘉慶十四年(1809)介和堂刻本　三册

330000－1781－0006306　4979　史部/地理類/山川之屬/山志

廣雁蕩山誌二十八卷首一卷末一卷　(清)曾唯輯　清乾隆刻本　七册　缺一卷(首)

330000－1781－0006308　4971　史部/地理類/方志之屬/郡縣志

[光緒]玉環廳志十四卷首一卷　(清)杜冠英　(清)胥壽榮修　(清)呂鴻燾纂　**續增二卷**　(清)胡鍾駿纂　清光緒六年(1880)刻十四年(1888)增刻本　八册

330000－1781－0006309　4971C1　史部/地理類/方志之屬/郡縣志

[光緒]玉環廳志十四卷首一卷　(清)杜冠英　(清)胥壽榮修　(清)呂鴻燾纂　**續增二卷**　(清)胡鍾駿纂　清光緒六年(1880)刻十四年(1888)增刻本　八册　缺一卷(續增二)

330000－1781－0006310　4960　史部/地理類/方志之屬/郡縣志

[乾隆]溫州府志三十卷首一卷　(清)李琬修　(清)齊召南　(清)汪沆纂　清乾隆二十七年(1762)刻同治四年(1865)修版民國三年(1914)補刻本　二十册

330000－1781－0006315　4964　史部/地理類/方志之屬/郡縣志

[光緒]樂清縣志十六卷首一卷　(清)李登雲　(清)錢寶鎔修　(清)陳珅等纂　清光緒二十七年(1901)刻民國元年(1912)高誼校印本　十五册

330000－1781－0006316　4967　史部/地理類/方志之屬/郡縣志

[乾隆]平陽縣志二十卷首一卷　(清)徐恕修　(清)孫謙　(清)張南英纂　清乾隆二十五年(1760)刻本　八册

330000－1781－0006317　4966A(C1)　史部/地理類/方志之屬/郡縣志

[光緒]永嘉縣志三十八卷首一卷　(清)張寶琳修　(清)王棻　(清)孫詒讓纂　清光緒八年(1882)刻本　二十八册　存二十卷(首、一至十九)

330000－1781－0006319　4966　史部/地理類/方志之屬/郡縣志

[光緒]永嘉縣志三十八卷首一卷　(清)張寶琳修　(清)王棻　(清)孫詒讓纂　清光緒八年(1882)維新書局刻民國二十四年(1935)劉景晨補刻本　二十四册

330000－1781－0006323　4965　史部/地理類/方志之屬/郡縣志

[光緒]樂清縣志十六卷首一卷　(清)李登雲　(清)錢寶鎔修　(清)陳珅等纂　清光緒二十七年(1901)刻民國元年(1912)高誼校印本　十六册

330000－1781－0006325　4966C2　史部/地理類/方志之屬/郡縣志

[光緒]永嘉縣志三十八卷首一卷　(清)張寶琳修　(清)王棻　(清)孫詒讓纂　清光緒八年(1882)溫州維新書局刻本　二册　存四卷(二十一至二十四)

330000－1781－0006326　4965C1　史部/地理類/方志之屬/郡縣志

[光緒]樂清縣志十六卷首一卷　(清)李登雲　(清)錢寶鎔修　(清)陳珅等纂　清光緒二十七年(1901)刻民國元年(1912)高誼校印本　三册　存三卷(二、七至八)

330000－1781－0006327　4993　史部/地理類/方志之屬/郡縣志

[光緒]龍泉縣志十二卷首一卷　(清)顧國詔修　(清)張世堉纂　清光緒三年至四年(1877－1878)刻本　六冊

330000－1781－0006328　4993C1　史部/地理類/方志之屬/郡縣志

[光緒]龍泉縣志十二卷首一卷　(清)顧國詔修　(清)張世堉纂　清光緒三年至四年(1877－1878)刻本　六冊

330000－1781－0006329　4994　史部/地理類/方志之屬/郡縣志

[光緒]宣平縣志二十卷首一卷　(清)皮樹棠修　(清)祝鳳梧　(清)潘澤鴻纂　清光緒四年(1878)刻本　八冊

330000－1781－0006334　4992　史部/地理類/方志之屬/郡縣志

[乾隆]重修景寧縣志十二卷首一卷　(清)張九華修　(清)吳嗣範纂　清乾隆四十三年(1778)刻本　四冊

330000－1781－0006336　4990　史部/地理類/方志之屬/郡縣志

[同治]景寧縣志十四卷首一卷末一卷　(清)周杰修　(清)嚴用光　(清)葉篤貞纂　清同治十一年至十二年(1872－1873)刻本　八冊

330000－1781－0006339　4984　史部/地理類/方志之屬/郡縣志

[同治]泰順分疆錄十二卷首一卷　(清)林鶚纂　(清)林用霖續編　清光緒四年(1878)林氏望山堂刻本　六冊

330000－1781－0006340　4984(C1)　史部/地理類/方志之屬/郡縣志

[同治]泰順分疆錄十二卷首一卷　(清)林鶚纂　(清)林用霖續編　清光緒四年(1878)林氏望山堂刻本　六冊

330000－1781－0006341　4987　史部/地理類/方志之屬/郡縣志

[同治]麗水縣志十五卷　(清)彭潤章等纂修　清同治十三年(1874)刻本　八冊

330000－1781－0006343　4984B　史部/地理類/方志之屬/郡縣志

[道光]甌乘拾遺二卷　(清)洪守一輯　(清)洪瀾編　清道光三十年(1850)愛吾堂刻本　一冊

330000－1781－0006346　4985　史部/地理類/方志之屬/郡縣志

[光緒]處州府志三十卷首一卷末一卷　(清)潘紹詒修　(清)周榮椿纂　清光緒三年(1877)刻本　二十八冊

330000－1781－0006347　4985C1　史部/地理類/方志之屬/郡縣志

[光緒]處州府志三十卷首一卷末一卷　(清)潘紹詒修　(清)周榮椿纂　清光緒三年(1877)刻本　三十冊

330000－1781－0006352　4996　史部/地理類/方志之屬/郡縣志

[同治]雲和縣志十六卷首一卷　(清)伍承吉修　(清)涂冠續修　(清)王士鈖纂　清咸豐七年至同治三年(1857－1864)刻本　六冊

330000－1781－0006353　4998　史部/地理類/方志之屬/郡縣志

[光緒]青田縣志十八卷首一卷　(清)雷銑修　(清)王棻纂　清光緒元年至二年(1875－1876)刻本　十冊

330000－1781－0006354　4999　史部/地理類/方志之屬/郡縣志

[光緒]慶元縣志十二卷首一卷　(清)林步瀛　(清)史恩緯修　(清)史恩緒等纂　清光緒三年(1877)刻本　十冊

330000－1781－0006355　4999F　史部/地理類/方志之屬/郡縣志

[光緒]遂昌縣志十二卷首一卷外編四卷　(清)胡壽海　(清)史恩緯修　(清)褚成允纂　清光緒二十二年(1896)尊經閣刻本　十二冊

330000－1781－0006357　4999FC1　史部/地

理類/方志之屬/郡縣志

[光緒]遂昌縣志十二卷首一卷外編四卷 (清)胡壽海 (清)史恩緯修 (清)褚成允纂 清光緒二十二年(1896)尊經閣刻本 十一冊

330000－1781－0006358 4997 史部/地理類/方志之屬/郡縣志

[光緒]縉雲縣志十六卷首一卷末一卷 (清)何乃容 (清)葛華修 (清)潘樹棠纂 清光緒二年至七年(1876－1881)刻本 十二冊

330000－1781－0006359 4997(C1) 史部/地理類/方志之屬/郡縣志

[光緒]縉雲縣志十六卷首一卷末一卷 (清)何乃容 (清)葛華修 (清)潘樹棠纂 清光緒二年至七年(1876－1881)刻本 十二冊

330000－1781－0006476 6061 類叢部/叢書類/郡邑之屬

金華叢書六十八種 (清)胡鳳丹編 清同治七年至光緒八年(1868－1882)永康胡氏退補齋刻民國補刻本 九冊 存一種

330000－1781－0006477 6059 類叢部/叢書類/郡邑之屬

金華叢書六十八種 (清)胡鳳丹編 清同治七年至光緒八年(1868－1882)永康胡氏退補齋刻民國補刻本 四冊 存一種

330000－1781－0006478 6060 類叢部/叢書類/郡邑之屬

金華叢書六十八種 (清)胡鳳丹編 清同治七年至光緒八年(1868－1882)永康胡氏退補齋刻民國補刻本 二冊 存一種

330000－1781－0006481 6062 類叢部/叢書類/郡邑之屬

金華叢書六十八種 (清)胡鳳丹編 清同治七年至光緒八年(1868－1882)永康胡氏退補齋刻民國補刻本 二冊 存一種

330000－1781－0006486 6063 類叢部/叢書類/郡邑之屬

金華叢書六十八種 (清)胡鳳丹編 清同治七年至光緒八年(1868－1882)永康胡氏退補齋刻民國補刻本 四冊 存一種

330000－1781－0006487 6064 類叢部/叢書類/郡邑之屬

金華叢書六十八種 (清)胡鳳丹編 清同治七年至光緒八年(1868－1882)永康胡氏退補齋刻民國補刻本 四冊 存一種

330000－1781－0006488 6092 類叢部/叢書類/彙編之屬

士禮居黃氏叢書十九種附四種 (清)黃丕烈編 清光緒十三年(1887)上海蜚英館石印本 四冊 存一種

330000－1781－0006489 6065 類叢部/叢書類/郡邑之屬

金華叢書六十八種 (清)胡鳳丹編 清同治七年至光緒八年(1868－1882)永康胡氏退補齋刻民國補刻本 六冊 存一種

330000－1781－0006490 6066 類叢部/叢書類/郡邑之屬

金華叢書六十八種 (清)胡鳳丹編 清同治七年至光緒八年(1868－1882)永康胡氏退補齋刻民國補刻本 二冊 存一種

330000－1781－0006491 6093 類叢部/叢書類/彙編之屬

士禮居黃氏叢書十九種附四種 (清)黃丕烈編 清光緒十三年(1887)上海蜚英館石印本 二冊 存一種

330000－1781－0006492 6067 類叢部/叢書類/郡邑之屬

金華叢書六十八種 (清)胡鳳丹編 清同治七年至光緒八年(1868－1882)永康胡氏退補齋刻民國補刻本 二冊 存一種

330000－1781－0006493 6094 類叢部/叢書類/彙編之屬

士禮居黃氏叢書十九種附四種 (清)黃丕烈編 清光緒十三年(1887)上海蜚英館石印本 一冊 存二種

330000－1781－0006494 6068 類叢部/叢

書類/郡邑之屬

金華叢書六十八種 （清）胡鳳丹編 清同治七年至光緒八年（1868－1882）永康胡氏退補齋刻民國補刻本 二冊 存一種

330000－1781－0006495 6069 類叢部/叢書類/郡邑之屬

金華叢書六十八種 （清）胡鳳丹編 清同治七年至光緒八年（1868－1882）永康胡氏退補齋刻民國補刻本 一冊 存一種

330000－1781－0006496 6095 類叢部/叢書類/彙編之屬

士禮居黄氏叢書十九種附四種 （清）黄丕烈編 清光緒十三年（1887）上海蜚英館石印本 三冊 存一種

330000－1781－0006497 6070 類叢部/叢書類/郡邑之屬

金華叢書六十八種 （清）胡鳳丹編 清同治七年至光緒八年（1868－1882）永康胡氏退補齋刻民國補刻本 二冊 存一種

330000－1781－0006498 6096 類叢部/叢書類/彙編之屬

士禮居黄氏叢書十九種附四種 （清）黄丕烈編 清光緒十三年（1887）上海蜚英館石印本 四冊 存一種

330000－1781－0006499 6097 類叢部/叢書類/彙編之屬

士禮居黄氏叢書十九種附四種 （清）黄丕烈編 清光緒十三年（1887）上海蜚英館石印本 四冊 存一種

330000－1781－0006500 6071 類叢部/叢書類/郡邑之屬

金華叢書六十八種 （清）胡鳳丹編 清同治七年至光緒八年（1868－1882）永康胡氏退補齋刻民國補刻本 十冊 存一種

330000－1781－0006501 6072 類叢部/叢書類/郡邑之屬

金華叢書六十八種 （清）胡鳳丹編 清同治七年至光緒八年（1868－1882）永康胡氏退補齋刻民國補刻本 一冊 存二種

330000－1781－0006502 6097A 類叢部/叢書類/彙編之屬

士禮居黄氏叢書十九種附四種 （清）黄丕烈編 清光緒十三年（1887）上海蜚英館石印本 一冊 存一種

330000－1781－0006503 6098 類叢部/叢書類/彙編之屬

士禮居黄氏叢書十九種附四種 （清）黄丕烈編 清光緒十三年（1887）上海蜚英館石印本 一冊 存三種

330000－1781－0006504 6083 類叢部/叢書類/郡邑之屬

金華文萃（金華叢書）六十八種 （清）胡鳳丹編 清同治七年至光緒八年（1868－1882）永康胡氏退補齋刻民國補刻本 一冊 存二種

330000－1781－0006505 6084 類叢部/叢書類/郡邑之屬

金華叢書六十八種 （清）胡鳳丹編 清同治七年至光緒八年（1868－1882）永康胡氏退補齋刻民國補刻本 二冊 存一種

330000－1781－0006506 6099 類叢部/叢書類/彙編之屬

士禮居黄氏叢書十九種附四種 （清）黄丕烈編 清光緒十三年（1887）上海蜚英館石印本 二冊 存一種

330000－1781－0006507 6074 類叢部/叢書類/郡邑之屬

金華叢書六十八種 （清）胡鳳丹編 清同治七年至光緒八年（1868－1882）永康胡氏退補齋刻民國補刻本 一冊 存一種

330000－1781－0006508 6079 類叢部/叢書類/郡邑之屬

金華叢書六十八種 （清）胡鳳丹編 清同治七年至光緒八年（1868－1882）永康胡氏退補齋刻民國補刻本 二冊 存一種

330000－1781－0006510 6073 類叢部/叢書類/郡邑之屬

金華叢書六十八種　(清)胡鳳丹編　清同治七年至光緒八年(1868－1882)永康胡氏退補齋刻民國補刻本　四冊　存一種

330000－1781－0006511　6100　類叢部/叢書類/彙編之屬
士禮居黃氏叢書十九種附四種　(清)黃丕烈編　清光緒十三年(1887)上海蜚英館石印本　一冊　存一種

330000－1781－0006512　6075　類叢部/叢書類/郡邑之屬
金華叢書六十八種　(清)胡鳳丹編　清同治七年至光緒八年(1868－1882)永康胡氏退補齋刻民國補刻本　一冊　存一種

330000－1781－0006513　6080　類叢部/叢書類/郡邑之屬
金華叢書六十八種　(清)胡鳳丹編　清同治七年至光緒八年(1868－1882)永康胡氏退補齋刻民國補刻本　四十冊　存一種

330000－1781－0006514　6101　類叢部/叢書類/彙編之屬
士禮居黃氏叢書十九種附四種　(清)黃丕烈編　清光緒十三年(1887)上海蜚英館石印本　二冊　存一種

330000－1781－0006515　6078　類叢部/叢書類/郡邑之屬
金華叢書六十八種　(清)胡鳳丹編　清同治七年至光緒八年(1868－1882)永康胡氏退補齋刻民國補刻本　十二冊　存一種

330000－1781－0006516　6102　類叢部/叢書類/彙編之屬
士禮居黃氏叢書十九種附四種　(清)黃丕烈編　清光緒十三年(1887)上海蜚英館石印本　一冊　存一種

330000－1781－0006517　6076－6077　類叢部/叢書類/郡邑之屬
金華叢書六十八種　(清)胡鳳丹編　清同治七年至光緒八年(1868－1882)永康胡氏退補齋刻民國補刻本　三冊　存一種

330000－1781－0006518　6103　類叢部/叢書類/彙編之屬
士禮居黃氏叢書十九種附四種　(清)黃丕烈編　清光緒十三年(1887)上海蜚英館石印本　一冊　存一種

330000－1781－0006519　6104　類叢部/叢書類/彙編之屬
士禮居黃氏叢書十九種附四種　(清)黃丕烈編　清光緒十三年(1887)上海蜚英館石印本　一冊　存一種

330000－1781－0006520　6082　類叢部/叢書類/郡邑之屬
金華叢書六十八種　(清)胡鳳丹編　清同治七年至光緒八年(1868－1882)永康胡氏退補齋刻民國補刻本　十冊　存一種

330000－1781－0006521　6081　類叢部/叢書類/郡邑之屬
金華叢書六十八種　(清)胡鳳丹編　清同治七年至光緒八年(1868－1882)永康胡氏退補齋刻民國補刻木　一冊　存一種

330000－1781－0006523　6295　類叢部/叢書類/彙編之屬
增訂漢魏叢書九十六種　(清)王謨編　清光緒二十一年(1895)石印本　十六冊

330000－1781－0006528　6124－6294　類叢部/叢書類/彙編之屬
粵雅堂叢書一百八十四種　(清)伍崇曜編　清道光二十九年至光緒十一年(1849－1885)南海伍氏刻彙印本　四百七冊　存一百八十三種

330000－1781－0006534　6336　史部/編年類/通代之屬
資治通鑑外紀十卷　(宋)劉恕撰　(清)胡克家注補　清光緒十六年(1890)上海積山書局石印本　一冊

330000－1781－0006542　6296　史部/地理類/總志之屬/斷代
太平寰宇記二百卷目錄二卷　(宋)樂史撰

清光緒八年(1882)金陵書局刻本(卷四、一百十三至一百十九原缺) 三十五册 缺一卷(四)

330000－1781－0006544 6335 史部/編年類/通代之屬
資治通鑑二百九十四卷 (宋)司馬光撰 (元)胡三省音註 **通鑑釋文辯誤十二卷** (元)胡三省撰 **資治通鑑外紀十卷** (宋)劉恕撰 **續資治通鑑二百二十卷** (清)畢沅撰 **明紀六十卷** (清)陳鶴撰 清光緒二十八年(1902)上海積山書局石印本 朱家濟批 二十四册 存二百九十四卷(資治通鑑一至二百九十四)

330000－1781－0006545 6332－6334 史部/編年類/通代之屬
資治通鑑二百九十四卷 (宋)司馬光撰 (元)胡三省音註 **通鑑釋文辯誤十二卷** (元)胡三省撰 **資治通鑑外紀十卷** (宋)劉恕撰 **續資治通鑑二百二十卷** (清)畢沅撰 **明紀六十卷** (清)陳鶴撰 清光緒二十八年(1902)上海積山書局石印本 三十二册 存三百十六卷(資治通鑑一至二百九十四、辯誤一至十二、資治通鑑外紀一至十)

330000－1781－0006547 6337－6338、6344 史部/編年類/通代之屬
資治通鑑二百九十四卷 (宋)司馬光撰 (元)胡三省音註 **通鑑釋文辯誤十二卷** (元)胡三省撰 **資治通鑑外紀十卷** (宋)劉恕撰 **續資治通鑑二百二十卷** (清)畢沅撰 **明紀六十卷** (清)陳鶴撰 清光緒二十八年(1902)上海積山書局石印本 四十一册 存二百九十二卷(辯誤一至十二、續資治通鑑一至二百二十、明紀一至六十)

330000－1781－0006563 6327 史部/傳記類/總傳之屬/儒林
宋元學案一百卷首一卷攷畧一卷 (清)黄宗羲撰 (清)黄百家輯 (清)全祖望訂正 (清)王梓材 (清)馮雲濠 (清)何紹基校正 清光緒五年(1879)長沙寄廬刻本 三十八册

330000－1781－0006565 6339 史部/編年類/通代之屬
資治通鑑二百九十四卷 (宋)司馬光撰 (元)胡三省音註 **通鑑釋文辯誤十二卷** (元)胡三省撰 **資治通鑑外紀十卷** (宋)劉恕撰 **續資治通鑑二百二十卷** (清)畢沅撰 **明紀六十卷** (清)陳鶴撰 清光緒二十八年(1902)上海積山書局石印本 二十二册 存二百二十卷(續資治通鑑一至二百二十)

330000－1781－0006567 6340 史部/紀事本末類
歷朝紀事本末九種 (清)陳如升 (清)朱記榮輯 (清)慎記主人增輯 清光緒二十八年(1902)上海書局石印本 二十四册 存一種

330000－1781－0006570 6343 史部/紀事本末類/斷代之屬
皇清開國方略三十二卷首一卷 (清)阿桂等撰 清光緒十三年(1887)廣百宋齋鉛印本 六册

330000－1781－0006571 6346 集部/總集類/氏族之屬
檇李曹氏圖册合刻不分卷 (清)曹咸熙編 清光緒九年(1883)桂林曹氏迎旭齋刻本 一册

330000－1781－0006572 6347 集部/總集類/題詠之屬
迎旭齋圖題辭一卷 (清)曹咸熙編 清光緒七年(1881)桂林刻本 一册

330000－1781－0006574 9042 史部/傳記類/别傳之屬/事狀
黄梨洲公事實詠一卷 (清)黄炳堂撰 清咸豐七年(1857)姚江黄氏刻本 一册

330000－1781－0006576 9044 集部/曲類/曲韻曲譜曲律之屬
遏雲閣曲譜初集不分卷 (清)王錫純輯 (清)李秀雲拍正 清光緒十九年(1893)鉛印本 八册

330000－1781－0006577 9043 集部/總集

類/郡邑之屬

國朝浙人詩存十六卷 （清）柴杰注 清乾隆三十三年(1768)洽禮堂刻本 六冊 存六卷（三至八）

330000－1781－0006579 9050 集部/總集類/選集之屬/斷代

唐詩三百首續選一卷 （清）于慶元編 清刻本 一冊

330000－1781－0006580 9047 集部/戲劇類/雜劇之屬

李日華南西廂記二卷 （明）李日華撰 明末刻本 二冊

330000－1781－0006582 9051 集部/詩文評類/詩評之屬

漁洋詩話三卷 （清）王士禛撰 清刻本 三冊

330000 1781 0006583 9052 史部/地理類/方志之屬/郡縣志

[嘉慶]玉門縣志不分卷 清末抄本 一冊

330000－1781－0006584 9054 史部/地理類/方志之屬/郡縣志

硝河城志稿一卷 （清）楊修德纂修 清抄本 一冊

330000－1781－0006586 9056 類叢部/叢書類/彙編之屬

武英殿聚珍版叢書 清刻本 四冊 存一種

330000－1781－0006587 9055 史部/地理類/方志之屬/郡縣志

通渭縣誌十卷 清刻本 一冊 存王中林先生小傳等

330000－1781－0006588 9058 史部/目録類/通論之屬/掌故瑣記

藏書紀事詩七卷 葉昌熾撰 清宣統二年(1910)長洲葉昌熾刻本 六冊

330000－1781－0006589 7387 類叢部/叢書類/郡邑之屬

武林掌故叢編一百九十種 （清）丁丙編 清光緒三年至二十六年(1877－1900)錢塘丁氏嘉惠堂刻本 三冊 存一種

330000－1781－0006591 7234 經部/小學類/文字之屬/字書/古文

古籀餘論三卷 （清）孫詒讓撰 清光緒二十九年(1903)籀經樓刻本 二冊

330000－1781－0006592 0047 類叢部/叢書類/彙編之屬

賜硯堂叢書新編四十種 （清）顧沅編 清道光十年(1830)長洲顧氏刻本 一冊 存一種

330000－1781－0006593 0287 類叢部/叢書類/自著之屬

黃梨洲先生遺書二種 （清）黃宗羲撰 清光緒五年(1879)黃氏五桂樓刻本 一冊 存一種

330000－1781－0006594 1167 類叢部/叢書類/自著之屬

全謝山二種 （清）全祖望撰 清嘉慶十九年(1814)刻本 一冊 存一種

330000－1781－0006595 1106 集部/別集類/宋別集

黃詩全集五十八卷 （宋）黃庭堅撰 清光緒二年(1876)刻本 二冊 存十四卷（重刻山谷先生年譜一至十四）

330000－1781－0006596 0131 新學/議論

教育家言一卷 蔣百里編譯 清光緒二十八年(1902)上海廣智書局刻本 一冊

330000－1781－0006597 1416 子部/天文曆算類/算書之屬

對數表一卷 （美國）赫士口譯 （清）朱葆琛筆述 （清）登郡文會館撰 清宣統二年(1910)上海美華書館鉛印本 一冊

330000－1781－0006598 1107 史部/傳記類/別傳之屬/年譜

清故葛雲飛將軍年譜一卷 （清）葛以簡等撰 清道光刻本 一冊

330000－1781－0006600 7068－7069 經

部/小學類/訓詁之屬/字詁

字詁一卷義府二卷　(清)黄生撰　**附承吉兄字說一卷**　(清)黄承吉撰　清道光二十二年(1842)刻本　三冊　缺一卷(義府一)

330000－1781－0006601　7748　子部/雜著類/雜纂之屬

鳳山筆記一卷　清刻本　一冊

330000－1781－0006605　4701A　類叢部/叢書類/郡邑之屬

武林掌故叢編一百九十種　(清)丁丙編　清光緒三年至二十六年(1877－1900)錢塘丁氏嘉惠堂刻本　三冊　存一種

書名筆畫字頭索引

一畫

二畫

三畫

四畫

五畫

六畫

七畫

八畫

九畫

十畫

十一畫

十二畫

十三畫

十四畫

十五畫

十六畫

十七畫

十八畫

十九畫

二十畫

二十一畫

二十二畫

二十三畫

二十四畫

書名筆畫索引

一畫

二畫

三畫

四畫

五畫

六畫

七畫

八畫

九畫

十畫

十一畫

十二畫

十三畫

十四畫

十五畫

十六畫

十七畫

十八畫

十九畫

二十畫

二十一畫

二十二畫

二十三畫

二十四畫